고령친화사회의 이해

-박소영 · 유용식 · 박광덕 · 권자영 · 최재일 공저-

도서출판 **진 영 사**

고령친화사회의 이해

박소영 · 유용식 · 박광덕 · 권자영 · 최재일

2016년 04월 18일 초판인쇄
2016년 04월 21일 초판발행
발행인 박 진 영
발행처 도서출판 진영사
인천광역시 부평구 갈산동 35-3번지
전화 : 032)505-4207
팩스 : 032)505-4206
E-mail : 0183734207@hanmail.net
등록 : 122-91-77317

ISBN 978-89-6541-265-6 93330
값 15,000원

머 리 말

오래 사는 것 즉 장수(長壽)는 동서고금을 막론하고 인간의 한결같은 소원의 하나이고 축복으로 인정되어 왔다. 그러나 장수의 축복은 누구에게나 행복한 삶을 보장해 주지는 못하고 있다. 우리나라는 급속한 산업화와 경제성장속에서 인구의 도시집중화, 가족형태의 변화를 가져왔으며, 우리나라의 전통문화가 사라지고 선진국의 영향을 받아 새로운 문화가 형성되고 있다.

또한 인구의 고령화와 함께 노인들의 생활환경이 급격하게 변화하고 있다. 정치, 경제, 사회, 문화, 교육, 의료, 보건, 복지 등 각 분야에서 급격한 변화들이 일어나고 있다. 이러한 급격한 사회변화 속에서 고령인구가 증가하고 있어 노인들의 사회적응과 생활대책이 커다란 사회문제로 대두되고 있다.

그러나 반면 요즘 노인세대는 일과 자녀로부터 해방되어 소비, 여가 문화 등에서 우리 소비사회의 새로운 주역으로 등장하고 있다. 이러한 시대적 요구에 부응하기 위해 노인복지법, 고령친화산업육성법, 노인장기요양보험법 등이 제정 운영되고 있다.

고령친화라는 개념은 '노인이 편리하면 모든 사람도 편리하다'는 취지로 편리성과 안정성에 입각하여 노인의 선호를 우선적으로 고려하는 의미이다. 고령화에 따른 제반 문제를 해결하기 위해 다방면으로 필요하겠지만 학문적으로도 많은 연구가 이루어져야 할 것이다. 이에 저자들은 고령사회에 노인들의 삶의 질 향상을 위한 체계적인 교과서의 필요성을 절감하고 용기를 내어 이 책을 쓰게 되었다.

본서의 제1장, 제8장, 제9장은 유용식 교수, 제2장, 제6장, 제7장은 박광덕 교수, 제 3장과 제 11장은 박소영 교수, 제4장, 제5장, 제12장은 권자영 교수, 제10장은 최재일 교수가 각각 집필하였다.

이 책이 나오기까지 여러모로 도움을 주신 진영사 사장님과 직원 여러분들에게 감사의 마음을 전한다. 막상 책이 발간되면서 아쉬운 부분과 부족한 부분이 있음을 부인할 수 없다. 나름대로 많은 고민과 노력이 투여된 책이지만 저자들이 미처 깨닫지 못한 미흡한 부분이 있을 것이므로 독자들의 충고를 기대하면서 더 좋고 유용한 책이 되기 위해 수정·보완하는 등 지속적인 노력을 할 것을 약속드린다.

2016년 3월

저자일동

차 례

제1장 고령친화사회의 이해

1. 고령친화사회의 개념

1) 인구 고령화의 의미

오래 사는 것 즉 장수(長壽)는 동서고금을 막론하고 인간의 한결같은 소원의 하나이고 축복으로 인정되어 왔다. 그러나 장수의 축복은 누구에게나 행복한 삶을 보장해 주지는 못하고 있다. 우리나라는 급속한 산업화와 경제성장속에서 인구의 도시집중화, 가족형태의 변화(대가족에서 핵가족화)를 가져왔으며, 우리나라의 전통문화가 사라지고 선진국의 영향을 받아 새로운 문화가 형성되고 있다.

우리나라는 선진국에서 볼 수 없는 빠른 고령화 속도를 보이고 있다. 인구의 고령화로 인해 다양한 노인문제의 발생과 함께 사각지대에서 힘들어 하는 노인인구도 크게 증가하고 있다. 이러한 다양한 노인문제는 노인 개인적인 문제이기 보다는 사회의 구조적인 문제로 나타나고 있다.

인구가 고령화 된다는 것은 개인의 전반적인 고령화에 대한 전체적이고 총합적인 개념이다. 인구 고령화는 전체적으로 중위연령(median age)[1] 인구가 늘어난다는 것을 뜻한다. 즉, 아동의 출산율과 노인의 사망률이 점점 떨어짐으로 인해 노인인구는 당연히 증가한다는 것이다(Weeks, 2005).

이처럼 인구 고령화는 노인인구 비율이 상대적으로 증가하는 현상이기 때문에 그 근본적인 원인은 평균수명 연장과 출산율 저하타 할 수 있다. 인구 고령화는 개인 고령화와는 구별된다. 개인 고령화는 시간의 경과(연령의 증가)에 따라 개인에게서 나타나는 신체적·생리적 변화현상을 의미하지만 단순히 개인의 수명이 연장

1) 전체 인구의 연령을 최저에서 최고까지 순서적으로 나열했을 경우 전체를 절반으로 나누는 값에 해당하는 연령을 말한다.

되는 것을 의미하는 경우가 많다. 인구 고령화는 전체 국민들을 포함한 인구 개념이지만 개인 고령화는 국가사회 구성원 개개인에 대한 개념이다(최성재 · 장인협, 2010).

2) 고령화 사회의 분류

노인들의 수명연장 이유는 그 동안 추진해 온 인구 억제정책의 성과 등으로 인한 출산율의 둔화와 의학 및 의료기술의 발달로 유아 · 어린이 사망률 저하, 과학기술의 발달로 인한 자연재해의 극복, 보건위생의 개선으로 인한 청결, 질병발생률의 저하, 경제적인 발전으로 인해 의식주에 대한 생활개선 등 다양한 이유로 평균수명이 연장되고 있다.

이러한 평균수명의 증가로 인해 전체인구에서 노인들이 차지하는 비율이 점점 증가하고 있다. 고령화 사회라고 하는 것은 전체 인구에서 노인들의 비중이 다른 연령과 집단에 비해 상대적으로 높은 비율을 차지하는 것을 말한다. 즉, 고령화 사회(Aging sociey)란 전체 인구에 비하여 노인인구가 늘어나는 것으로 "고령화된 사회" 또는 "사회가 고령화 되어가는 것"을 말한다.

UN에서 말하는 인구 고령화에 대한 기준에 의거하여 고령화의 판단 기준을 정하고 있다. 일반적으로 전체인구에서 65세 이상을 차지하는 인구가 4% 미만인 국가는 젊은 인구국가(Young Population), 4~7%는 성인 인구국가(Mature Population), 7% 이상은 노인 인구국가(Aged population)로 나누고 있다. 다시 노인 인구국가는 고령화 사회(Ageing society), 고령사회(Aged sociery), 초고령사회(Super-aged Scciety)로 나눌 수 있다. 고령화 사회는 전체인구에서 65세 이상의 비율이 7% 이상, 고령사회는 14% 이상, 초고령 사회는 20% 이상으로 구분한다(최성재 · 장인협, 2010).

인구 고령화는 우리나라만의 문제가 아니라 전 세계가 공통적으로 안고 있는 문제이다. 이미 대부분의 선진국들은 고령화 사회에 진입하였고 곧 고령사회에 진입하게 된다. 우리나라의 경우는 2000년도에 전체인구에서 65세 이상의 노인이 7%가 넘어 고령화 사회가 되었다. 이러한 노인인구의 증가 현상을 볼 때 2018년 정도가 되며 14%가 넘을 것으로 보이고, 2026년도 경이면 20%가 넘어 초고령 사회에 진입할 것으로 추정할 수 있다. 이는 세계에서 유래를 찾아 볼 수 없을 정도로 급속한 고령화 속도를 보이고 있다.

〈표 1-1〉 노인인구의 증가추이

구분	1980	1990	2000	2010	2012	2018	2026	2030	2060
노인인구비율	3.8	5.1	7.2	11.0	11.8	14.3	20.8	24.8	40.1
노인인구수	145	219	339	545	589	716	1035	1269	1762

자료: 보건복지부. 노인인구추계. 2014.

2. 고령화 사회의 도래

1) 고령화 사회의 변화추이

1946년경에 일본은 평균수명이 50세 정도 되었으며, 우리나라도 평균수명이 50세로 일본과 비슷했을 것으로 추정하고 있다. 그러나 1970년대를 기점으로 인구가 급격히 증가하였으며, 1980년에는 인간의 평균수명이 60세가 넘었고, 2000년에는 모든 나라의 평균수명이 65세가 넘었으며, 이러한 평균수명은 해를 거듭할수록 점점 증가하게 될 것이다.

이처럼 1970년대에 전반적으로 세계인구가 급격히 증가하게 된 핵심적인 이유는 출산율의 저하로 인해 영·유아의 인구증가는 점점 저하되고 있는데 비해 65세 이상의 노인인구는 급격히 증가하였기 때문에 나타난 현상이다.

전 세계의 노인인구를 보면 1950년대에 약 1억 5천만명으로 세계인구의 5%정도였는데, 1990년 경에는 3억 3천만명 정도로 전체인구의 6%였고, 2025년 경에는 8억 3천만명으로 전체인구의 10% 정도로 추정하고 있다. 2015년 현재 주요 국가별 65세 이상 노령인구비율을 보면 영국 15%, 서독 14%, 프랑스 13%, 미국 12%, 일본 11%로 대부분의 선진국들은 65세 이상의 노인인구 비율이 전체 인구에서 차지하는 비율이 10%를 초과하는 것으로 나타나고 있다. 아직까지는 초고령 사회에 진입하지는 않았지만, 노인인구 비율이 점점 증가 추세에 있기 때문에 머지않아 많은 나라들이 초고령 사회에 진입할 것으로 예상하고 있다.

프랑스의 경우 고령화 사회(노인인구 비율 7%)에서 고령사회(노인인구 비율 14%)로 진입하는데 115년이라는 기 기간이 소요되었고, 스웨덴은 85년, 미국은 71년, 일본은 24년 정도 소요되었다. 그러나 우리나라는 19년이 소요될 것이라 예상된다. 또한, 고령사회에서 초고령 사회(노인인구 비율 20%)에 도달하는데 프랑스는 41년, 스웨덴은 40년, 미국은 15년, 일본은 12년 걸리고 우리나라는 7년밖에 걸리지 않을 것으로 예상된다.

〈표 1-2〉 노인인구의 증가속도 국제비교 현황

국가	도달 년 수			소요 년 수	
	고령화사회 (7%)	고령사회 (14%)	초고령화사회 (20%)	7%→14%	14%→20%
대한민국	2000년	2018년	2026년	19년	7년
일본	1970년	1994년	2006년	24년	12년
프랑스	1864년	1979년	2020년	115년	41년
미국	1942년	2013년	2028년	71년	15년
스웨덴	1887년	1972년	2012년	85년	40년

자료: 보건복지부. 노인인구추계. 2014.

여기에서 일단 노인인구가 14%이상이면 그 증가속도는 더욱 빨라지고 있음을 알 수 있다. 우리나라의 노인인구 증가속도는 세계에서 가장 빠른 추세이다. 이는 선진국과는 달리 경제적인 부분에서도 아직 선진국에 도달하지 못한 상태에서 세계에서 가장 빠른 고령화 추세를 보이고 있다는 것이다. 2026년 정도에는 노인인구 비율이 20%가 되는 초고령 사회에 도달하는 국가들이 독일, 프랑스, 일본, 스웨덴을 비롯하여 우리나라도 포함될 것이다. 이러한 노인인구의 증가 및 고령사회의 노인문제는 우리나라를 비롯하여 전 세계의 문제로 나타날 것이다.

정부도 이러한 급속한 고령화 문제의 심각성을 인지하고 인구 고령화 대책을 준비하고는 있지만 선진국에 비해 고령화 문제의 준비정도가 매우 미흡하기 때문에 인구고령화 속도에 부합하는 정책 및 해결책은 너무나 미흡한 실정이다. 정부는 2005년에 '저출산·고령사회기본법'을 재정하고 보건복지부내에 고령사회정책본부를 설치하였다. 출산율의 저화에 따른 대책과 노년들의 일자리 확충, 노인 자원봉사 활성화, 노인복지관 설립 등 다양한 복지정책을 통해 노인들도 사회활동, 여가활동, 경제활동의 참여를 통해 생활만족도를 높일 수 있는 정책과 서비스를 시행하고 있다. 2010년에는 '새로마지플랜 2015'란 종합대책을 통하여 출산율을 높이고, 베이비붐 세대까지 노인복지 정책대상에 포함하여 치료적 노인복지정책에서 예방적 노인복지정책을 준비하고 있으며, 노인연령에 부합하는 소득과 일자리, 의료 및 건강, 재가서비스, 여가서비스 등 각 분야별로 노인들의 욕구에 부응하는 정책을 계획하고 있다.

고령사회 노인들의 삶의 질 향상을 위하여 '베이비부머들의 고령사회 대응체계 구축', '활기차고 안정된 노후생활 보장', '고령 친화적인 인프라 조성' 등 3대 분야를 노인복지정책 과제로 선정하였다. 2017년까지 출산율을 높이기 위한 정책마련과, 고령사회에 부합하는 제도 및 체계를 구축하여 2030년까지 OECD 평균수준에 도달하도록 노력할 것이며, 고령사회에 효과적으로 대응하여 선진국가로 도약하는 것을 목표로 하고 있다.

그러나 정부의 정책과 지원만으로 이러한 목표를 이룰 수 없다. 정부의 정책과 지원보다 국민들이 노인에 대한 인식 변화가 더 중요하다. 아직까지 우리사회는 노인을 바라보는 인식이 긍정적이라기보다는 부정적 인식이 더 팽배해 있는 것이 사실이다. 이러한 인식문제는 정부의 정책과 지원만으로는 해결하기 힘들다.

또한, 고령화문제를 해결하기 위한 정부의 정책이 일방적이고 수직적인 지원방식으로는 정책의 효과를 거둘 수 없다. 이러한 정부정책이 효과를 거두기 위해서는 노인들의 다양한 욕구를 수렴하여 욕구에 부합하는 정책이 이루어져야 한다. 더불어 노인들의 주변 환경까지 고려한 정책이 이루어져야 한다.

2) 노인인구의 증가

1960년대 이후 우리나라 노인인구비율 추이를 보면, 1960년에는 2.9-3% 정도의 비율을 보이다가 1965년에는 3.2-3.3% 정도로 조금 증가하였다. 1980년대 들어서

비율은 4%를 넘기게 되고, 1990년대 5%대를 넘긴 후 2000년에는 7.2%로 급상승하게 되었다. 이후 지속적으로 상승하여 2014년 12.7%, 2026년 20.8%까지 증가할 것으로 예측되고 있다.

〈표 1-3〉 고령인구 추이

(단위 : 천명, %)

	총인구	0~14세	구성비	15~64세	구성비	65세 이상	구성비
1990	42,869	10,974	25.6	29,701	69.3	2,195	5.1
2000	47,008	9,911	21.1	33,702	71.7	3,395	7.2
2010	49,410	7,975	16.1	35,983	72.8	5,452	11.0
2014	50,424	7,199	14.3	36,839	73.1	6,386	12.7
2017	50,977	6,840	13.4	37,018	72.6	7,119	14.0
2020	51,435	6,788	13.2	36,563	71.1	8,084	15.7
2026	52,042	6,696	12.9	34,506	66.3	10,840	20.8
2030	52,160	6,575	12.6	32,893	63.1	12,691	24.3
2040	51,091	5,718	11.2	28,873	56.5	16,501	32.3
2050	48,121	4,783	9.9	25,347	52.7	17,991	37.4
2060	43,959	4,473	10.2	21,865	49.7	17,622	40.1

자료: 통계청. 2014 고령자 통계.

UN은 세계의 인구구조 전망을 통해 2050년에 이르면 0~14세 인구는 점차 낮아져 20.2%에 이르고 15~64세 인구는 63.7% 수준을 유지하며, 65세 이상 인구는 꾸준히 증가하여 16.1%를 차지할 것으로 예측하였다. 우리나라도 세계추세와 마찬가지로 0~14세에 해당하는 인구는 지속적으로 감소하여 2050년에는 9.9%, 15~64세에 해당하는 인구는 52.7%, 65세 이상의 노인인구는 37.4%에 도달할 것으로 예상하고 있다.

그리고 세계의 중위연령을 보면 2005년에는 28세 정도에서 2020년에는 31.7세, 2050년에는 37.9세 정도로 예상하고 있다. 그러나 우리나라는 2005년 38세에서 2020년 43.8세, 2050년 56세로 세계의 중위연령 보다 훨씬 높게 나타날 것으로 전망하고 있다. 우리나라의 노인인구는 2000년 이후부터 세계 평균보다 높아지기 시작하여 2030년경에는 세계적인 평균보다 약 2배 이상 높은 노인인구 비율을 나타낼 것으로 예상하고 있다(김인혁 외, 2014).

3. 고령화 사회의 원인

고령사회의 배경요인으로는 사망률의 감소에 따른 평균수명의 증가와 출산율 저하는 깊은 관련이 있다. 사회가 발전함에 따라 의료기술 및 보건분야의 인프라가 함께 발달하고 개인 건강에 대한 지식과 관심으르 건강과 관련된 다양한 의료 서비스의 증가, 의료기술, 의약품, 의료기기, 위생, 식품, 보건안전 등의 발달로 사망률이 감소함에 따라 비례적으로 평균수명은 증가함으로써 노인인구는 점점 증가하게 된다. 또한 노동력이 많이 필요했던 농경사회에서는 노동력의 확보를 위해 출산을 많이 하는 경향이 있었지만, 농업의 기계화가 발달함으로써 노동력이 많이 필요하지 않게 되었다. 이처럼 산업사회로 발전하면서 대가족보다는 소가족으로 변하는 새로운 가치관이 형성되어 출산율이 크게 저하됨으로써 노인인구는 상대적으로 증가하여 고령사회가 빨리 도래된 것이다.

고령화 사회의 원인을 구체적으로 살펴보면 다음과 같다(김인혁 외, 2014).

1) 평균수명의 증가

평균수명[2)]은 그 사회의 건강과 복지를 포함한 삶의 질 수준을 나타내는 주요한 지표로 널리 활용되고 있다. UN은 정기적으로 인간개발보고서(Human Development

2) 평균수명이란 탄생을 기준으로 하여 평균적으로 생존하는 수명으로서, 0세의 평균여명(平均餘命)이다. 평균수명은 1년 사이에 사망한 모든 사람의 나이를 합하여 이를 위 사람의 수효로 나눈 수로 계산된다.

Report)를 발간하여 각 국의 인간개발지수(Human Development Index)를 함께 비교하여 그 순위를 발표하고 있는데, 이때 인간개발지수를 고려하는 주요인으로 평균수명이 포함되고 있다.

20세기 전반에 들어 평균수명은 급속히 늘어났는데, 이는 현대 의학의 발전 및 경제성장에 따른 인간의 기본욕구 충족률 향상으로 그 원인을 볼 수 있다. 특히, 유아사망률과 산모사망률의 급격한 감소가 평균수명 향상에 큰 영향을 미친 것으로 보인다.

주요 선진국의 평균수명은 약 10년 미만으로 증가한 반면, 우리나라는 같은 기간 내 23.1년이 늘어난 것으로 나타나 조사된 국가 중 가장 높은 상승률을 나타내고 있다. 한편 우리나라의 평균수명은 1960년대 52세 정도였는데 1990년대에는 72세, 2020년에는 81세 정도로 상승할 것으로 전망된다.

우리나라의 평균수명은 2006년 처음으로 OECD 평균 수준을 넘어섰는데, 이렇듯 급속한 증가 원인으로 OECD는 소득 향상에 따른 생활수준 개선, 생활양식의 변화, 의료제도의 외적 요인과 함께 건강 증진을 위한 투자 증가, 건강보험 급여 확대 등에 따른 의료서비스 접근성 확대 등을 들고 있다(보건복지부, 2014).

〈표 1-4〉 평균수명 증가추이

구분	1960	1970	1980	1990	2000	2010	2020	2030
평균	52.4	63.2	65.8	71.6	75.8	79.1	80.8	81.6
남	51.1	59.8	62.7	67.7	72.1	76.2	77.5	78.4
여	53.7	66.7	69.1	75.7	79.5	82.6	84.1	84.8

자료: 보건복지부. 보건복지통계연보. 2014.

2) 출산율의 저하

평균수명의 연장과 더불어 고령화 사회의 주된 요인으로 출산율의 저하를 들 수 있다. 출산율 저하는 향후 경제활동인구의 감소를 유발하여 산업생산력 및 국가경쟁력을 감소시키는 요인으로 작용하게 된다. OECD 회원국들과 비교 해 볼 때, 우리나라의 출산율 감소폭은 가장 큰 것으로 나타났다. 우리나라는 지난 30년간 한 여성이 일생 중 출산하는 아동수가 3.7명 감소한 것으로 나타나, 다른 국가들에 비해 진행 속도가 매우 빠름을 알 수 있다.

우리나라 출산율은 1970년에 4.5명 정도였는데, 1983년에는 2.1명, 2000년에는 1.5명, 2005년에는 1.1명으로 지속적으로 감소하였다. 출생아수도 마찬가지로 1970년 1,007천명, 1983년 778천명, 2000년 637천명, 2005년 438천명으로 1970년의 절반 수준인 것으로 나타났다.

출산율 저하 원인은 경제적 요인, 사회적 요인, 가치관의 변화로 들 수 있다. 먼저 경제적인 요인으로는 출산 중단의 가장 큰 이유로 가구의 소득수준과 관계없이 영유아 보육비, 자녀 사교육비 등 자녀 양육비 부담이 가장 큰 것으로 나타났다. 또한 결혼 및 출산연령층의 고용불안정과 낮은 소득은 결혼을 연기하거나 출산을 포기하는 것으로 이어져 저 출산의 원인으로 작용하게 된다.

사회적 요인으로는 육아와 경제활동을 양립할 수 있는 사회제도적 지원체계의 미비를 들 수 있다. 결혼과 출산이 집중되는 25~30대 초반 여성 연령층의 사회·경제활동에 참여하는 여성은 점점 늘어가고 있는데 비해, 여성의 사회·경제활동 참여에 대한 일자리 및 인식은 아직도 매우 미흡한 수준이며, 근로 여건에 따라 다양하게 이용할 수 있는 양질의 육아서비스 인프라도 부족한 실정이다.

가치관의 변화로는 결혼관 및 자녀관이 약화되어 결혼연령 상승 및 미혼율 증가 등을 초래하게 된다. 우리나라 여성의 초혼연령은 1990년 24.8세에서 2009년 28.7세로 약 4세나 증가하였고, 초산연령은 2014년 31.5세로 OECD 국가 평균인 27.8세와 비교해 볼 때 3세 정도 높은 것으로 나타났다.

20대 이상 여성의 미혼비율이 전 연령층에서 꾸준히 증가하고 있으며, 특히 20대 여성의 미혼율은 1970년 34.6%에서 2014년 70.3%로 증가하였다. 또한 자녀가 부모의 노후를 책임지고 가계를 계승하는 등의 전통적 자녀관의 변화 역시 출산율을 감소시키는 요인으로 볼 수 있다.

4. 고령화 사회의 노인문제

고령화 사회의 도래로 인하여 새로운 노인문제가 발생하는 것은 당연한 것이다. 노인문제는 물론 농경사회에서도 있었겠지만 그 당시는 그리 심각한 노인문제는 아니였다고 생각한다. 그러나 고령화 사회로 전환됨으로 인해 더욱 다양하고 심각한 노인문제가 발생되었다.

우리나라는 1960년대 이후로 산업화가 촉진되면서 노인문제가 새로운 사회문제로 부각되기 시작하였다. 산업화 초기에는 저소득층 노인들에게 국한된 노인문제들이 최근에 와서는 모든 노인들에게 확대되어 심각한 사회문제로 대두되기 시작하였다. 단순히 노인들의 수명이 연장되어 문제가 발생된 이유만이 아니라 조기퇴직으로 인하여 특별한 일과 역할이 없는 상태에서 긴 노후생활을 보내야 하기 때문에 정신적, 심리적, 경제적으로 많은 고통과 스트레스를 받고 있다.

고령화 사회의 노인문제는 보는 시각에 따라 매우 다양하지만 본 장에서는 사회적 차원에서의 노인문제와 개인적 차원의 노인문제로 구분하여 살펴보고자 한다.

1) 사회적 차원에서의 노인문제

(1) 노인에 대한 부양비 및 노령화 지수의 증가

우리나라의 노인부양비는 2005년에는 12.6%로 나타났다. 이는 1990년에 7.4%에 비교하면 5.2% 정도 증가하였고, 고령화에 따른 평균수명의 연장 등에 따라 2020년에 22.1%, 2030년에 38.6%, 2050년에 71.0%로 크게 높아질 전망이다. 이는 2005년에 생산 활동에 참가한 인구 8명이 노인 1명을 부양했던 것이 2050년 경에는 인구 1.4명이 노인 1명을 부양해야 되는 결과를 낳게 된다.

또한 노인인구 비율을 젊은 유소년 인구와 비교하여 보여주는 노령화 지수는 2000년 유년인구 100명당 노령인구는 34.3명 정도이나 2030년 193.0명, 2050년에는 376.1명이 되어 초고령 사회가 상당히 진전될 것으로 전망된다.

젊은 유소년 인구의 지속적인 감소에 비해 노인 연령층의 급속한 증가는 연령에 따른 구조와 틀의 변화를 가져왔다. 일반적으로 연소인구는 0~14세, 생산인구는 15~64세, 노인인구는 65세 이상으로 구분하여 살펴보면 다음과 같다. 연소인구는

1990년에 25% 정도에서 2005년에 19% 정도로 조금 감소하였고, 생산인구는 69% 정도에서 72%로 정도로 조금 증가하였다. 그러나 노인인구는 5% 정도에서 9% 정도로 빠른 증가 추세를 보이고 있다. 따라서 인구구조를 보면, 1960년에는 모든 연령층이 비슷하게 성장하여 인구구조가 피라미드형으로 나타났으나, 1970년에는 연소인구는 크게 감소하였고 반면에 생산인구의 증가와 노인인구의 급격한 증가로 인구구조가 종형으로 바뀌게 되고, 2000년에서 2050년으로 갈수록 인구구조는 항아리형에서 달걀형 그리고 나중에는 역피라미드형으로 바뀔 것으로 전망된다.

〈표 1-5〉 노인부양비 및 노령화지수

(단위 : 해당인구 100명당 명, 명)

	노년부양비1)	노령화지수2)	고령자1명당 생산가능인구3)
1990	7.4	20.0	13.5
2000	10.1	34.3	9.9
2010	15.2	68.4	6.6
2014	17.3	88.7	5.8
2017	19.2	104.1	5.2
2018	20.0	108.5	5.0
2020	22.1	119.1	4.5
2030	38.6	193.0	2.6
2040	57.2	288.6	1.7
2050	71.0	376.1	1.4
2060	80.6	394.0	1.2

자료: 통계청. 2014 고령자 통계

주 : 1) 노년부양비 = (65세 이상 인구 / 15~64세 인구) × 100

2) 노령화지수 = (65세 이상 인구 / 0~14세 인구) × 100

3) 고령자 1명당 생산가능인구 = 15~64세 인구 / 65세 이상 인구

(2) 요양보호 노인의 수 증가

평균수명의 증가와 이로 인한 노인인구의 구성비 증가는 요양보호 노인의 수의 증가를 의미한다. 우리나라 노인의 유병률 조사결과를 보면, 노인의 86.7%가 한

가지 이상의 만성적인 질환을 가지고 있으며, 65-70세 노인은 85.2%, 71-75세 노인은 87.6%, 75세 이상 노인은 87.9%로 정도로 나타났다. 만성질환의 종류는 관절염 43.4%, 고혈압이 23.5%, 요통과 좌골통이 9.2%로 나타났다. 이러한 질병은 대부분의 노인들이 겪고 있는 만성질환으로 알려져 있다. 그리고 노인들의 고령화에 따른 신체적 질병보다 더 무서운 정신적인 문제가 급속도로 증가하고 있다는 사실이다(최성재, 2002). 노인 중 8.3%가 치매증상을 보이고 있으며, 14.7%는 치매로 의심되며, 나이가 증가하면 할수록 치매노인의 수도 지속적으로 증가한다는 사실이다.

'노인장기요양보호 욕구실태조사 및 정책방안'이라는 2014년 한국보건사회연구원의 조사를 살펴보면 65세 이상 노인의 약 21%인 83만명의 노인들이 ADL이나 IADL 상태로 나타나, 누군가의 도움이 절대적으로 필요한 요보호 대상자로 나타났다. 그 중에서도 경증 대상자를 제외하고 빠른 요양서비스를 받아야 하는 노인들도 10%가 넘는 40만명 정도로 예상하고 있다. 이 중에서 20% 해당되는 노인은 상태가 심각한 중증 대상자로 병원 및 요양원 입소가 필요한 것으로 나타났다. 이처럼 요양서비스가 필요한 노인들이 2020년에는 159만명으로 늘어날 전망이다. 그러나 요양시설의 도시의 집중화와 시설의 양적부족 등으로 인해 노인들이 충분한 요양서비스를 받지 못하고 있다.

(3) 국민연금기금의 적자 전망

우리나라의 국민연금은 1988년 시행되어 짧은 기금 운영기간과, 기금 관리운영의 미흡 등으로 인해 기금 적립이 매우 부족한 상태이다. 그러나 인구 고령화로 인해 연금을 받을 노인들은 급속히 증가하여 수요와 공급이 원활히 이루어지지 않는 구조로 인해 얼마가지 않아서 국민연금 기금이 고갈될 것으로 보인다. 현행 제도대로 보험료 9%, 소득대체률 60% 정도로 유지 할 경우, 이에 따른 적립금 또한 증가하여 2035년에는 적립금이 1.720조 정도가 필요한 것으로 전망하고 있다(정경배, 2003).

그리고 2001년에 60만명 정도가 노령연금을 지급 받았으며, 2005년에는 109만명, 2010년에는 183만명, 2028년에는 약 800만명 정도가 노령연금을 지급 받을 것으로 예상된다. 이는 65세 이상 전체 노인의 80% 정도가 노령연금을 지급 받게 될 것이며, 이로 인하여 2036년경에는 노령연금의 적자가 발생될 것이며, 2048년경에는 연금기금이 소진될 것으로 전망한다.

고령화의 지속으로 인해 국민연금의 수입보다 지출이 더 많아지는 결과를 초래하여 국민연금을 납부하고도 연금을 받지 못하거나 받더라도 매우 적은 연금액을 받아서 연금으로서의 기능을 할 수 없기 때문에 심각한 사회문제를 야기할 수 있다. 이러한 문제는 국민들이 연금에 대한 불신으로 이어져 연금납부를 거부하거나 젊은층의 불만이 더욱 팽배해져 사회통합에 저해 요인이 될 것이다.

국민연금 재정불안의 근본요인은 저출산·고령화로 인해 연금을 납부해야 할 젊은 세대들은 점점 줄어들고, 연금을 받아야 할 노인들은 점점 증가하기 때문이다. 즉, 급속한 인구 고령화로 인해 국민연금을 납부해야하는 생산인구는 줄어들고, 연금을 수급하는 노인들은 급증하기 때문에 국민연금 기금은 적자운영이 기정사실화 되어 이에 따른 대책이 시급히 요구되는 상태이다.

(4) 국민건강보험 재정 약화

인구의 고령화는 국민연금 재정의 문제뿐만이 아니라 국민건강보험의 재정에도 많은 영향을 미치게 된다. 노인인구의 증가로 인한 노인의료비 증가 현황을 살펴보면 1998년에는 약 19조원에서 2005년에는 39조원으로 많은 증가폭을 보이고, 2010년에는 62조원 정도의 급격한 재정 증가를 보이고 있다.

현재로서는 인구의 고령화는 점점 더 심각하게 증가하기 때문에 노인들의 의료비 증가는 더 증가할 수밖에 없다. 때문에 국민건강보험의 재정 또한 심각한 수준에 이르고 있으며 이러한 문제는 시간이 지날수륵 더욱 심화될 전망이다. 전체 의료비 중에서 65세 이상 노인의료비의 비중이 2005년 24.4%에서 2013년에는 34.5%로 크게 증가하였다.

이처럼, 국민건강보험 재정이 약화할 수밖에 없는 이유는 전체 국민건강보험 비용에서 노인들이 사용하는 의료비 비중이 점점 증가할 것이다. 노인들은 급성질환보다는 만성질환 환자가 훨씬 많기 때문에 장기입원이 필요하며, 치료목적이 아닌 가족이 돌볼 수 없는 상황에서 요양상의 이유로 병원에 장기 입원하는 경우가 많아 노인의료비가 증가하고 있다.

노인 1인당 의료비는 비노인층에 비해 3~5배 정도 높은 경향을 보이고 있다. 국민건강보험 재정을 전망해보면 재정의 증가보다는 점점 더 약화될 수밖에 없는 구조적인 문제를 가지고 있다. 출산율은 점점 낮아져 생산인구가 감소되기 때문에 보험료를 납부하는 사람이 줄어들기 때문에 재정수입은 감소하는 반면 건강이 악화되어 의료서비스를 받아야 하는 노인 인구는 증가하여 노인의료비는 점점 증가하고 보험재정은 약화될 수밖에 없다는 것이다.

〈표 1-6〉 건강보험 진료비현황

(단위 : 억원, %, 천원)

	2005	2006	2007	2008	2009	2010	2011	2012	2013	증감률
전 체	247,968	285,580	322,590	350,366	394,296	436,570	460,760	482,349	507,426	5.2
1인당 진료비	523	602	675	728	811	893	935	971	1,015	4.5
65세 이상	60,556	73,931	90,813	104,904	120,391	137,847	148,384	160,382	175,283	9.3
(구성비)	(24.4)	(25.9)	(28.2)	(29.9)	(30.5)	(31.6)	(32.2)	(33.3)	(34.5)	(1.2)
고령자 1인당 진료비2)	1,545	1,815	2,070	2,281	2,495	2,769	2,862	2,933	3,054	4.1

자료: 통계청. 2014 고령자 통계

주 : 1) 진료비는 심사실적 기준의 건강보험 요양급여 비용임

2) 고령자 1인당 진료비 = 65세 이상 진료비 / 65세 이상 건강보험가입자 수

(5) 경제성장률 둔화

인구 고령화는 단순한 인구비율상의 변화만을 의미하지 않는다. 특히 우리나라의 사회·경제에 심각한 문제를 야기할 것으로 전망하고 있다. 생산인구인 일하는 젊은층은 줄어들고 경제활동에서 은퇴한 노인들이 증가하면서 일하는 노인들이 줄어들고 그로인해 노인들의 경제 상태의 악화는 자녀들의 부양비용 증가로 이어져 국가 경제성장에 큰 부담이 될 것이다. 2013년 65세 이상 경제활동 참가율은 31.4%, 고용률은 30.9%로 나타났다. 이처럼 획기적인 생산성 향상 정책이 없다면,

경제활동에 참가하는 노동자 및 취업자 수의 감소는 결국 경제성장률을 둔화시키고 성장을 감소시키게 된다.

또한 인구가 고령화됨으로 인해 전체적인 노동시장에서 생산인력 또한 고령화되는 경향이 있다. 50~65세의 고령층의 일자리 비중은 더욱 증가하고, 반대로 한참 일을 해야 하는 젊은 연령층과 생산 활동이 가장 왕성해야 할 중장연층의 일자리는 점점 감소할 것으로 예상되어 전반적인 국가 경제성장률이 저하될 우려가 있다. 2013년 '고령화의 경제적 영향에 대한 분석' 보고서(한국개발연구원)에 의하면 인구 고령화가 지금처럼 계속된다면 전체 인구에서 일을 하는 취업자 비중은 점점 줄고, 이로 인해 저축이나 투자도 감소해 경제성장률이 더욱 하락하여 잠재성장률이 2030년에 2%대, 2050년에 1%대로 떨어질 수 있다고 전망하였다(한국개발연구원, 2013).

〈표 1-7〉 경제활동참가율 및 고용률

(단위 :%)

	55세 이상		남 자		여 자		65세 이상	
	경제활동 참가율	고용률	경제활동 참가율	고용률	경제활동 참가율	고용률	경제활동 참가율	고용률
2000	45.5	44.5	58.5	56.8	35.5	35.0	29.6	29.4
2005	44.7	43.8	59.0	57.5	33.1	32.8	30.0	29.8
2006	45.0	44.2	59.3	57.9	33.4	33.1	30.5	30.3
2007	46.0	45.2	60.7	59.5	34.0	33.7	31.3	31.1
2008	45.5	44.8	59.9	58.6	33.8	33.6	30.6	30.3
2009	45.3	44.4	60.0	58.5	33.3	32.9	30.1	29.7
2010	45.5	44.3	60.3	58.4	33.4	32.7	29.4	28.7
2011	46.2	45.1	61.0	59.3	34.0	33.4	29.5	28.9
2012	47.3	46.1	61.8	60.1	35.2	34.6	30.7	30.1
2013	48.1	47.2	62.7	61.2	36.1	35.6	31.4	30.9

자료: 통계청, 2014 고령자 통계

(6) 노인일자리 부족

의료기술의 발달로 건강하게 장수하는 노인들이 증가하고, 일을 할 수 있는 충분한 능력을 갖추고 있는데도 불구하고 퇴직이라는 제도적인 문제로 인해 일을 지속 할 수 없게 된다. 이러한 고령층은 퇴직 후 30~40년이란 긴 시간을 특별한 일이나 역할 없이 무위도식하는 노인들이 점점 증가하고 있다.

그러고 기업들도 일거리 부족으로 인한 구조조정 및 노인들의 생산성 저하 등의 이유로 노인의 취업을 기피하고 있다. 정부의 노인일자리 정책도 예산부족과 현실성이 떨어진 일자리로 인해 노인들의 일자리는 매우 부족한 현실이다. 그러나 노인들의 76%는 일을 하기를 원하고 있다. 노동부 조사에 의하면, 전체 고령자 고용률은 2003년에 3.4% 수준이며, 특히 대기업일수록 고령자 고용률이 부진한 것으로 나타났다.

또한 2014 '고령자통계'에 의하면 취업해서 일을 하고 있는 대부분의 노인들은 농업 및 어업으로 전체 노인취업자의 53.6%로 반 이상으로 나타났으며, 다음으로 단순노무직에 종사하는 노인들이 20.6%, 서비스 직종에 종사하는 노인이 15.2%로 나타났다. 이러한 결과에서 나타났듯이 대부분의 노인들은 농·어업이나 단순노무직, 또는 서비스 직종에서 일을 하기 때문에 임금이 매우 열악하고 인권침해 등의 문제가 발생하는 것으로 나타났다(통계청, 2014).

이처럼, 건강한 노인들이 많아지고, 일을 하고자 하는 노인들이 증가하며, 노인들의 평균수명이 증가하고 있는 현실에서 노인일자리는 매우 부족한 상태이다.

2) 개인적 차원에서의 노인문제

노인문제는 과거 전통적인 사회에서도 소소하게 있었겠지만, 현대사회처럼 심각한 사회문제로 대두되지는 않았다고 본다.

즉 전통사회에서는 경로효친 및 효사상의 문화가 잘 형성되어 있었고 부모님의 역할과 영향력이 많았기 때문에 부모가 노인이 되어도 신체적·경제적인 부양은 당연한 것으로 알고 있었고 그렇게 해 왔던 것이 사실이다.

그러나 오늘날 사회는 산업화, 도시화, 가족구조의 변화, 인구 고령화 등 여러 가지 이유로 인해 부모 부양에 대한 가치관도 변화되어 다양한 노인문제가 발생하고 있다. 본장에서는 개인적 차원에서의 노인문제는 경제적 빈곤문제, 질병문제, 심리적 고독과 소외의 문제, 사회적 역할상실 문제를 중심으로 살펴보고자 한다.

(1) 경제적 빈곤

노인들이 평생 일하던 직장에서 은퇴를 하게 되면 이는 바로 경제적인 부분에서 많은 어려움에 직면하게 된다. 노인들은 퇴직금 혜택까지 받지 못하고 수입이 완전히 끊기게 되어 노후의 경제 사정이 더욱 악화된다. 정년퇴직제도는 이 같은 상황을 더욱 가속화시키고 있다. 즉, 신체적으로나 정신적으로 기능이 떨어지지 않아 지속적으로 일을 할 수 있는 충분한 여건을 가지고 있음에도 불구하고 정년퇴직이라는 제도로 인해 어쩔 수 없이 노동능력을 상실하게 되고 이로인해 소득의 상실과 경제적인 어려움에 당면하게 된다.

소득상실의 문제는 노인빈곤문제로 이어지고 있다. 65세 이상 인구 중 국민기초생활보장수급자의 수급율은 매우 낮다. 성별 수급율은 남자 노인보다 여자 노인의 수급율이 더 높다. 이는 여자 노인들이 남자 노인들보다 평균 7세 이상 더 오래 살기 때문에 나타난 결과일 것이다.

전체국민의 3.2%가 국민기초생활보장 수급자인 반면, 노인의 경우는 10.1%로 빈곤층 비율이 높고 노인인구 29%가 경제활동을 하고 있으나 대부분이 농·어·축산업에 종사하고 있으며, 고위 임직원(2%)이나 전문가(1.9%)등 사회적 지위나 수입이 높은 직종 종사자는 극소수에 불과하다(한국보건사회연구원, 2014). 그러나 우리나라의 국민연금 제도는 1988년에 시작이 되었기에 20년 동안의 연금 납부 후 정상적인 연금 혜택을 보기 시작한 것은 2008년부터 이루어지고 있다. 따라서 특수연금을 받고 있는 공무원, 군인, 사립학교교직원 연금을 받고 있는 10% 내의 노인을 제외한 대부분의 노인들은 사회보장제도의 혜택이 미흡하여 경제적인 어려움에 힘들어 하고 있다.

2014년 한국보건사회연구원의 연구결과에 의하면 60세 이상의 66.3%가 경제적으로 어렵다고 말함으로써 많은 노인이 노후의 경제적 불안을 가장 큰 근심거리라는 연구결과가 나왔다.

또한 노인들 중에서 젊어서부터 노후를 위해 준비를 하였다는 노인은 20% 내외로 나타났으며, 공적연금으로 노후생활을 하고 있는 노인은 8.0%로 나타나, 우리나라 전체 노인의 대부분인 70% 정도의 노인들은 경제적인 부분을 자녀들에게 의존하는 것으로 나타났으며, 자녀에게 의존하지 못하는 경우는 경제적인 어려움으로 인해 힘든 노후생활을 보내고 있는 것으로 나타났다(박재간, 2002).

사회보장제도가 잘 되어있는 선진국(스웨덴, 노르웨이, 덴마크, 독일, 영국 등)들의 노인들은 80%정도가 노인연금의 혜택을 받고 있고, 또한 개별적으로 개인연금, 저축, 취업임금 등의 노후 준비가 되어있기 때문에 편안한 노후 생활을 보낼 수 있다. 그러나 우리나라 노인들은 젊어서 자녀들의 교육과 양육을 위해 예산을 다 지출하였기 때문에 경제적으로 독립할 수 없는 상황에서 자녀들에게 의존하거나 저임금 일용직 및 단순노동으로 생계를 유지하는 등 대부분의 노인들이 경제적 어려움으로 인해 힘든 삶을 살아가고 있는 실정이다.

(2) 질병

노인의 건강은 신체·정신적인 노화로 인해 약화되지만, 본인의 건강관리와 의료적인 혜택을 잘 받게 되면 노화속도를 지연시킬 수 있다. 이는 성공적인 노화 및 노년의 삶의 질과 직결되는 내용이기 때문에 매우 중요한 부분이다.

노인성 질병은 대체로 선천적 요인과 후천적 요인이 함께 작용하며, 성인병의 범주에 들어가는 노인병의 상당수는 40대, 50대에 발병한다.

노인은 젊은이에 비하여 유병률이 2-3배 이상이 되며, 만성질병(86.7%)과 합병증으로 빈번한 의료 진료가 필요하며, 일상생활에 불편함을 느끼는 노인은 72.2%이고, 이들 노인 중에서 와상 상태의 노인이 8%정도 된다고 한다.

노부모가 와상노인 또는 치매노인이 되면, 이를 보호하고 부양하는 문제는 심각한 가족문제이자 노인문제이다. 우리나라는 노인전문병원이나 노인요양시설이 대도시에 편중되어 있고, 수요에 비하여 공급이 부족한 상황이기에 이러한 병원이나 요양시설을 이용하지 못하고 가족들이 노인을 부양하는 문제로 많은 갈등을 보이고 있다. 특히 저출산, 핵가족화, 맞벌이, 사회활동 증가 등으로 노부모를 가족이 부양 및 보호하기에는 많은 어려움이 있다.

노인질병의 진료는 고액진료가 많기 때문에 건강보험이나 의료급여의 제도적 뒷받침 없이 개인이 모든 진료비를 부담하는 것은 많은 부담을 느끼게 한다. 또한 현재의 국민건강보험 및 의료급여 제도는 노인질병의 특성을 고려하지 않고 있어 진료비 부담이 큰 문제가 되고 있다. 더구나 노인들은 질병률이 높기 때문에 원활한 양질의 의료서비스를 받기 위해서는 의료서비스에 대한 접근성이 좋아야 하는데, 의료시설은 대부분 대도시에 편중되어 있기 때문에 특히 농어촌 노인들이 진료를 받는 데 많은 문제가 있다.

노인의 건강상태는 경제적 수준과 상관관계가 있다는 연구결과가 많은데, 이는 경제적 수준이 높을수록 의료서비스 혜택을 받을 수 있는 여건이 좋기 때문일 것이다. 그러므로 노인의 건강은 신체적 노화로 인해 약화되는 것이 일반적이지만, 적절한 의료서비스를 받는다면 건강을 유지하고 노화의 속도를 지연하여 기능적으로 활발한 노후생활을 더욱 연장할 수 있다는 전제하에서 노인의 의료서비스 혜택 문제는 노인의 문제로서 더욱 관심을 가져야 할 것이다.

(3) 고독과 소외

노인들의 고독과 소외는 다른 연령층에 비해 그 심각성이 대우 크다. 젊은층의 고독은 희망적인 고독이지만, 노인들의 고독은 절망적인 고독이기 때문이다. 노인들이 평생 한 가지 일에 전념하다가 어느 날 특별한 준비 없이 일은 그만두고 퇴직을 하게되면 정신적으로나 육체적으로 받는 고득과 소외감은 이루 말할 수 없이 클 것이다. 직장생활을 할 때는 활발한 사회생활과 직장생활로 고독이나 외로움을 모르고 생활하다가 퇴직 후 혼자서 집에서 생활하게 되면 집안에서 잔소리와 불평이 많아지고, 자존감도 떨어지고, 경제적인 어려움으로 인해 사기가 떨어지는 등 사회적 고립 및 심리적 고립 현상이 나타나게 된다.

우리나라 노인이 선진국의 노인에 비해 고독 및 소외감을 더 심각하게 느끼고 있다고 한다. 선진국의 노인들은 개인적인 생각과 독립적인 사고방식에 의해 양육되고 교육 받았기 때문에 자녀 의존도가 낮고 노인 스스로가 홀로서기에 익숙해져 있다. 그러나 우리나라는 본인의 노후준비를 하기 보다는 므든 것을 자식을 위해 투자했기 때문에 자녀에 대한 보상의식과 의존도가 매우 높은 것이 사실이다.

그러기에 자식이 부모가 바라는 기대에 충족하지 못하면 그로 인한 실망감과 좌절감 등으로 더욱 고독과 소외감을 느낀다고 한다.

현재의 노인들은 부모님을 정성껏 모시고 봉양을 하였지만, 자식들로 부터는 버림을 받는 전통적 가치관과 현대적 가치관의 병존현상으로 인해 많은 어려움이 공존하고 있다.

또한 자녀의 교육수준이 높아지면서 부모세대의 지식수준은 낮아지고 뒤떨어지게 된다. 노인들은 정년퇴직제도에 의해 자신의 정든 직장으로부터 박탈되어 사회의 일선에서 물러나게 되면 고독하고 할 일이 없는 노인으로 전락하게 된다. 정년퇴적은 역할에서 해방되어 자유로운 시간을 가질 수 있는 시기로 간주되기보다는, 젊은 세대에게 밀려 자신의 인생목표를 상실할 것 같은 허탈감과 소외감을 갖게 된다. 이에 노인들은 고독과 소외감이 점점 심화되고 사회적 의미를 상실하면서 스스로 삶의 의욕을 읽고 죽음을 재촉하는 경우가 많다(황진수 외, 2011)

(4) 사회적 역할 상실

사람은 본인의 존재 이유를 사회적 역할에 그 의미를 부여하는 경우가 많다. 사회적 역할을 잘 수행하지 못하게 되면 자존감이 낮아지고 상실감은 높아지기 때문에 정체감 위기(identity crisis)로 인해 힘들어하거나 무력감을 느끼게 된다. 노인이 되는 것을 두려워하고 싫어하는 사람들을 보면 나이가 들면 사회적으로 인정받지 못하고 본인의 사회적 역할 축소와 상실감으로 인한 이유이기도 하다.

노인들의 역할 상실(role loss)은 사회가 현대화 되면 될수록 더 심각하게 나타난다. 전통 농경사회에서는 노인들의 농업지식과 기술을 많이 가지고 있었기에 사회적 역할 또한 매우 높았지만, 현대 사회에서는 젊은이들과 비교하면 지식, 기술, 정보수준이 낮기 때문에 노인들은 젊은 층에게 밀려 일터를 잃어버리고 퇴직을 하게 되면 본인이 평생 해오던 역할을 상실하게 되어 노인들의 사회적 역할은 더 보잘 것 없는 존재가 된다.

특히 자발적으로 젊은이들에게 자리를 양보하고 퇴직을 한 노인의 경우는 조금 덜 하겠지만, 비자발적인 퇴직으로 인한 역할 상실을 경험한 노인들은 더 심각한 사회적 고립 현상을 겪게 된다.

특히 노인들은 직장에서 물러나는 것 이외에 배우자의 사망, 자녀들의 독립으로 부모역할의 상실, 가까운 친구들의 사망으로 인해 관계의 상실, 경제적 여건과 건강의 약화 등으로 역할이 줄어들게 된다. 또한, 심리적으로는 고독과 소외감으로 어려움을 당하게 된다. 사회적 역할 상실은 노인 개인의 자아개념과 사회적 정체감의 혼란을 가져오고 노년기 사회 적응상의 많은 어려움을 유발시킨다.

이러한 여러 가지 노인문제는 사회가 발전할수록 고령화 사회가 되면 될수록 더욱 심각해질 것이고, 국가 및 사회적 차원에서 해결하는 것도 불가능 하다고 본다. 이에 고령화 사회가 진전될수록 노인들을 상대로 복지에 이바지할 수 있는 소위 고령친화산업의 발전이 예상된다. 의식주에서부터 보건의료, 금융, 교육, 생활용품, 여가욕구 등과 관련된 다양한 고령친화산업의 발전은 결국 사회 전체적인 영역에서 노인부양 등 사회문제와 직간접적으로 관여하게 될 것이다.

5. 고령화 사회의 노인문제 해결을 위한 과제

1) 노인문제 원인에 대한 국가의 인식전환

우리나라는 아직까지도 노인들의 문제를 사회나 국가의 문제로 보기보다는 노인 개인 및 가족의 문제로 치부하는 경향이 있다. 그러나 노인문제는 개인 및 가족의 힘으로 해결하는 것은 현실적으로 많은 어려움이 있고 이러한 결과는 이미 선진국의 예를 보더라도 잘 알 수 있는 상황이다. 따라서 노인들의 문제를 개인 및 가족의 결함으로 인식하지 말고 국가가 적극적으로 개입하여 해결하는 방향으로 진행되어야 할 것이다.

2) 사회적 차원의 경로효친사상 및 효의 가치관

우리사회의 전통적 가치관인 경로효친사상과 효(孝)에 대한 사상이 노인복지 철학으로 발전되기 위해 노력하여야 한다. 전통적인 효의 정신은 효를 개인적 및 가족적 차원에서 교육하고 실천할 것을 주장하고 사회적 또는 국가적 차원에서 실천하는 것을 소홀히 해 왔다. 경로효친사상 및 효의 사상은 개인과 가족으로 국한된 것이 아니고 국가적 차원의 교육과 실천이 더 강조되었다. 현대사회에서 경로효친사상과 효의 사상이 개인이나 가족의 가치와 윤리로만 생각한다면 사회나 국가가 주체가 되는 노인복지의 가치관으로 발전하기에는 많은 어려움이 있다. 따라서 경로효친사상과 효는 개인과 가족의 차원에서뿐만 아니라 사회나 국가적 차원에서 교육하고 실천해야 할 덕목이 되어야 한다.

3) 저소득층 중심에서 전 국민 대상으로 확대

우리나라의 노인복지정책과 서비스는 대부분 최저선 이하의 저소득층 노인을 대상으로 그들의 욕구나 문제를 해결하는데 노력해 왔다. 그러나 이제는 최저선 이하의 저소득층 노인을 대상으로 하는 복지와 서비스는 기본적으로 충족되어야 하고, 이를 넘어 모든 노인을 대상으로 한 노인복지 서비스로 확대되어야 한다.

4) 국가와 민간의 상호보완적 역할

노인복지 서비스의 원칙에는 국민들이 모든 노인들의 문제를 함께 연대책임을 진다는 사회적 책임을 원칙으로 하고 있다. 따라서 노인의 기본적이고 공통적인 욕구나 문제에 대하여 국가에서 먼저 노인들에게 적합한 서비스나 프로그램을 제공하고 민간에서는 국가나 지방자치단체의 노인복지서비스나 프로그램을 보충하거나 사각지대에 있는 노인들을 찾아서 보호하고 지원하는 역할을 수행해야 한다. 국가나 지방자치단체에서는 노인들의 기본적이고 일반적인 노인복지서비스를 제공하고, 민간에서는 대상자들에게 적합한 맞춤형 서비스를 제공할 수 있도록 국가와 민간이 상호보완적인 역할을 수행하여야 한다.

5) 생활시설 위주에서 재가보호 중심으로의 변화

예전에는 노인복지서비스가 대부분 시설중심으로 이루어져 왔다. 그러나 앞으로는 노인들이 살고 있는 가정이나 지역사회를 중심으로 서비스를 제공하는 방향으로 나가야 할 것이다. 노인이 생활하고 익숙한 가족, 친척, 이웃들과 지속적인 관계를 유지할 수 있도록 지역사회 속에서 보호하는 방향으로 나가야 할 것이다. 그렇다고 시설서비스를 등한시 하는 것이 아니라 가정에서 재가복지서비스가 더 이상 어려움이 있을 경우에는 시설서비스를 이용할 수 있도록 하는 정책 및 제도를 마련하여야 할 것이다.

6) 급여 수준의 현실화

물질적 급여뿐만 아니라 비물질적 급여의 수준도 목표달성이 어려운 비현실적 수준에서 실제의 목표달성이 가능한 현실적 수준으로 향상시켜 나가야 할 것이다. 현재의 노인복지서비스의 급여수준은 실질적으로 목표를 달성할 수 있는 수준이 되지 못하고 최저생활을 유지할 수 있는 정도의 명목적이고 형식적이라고 할 수 있다. 노인의 급여수준을 현실적이고 실질적인 수준으로 향상시켜 최저생활이 아닌 최적의 생활을 할 수 있도록 노력하여야 한다.

7) 가족의 노인보호 기능 강화

노인문제의 대상이 중산층 이상의 재가노인으토 대상을 확대할 필요가 있다. 이러한 재가노인을 위한 서비스 확대는 가족을 대신하여 노인을 보호하는 다양한 서비스가 확대되어야 한다. 노인을 보호하는 것은 대부분 가족들이 일차적으로 보호를 하고 가족에서 보호하기가 어려운 상태가 되면 시설이나 병원에서에서 노인을 보호하게 된다. 따라서 부모와 자녀관계의 회복을 위한 노인부양 지원과 노인장기요양서비스에 대한 공공정책의 확립으로 친길한 부모·자녀 관계를 유지하고 가족들이 노인을 보호할 수 있는 다양한 정책 및 서비스가 개발·지원 될 수 있도록 하여야 한다. 예를 들면 노인장기요양서비스, 재가복지서비스, 간병인 서비스, 가정방문 간호서비스 등을 제도화하고 발전시켜 나가야 할 것이다.

8) 지역적 특성을 고려한 차별적 서비스 제공

노인의 성격특성 상 지역성은 매우 중요한 브분이다. 노인들의 지역적 특성을 고려하여 이들에게 적합한 서비스를 제공하여야 하며, 서비스 제공자가 지역적인 특성을 고려하여 창의적이고 자율적으로 기획하여 제공할 수 있도록 하여야 할 것이다. 지금까지 국가지원의 노인복지서비스나 프로그램은 너무 획일적이었는데 이제는 지역의 특성을 잘 고려하여 획일화된 노인복지 서비스가 아닌 노인 개인에게 적합한 맞춤형 서비스가 제공되어야 한다.

9) 예방적 차원의 서비스 제공

노인문제는 다른 어떤 연령계층의 문제보다도 장기적인 대비가 필요한 것이다. 따라서 노령기 이전부터 아니면 전 생애를 통하여 개인적으로나 사회적으로 노후를 준비 할 수 있도록 하는 체계가 구축되어야 한다.

10) 노인에 대한 사회의 부정적 인식의 개선

노인에 대한 생각, 고정관념, 이미지는 대부분 객관적인 근거가 없는 잘못된 지식이나 정보로 인해 노인을 보는 시각이 부정적으로 인식되는 경우가 많다. 따라서 노인의 노화와 생산성의 관계에 대한 정확한 정보를 국민들에게 제공 한다던가 또는 노화현상에 대한 올바른 계몽 프로그램을 실시하여 노인에 대한 부정적인 이미지를 개선하도록 하는 국가적인 노력이 필요하다.

생각해 볼 문제

1. 우리나라의 인구고령화 속도는 세계에서 가장 빠르게 진행되고 있다. 우리나라의 인구고령화 속도가 이렇게 빠르게 진행되는 이유와 인구고령화 속도를 늦출 수 있는 방안에 대해 생각해 보자.

2. 고령화 사회에 따른 노인문제를 해결하기 위해 정부 및 지방자치단체에서 어떠한 노력을 하고 있는지 조사해보고, 부족한 부분과 개선이 필요한 부분은 무엇인지 생각해 보자.

3. 우리나라의 현대화 이전과 이후의 노인의 지위와 역할 변화, 노인에 대한 공경의식 변화에 대해 생각해 보자.

참고문헌

김인혁 · 구재관 · 김준환 · 양정빈 · 유영주 · 이효순 · 천덕희 · 하영갑(2014). 노인복지론. 서울: 창지사.

박재간(2002). 서구사회의 노후생활과 복지정책. 한국노인문제연구소.

박차상 · 정상양 · 김옥희 · 엄기욱 · 이경남(2012). 한국노인복지론. 서울: 학지사.

보건복지부(2014). 2014 노인일자리사업 종합안내.

__________(2014). 2014 노인보건복지사업안내.

__________(2014). 2014 보건복지통계연보.

__________(2014). 노인인구추계.

정경배(2003). "사회복지정책의 효율화와 만관 총자원 협력방안" . 한국보건사회연구원 사회복지정책세미나 자료집.

채구묵 역(1999). 미국의 사회보장제도: 빈곤자 원조 프로그램. 서울: 나남출판.

최성재(2002). 고령화사회의 노인문제와 복지정책 방향. 성남시 사회복지단체협의회세미나 자료집.

최성재 · 장인협(2010). 노인복지학. 서울: 서울대학교출판부.

최순남(2000). 현대노인복지론. 한신대학교출판부.

최일섭 · 최성재(2001). 사회문제와 사회복지. 서울: 나남출판.

통계청(2013). 2013 장례인구추계.

______(2014). 2014 고령자 통계.

한국개발연구원(2013). 고령화의 경제적 영향에 대한 분석.

한국노인복지학회(2004). 한국 노인 복지의 새로운 도전. 서울: 현학사.

한국보건사회연구원(2014) 초저출산 · 초고령사회의 위험과 대응전략.

Weeks, J. R(2005). Population: An introduction to concepts and issues(9th ed). Belmont. CA: Wadsworth/Thompson Learning.

제2장 저출산 · 고령사회

1. 고령화사회와 저출산 · 고령사회

일반적으로 노인을 '65세 이상의 남녀'라고 정의하게 되는데, 이들 노령인구가 전체인구의 7%를 점하게 되면 그 국가사회를 고령화 사회(aging society)로서의 특징이 나타난다고 하며, 그 비율이 배가 되어서 14%에 점하게 되면 고령사회(aged society)라고 부른다. 이것은 UN이 한 나라의 인구 가운데 65세 이상의 인구비율이 4% 미만인 나라를 유년인구국(Young population), 4~7%인 나라를 성년인구국(mature population), 그리고 7%이상인 나라를 노년인구국(aged population), 이라고 정의한 것에서 유래하는 것으로 생각된다(박광덕, 1998:8).

〈표 2-1〉 주요 국가들의 인구고령화 속도비교

구분	도달 년도			증가 소요연수	
	고령화사회 (7%)	고령사회 (14%)	초고령사회 (20%)	고령사회 (7% ->14%)	초고령사회 (14%->20%)
한국	2000	2017	2026	17	8
일본	1970	1994	2006	24	12
미국	1942	2015	2036	73	21
독일	1932	1972	2009	40	37
프랑스	1864	1979	2018	115	39
영국	1929	1976		47	
스웨덴	1887	1972		85	

자료: 보건복지부(2012). 2011 보건복지백서; 일본 후성노동성(2007). 2007년판 후생노동백서.

이상의 〈표 2-1〉에서 볼 수 있듯이 우리나라는 고령화 사회에서 고령사회로 그리고 초고령사회로 진행하는 속도가 세계 어떤 나라보다도 빠름을 알 수 있다.

그런데, 우리는 고령화 사회가 저출산으로 인하여 보다 급속하게 진전되는 경향을 보면서 새로운 신조어인 저출산·고령사회를 지칭하게 되었다. 이러한 현상을 가장 잘 보여주고 있는 국가사회가 바로 우리나라와 일본인 것이다. 다음은 OECD가 2013년에 발표한 2010년까지 각국의 합계출산율을 비교한 것이다. 아래의 [그림 2-2]에서 볼 수 있듯이 우리나라는 2010년 현재 세계에서 가장 낮은 합계출산율을 보였으며, 중국, 멕시코, 인도, 터키 등과 더불어 최근 30-40년간에 가장 빠르게 합계출산력이 낮아진 국가들 중에 하나로 나타났다.

[그림 2-2] 합계출산율의 국가간 비교(2010)

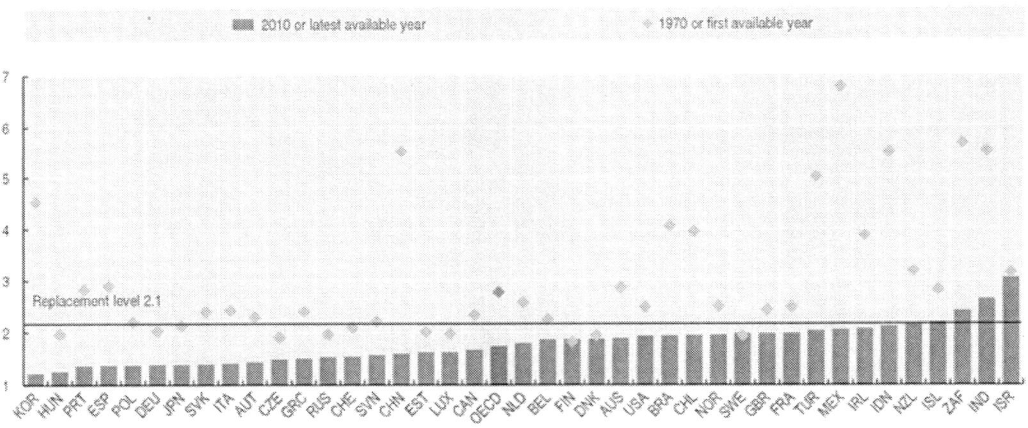

이상과 같은 저출산·고령사회에서는 연금이나 의료보험 등의 사회보장급부가 계속적으로 급증하여 그것을 지탱하는 국민부담도 급증하게 된다. 뿐만 아니라 고령사회에서 초고령사회로의 전화은 고령화사회에서 고령사회로의 전환에 비하여 보다 빠르게 진행 될 것이라는 점을 우리는 일본의 사례에서 볼 수 있다. 결국 고령화 사회의 주역은 현재의 40~50대이며, 또한 그것을 지탱하는 계층은 현재의 20~30대라는 점이다. 즉 고령화 사회는 다른 사람의 문제가 아니며, 그것은 바로 자기 자신의 문제인 것이다.

그러면 우리는 저출산 · 고령사회를 어떻게 만들어 가야할 것인가? 우리들은 고령화 사회를 국민 한 사람 한 사람이 장수를 즐기는 밝고 활력에 넘치는 '장수사회'로 이끌어 가야 한다. 이를 위해서는 사회복지제도를 포함한 경제 · 사회체제 전체에 대한 조정과 함께 무엇보다도 반드시 국민의 의식개혁도 필요할 것이다.

2. 우리나라의 저출산 · 고령사회의 현황

2013년에 발표된 한국의 사회지표에 의하면, 2010년말 우리나라의 총인구는 49,410천명으로 전년에 비하여 0.46% 증가하였지만, 1960년의 2.79%로부터 급격하게 증가율이 감소하여 왔으며, 이는 다음의 〈표 2-2〉에서 볼 수 있듯이 1960년대의 합계출산율 6.00명으로부터 1980년에 2.82명, 그리고 1983년에 UN이 말하는 인구증가 최저선인 합계출산율 2.1명을 돌파하여 2.06명이 되었다. 그리고 2000년에는 1.5명을 밑돌게 되어서 1.47명을 기록하였으며, 2005년에는 세계에서 가장 낮은 합계출산율을 보여서 1.08명을 보인 이래로는 2011년 현재에는 1.24명을 보이고 있다.

〈표 2-2〉 우리나라의 합계출산율 추이(1960-2013)

구분	1960	1980	1983	1990	2000	2005	2010	2011
합계 출산율	6.00	2.82	2.06	1.57	1.47	1.08	1.23	1.24

자료: 통계청(2013). 2013 인구동향조사; 보건복지부(2012). 2012 보건복지통계연보.

한편, 우리나라 65세 이상 고령자 인구의 총인구에서 차지하는 비율의 추이를 살펴보면, 다음의 〈표 2-3〉에서 볼 수 있듯이 1970년의 3.01, 1980년의 3.80, 1990년의 5.10으로 증가폭이 늘어나더니, 결국 2000년에는 7.20%에 달하여 드디어 고령화 사회에 진입하게 되었었다. 이후 2005년의 9.1, 그리고 2010년 현재에는 65세 이상 고령자의 인구비율이 총인구에서 11.0% 차지하는 것으로 나타났었다. 이후의 인구추계를 한 통계청의 장래인구추계를 보면, 2020년에는 14%를 넘어 15.7%에 달하여 고령화사회에서 고령사회로 진입할 것으로 예측하고 있으며, 2030년에는 전체인구의 1/4이 고령자인 사회가 되어 초고령사회에 진입할 것으로 예측되고 있다.

〈표 2-3〉 우리나라의 고령화율의 추이(1970-2013)

구분	1970	1980	1990	2000	2005	2010	2020	2030
합계 출산율	3.1	3.8	5.1	7.2	9.1	11.0	15.7	24.3

자료: 통계청(2012). 장래인구추계; 보건복지부(2012). 2012 보건복지통계연보.

3. 저출산 · 인구고령화의 원인과 영향

1) 저출산 · 고령사회의 원인

인구학자들은 대체로 우리나라의 저출산 · 인구고령화의 원인을 대체로 다음과 같이 분석하고 있다. 첫째, 인구학적 요인으로 미혼율이 증가하고 초혼연령 및 초산연령이 상승함에 따른 것이라는 점, 둘째, 불임의 증가로, 이는 만혼화와 길어진 자녀터울, 그리고 환경오염 등과 관련된 것으로 생각된다. 셋째는 여성에게 있어서 일과 가정 양립이 곤란한 것에서 기인하는 것으로, 근로시간이 증가하고, 여성들의 사회활동 참여가 증가하였으며, 열악한 양육에 대한 지원 등에 기인하는 것으로 지적하고 있다. 넷째는 양육비용의 문제로서 높은 보육 및 사교육비의 문제, 자녀독립시기의 지연, 그리고 임신 및 출산관련 비용이 증가하는 것 등에 기인하는 것으로 분석하고 있다. 끝으로 자녀필요성이 약화된 것에서 기인하는 것도 생각할 수 있겠다(민간 미래전략위원회, 2014:7-13).

2) 저출산 · 고령사회의 영향

지속적인 저출산과 인구고령화의 영향은 우리사회에 다양한 변화를 일으킬 것으로 생각되는 데, 일반적으로 지적되는 것들을 거론하면, 삶의 질 저하를 비롯하여 세대간 갈등심화, 사회보장 부담 증가, 생산가능 인구의 감소, 그리고 경제성장 둔화와 경제활력의 저하 등을 들 수 있겠다. 이상의 내용들 중에서 몇가지만을 구체적으로 살펴보고자 한다(김한곤, 2014:13-21).

(1) 삶의 질 저하

고령화에 따라서 노인의 삶의 질 저하가 우려되는 데, 첫째는 노인의료비 비용부담의 증가를 들 수 있는 데, 2013년 기준 65세 이상 노인인구비율은 총인구의 12.2%임에 비하여, 국민건강보험공단의 노인의료비 부담률은 35.5%에 이르며, 국민 1인당 월평균 진료비는 2011년 대비 2012년에 2.7% 증가하였음에 비하여, 65세 이상 1인당 월평균 진료비는 전년대비 3.6% 증가하였다. 다음으로 둘째는 유병기간이 늘어나고 있다는 것이다. 남성의 건강수명은 71.4세이지만, 기대여명은 77세이고, 여성의 건강수명은 73.4세이고 기대여명은 83세 이르고 있어서 대체로 남성은 6년정도, 여성은 10년정도의 유병기간을 갖는 것으로 분석된 바 있다(한국보건사회연구원,2012). 또한, 우리나라의 고령자들은 노후준비 미비에 따라서 노인 경제활동 참가율이 31%로서 2012년 현재 OECD국가들 중에서 가장 높은 수치를 나타내고 있다. OECD 국가들의 평균 노인 경제활동 참가율이 2011년 기준으로 12.7%임에 비하여 매우 높은 것은 그 만큼 일하지 않으면 생존하기 어렵다는 점을 대변하는 것으로 볼 수 있겠다.

노인빈곤율도 2012년 현재 49.3%로서 노인자살율과 더불어 OECD 국가 중에서 1위를 달리고 있다. 또한, 2012년 현재 국내 치매노인인구는 치매유병율 9.1%로서 역 53만명으로 추산되고 있다. 전체 노인인구수는 2012년 현재 총인구의 12.2%인 613만 8천명이며, 이 중에서 독거노인수는 전체 노인인구중 20.4%인 125만 2천명이다. 이와 같이 노인단독가구가 증가함에 따라서 고독사 위협군에 포함되 노인들이 30만명에 이르는 것으로 보고 있다(김한곤,2014).

(2) 세대간 갈등

2030세대와 4050세대갈등이 심화될 것으로 생각되는 데, 그동안의 부모와 자식간의 정서적 충돌로부터 저출산 · 고령사회에서는 자원과 기회를 둘러싼 갈등으로 학대될 것이다. 앞으로의 저성장과 고용없는 성장의 시대에 일자리 경쟁은 불을 보듯 쉽게 상상이 된다.

(3) 사회보장부담 증대

우리나라에서는 노인1인을 부양하기 위하여 1960년대에는 18.9명이 부양하는 형국이었으나, 1980년에는 16.4명, 그리고 2000년에는 9.9명으로 대폭적으로 줄었었다. 이후 2013년 현재에는 6.0명으로 나타났는 데, 계속적으로 2030년에는 2.6명이 고령자 한명을 부양할 것으로 생각되며, 2050년경에는 1.4명이 노인 1명을 부양하는 것으로 예측되고 있어서 노인부양부담은 계속적으로 커다란 부담으로 작용하여 경제에 부담을 줄 것으로 생각된다. 이것을 일본의 경우와 비교하여 보면, 일본은 1985년에는 1명의 고령자를 5.9명이 부양하는 인구의 부양구조를 보였으나, 2000년에는 3.7명, 2010년에는 2.8명, 그리고 2030년에는 2.3명으로 예측되고 있는데, 이렇게 볼 경우에도 우리나라의 경우가 얼마가 빠르게 부양부담이 늘어가고 있는지를 알 수 있다(中島義雄,1991:7).

(4) 생산가능 인구의 감소

통계청의 「장래인구추계(2011)」에 의하면, 우리나라의 대표적인 생산가능연령대라고 할 수 있는 25세에서 49세까지의 생산연령대의 인구비율은 2005년의 59.6%를 피크로 해서 2010년 현재에는 56.8%, 그리고 2013년에는 53.9%, 그리고 2020년에는 512%, 2040년에는 47.7%로 계속적으로 감소할 것으로 예측하고 있다. 또한, 학령인구도 계속적으로 감소할 것이며, 고등학교 졸업자의 감소는 지방대학의 관계자들에게는 저출산 · 고령사회를 피부에 와 닿게 하고 있다.

(5) 경제성장 둔화와 경제의 활력저하

장수는 인류영원의 꿈인데, 세계유수의 장수국이 된 일본에서는 "인생 80"의 의미를 단순하게 "오래사는 것"이 아니라 장수를 기뻐하고 진실로 마음도 풍요로운 인생을 향유할 수 있게 하겠다고 한다. 이를 위하여는 장기화한 생애를 통하여 건강하며 안정되고 동시에 충실한 생활을 보낼 수 있다도록 인생 80에 어울리는 경제사회의 제반조건을 정비하여 가는 것에 중점을 두어야 한다. 이와 같이 저출산 · 고령사회는 장수라는 밝은 면만 있는 것이 아니라, 사회보장제도에 관한 부담의 증가, 거동이 불편한 노인이나 치매성 요보호 고령자의 증가, 노동력 인구의 고령화 등 한 국가의 경제사회나 국민생활에 광범위한 영향을 미치는 것으로 예상된다. 특히, 저출산과 인구고령화는 저축과 소비 및 투자를 위축시켜서 내수시장의 위축을 가져와서 경제활력을 위축시키며, 결국은 잠재 성장률의 감소를 초래하여 경기침체를 유발할 것이라는 어두운 전망을 볼 수 있다. 경제개발협력기구에서는 2010년에 우리나라의 잠재성장률을 4.21에서 2020년에는 2.91%로, 2030년에는 1.60으로, 그리고 2040년에는 0.74%로 감소할 것으로 예측하고 있다(OECD,2010).

4. 인구구조변화와 장기재정전망

1) 장기재정전망의 필요성

2014년 현재 우리나라의 재정건전성은 양호한 모습이나 저출산 · 고령화의 진전 등에 따라 건전재정의 지속가능성을 낙관하기는 어려운 상황에 있다. 따라서, 인구구조의 변화로 인한 재정의 영향을 파악하고, 이를 토대로 장기적인 관점에서 재정건전성 유지를 위한 선제적 정책대응을 할 필요가 있다고 생각한다(박명호,2014:37-47).

2) 인구구조의 변화

인구구조의 변화를 여기서는 인구추계와 가구수 추계, 그리고 인구피라미드의 변화 등으로 정리하고자 한다.

(1) 2100년까지의 인구추계

조세재정연구원의 박명호(2014)에 의하면, 우리나라 총인구수는 2010년 4,941만명에서 2030년 5,216만명으로 정점을 찍은 후, 2060년 4,396만명, 2100년에는 2,683만명(2010년 인구의 54% 수준)으로 감소하는 것으로 전망된다. 또한 향후 고령인구의 비중이 빠르게 증가함에 따라 우리나라는 2018년 고령사회에 진입하고, 2026년에는 초고령사회로 진입할 전망이다. 다음의 [그림 2-1]는 우리나라 총인구의 추계를 보여주고 있다.

[그림 2-1] 우리나라 총인구수의 추계(2100년까지)

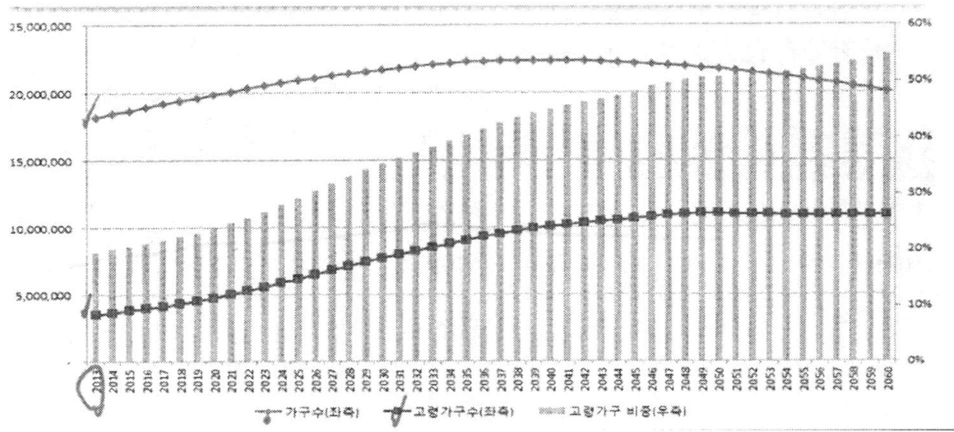

(2) 2100년까지의 가구수 추계

전체 가구수에서 고령가구(가구주의 연령이 65세 이상인 가구)가 차지하는 비중은 점차 증가할 전망이다. 다음의 [그림 2-2]는 일반가구의 추계와 고령가구의 추계를 비교하여 보여주고 있는 데, 고령가구의 경우 지속적으로 증가할 것으로 보이는 데, 2050년경 이후에는 정체내지는 감소의 경향을 보일 것으로 전망되고 있다(박명호,2014).

[그림 2-2] 우리나라 총가구수와 고령가구의 추이

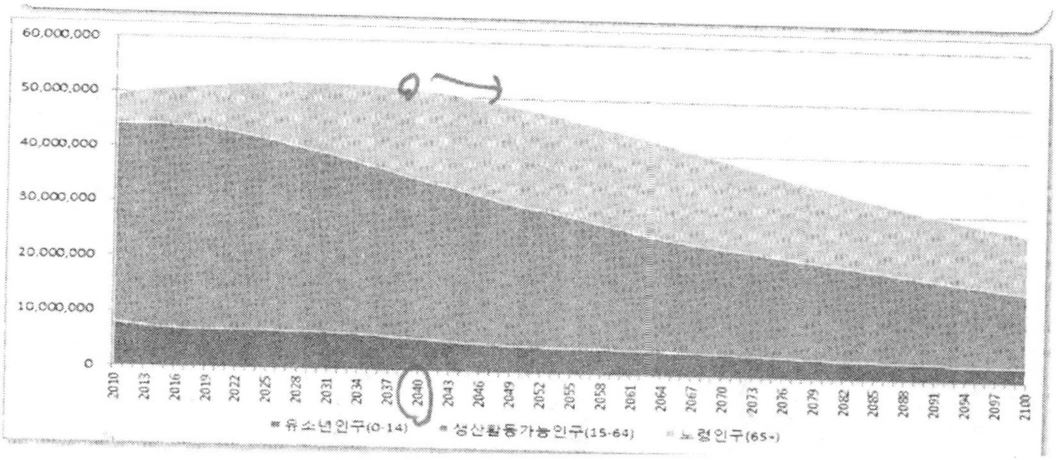

(3) 인구 피라미드 구조의 변화

인구구조의 변화로 인구피라미드는 다음의 [그림 2-3]에서 볼 수 있듯이 2014년 현재의 중간 연령층이 많은 종형에서 2100년에는 역삼각형의 항아리 구조로 변화될 것으로 전망된다.

[그림 2-3] 인구피라미드 구조의 변화

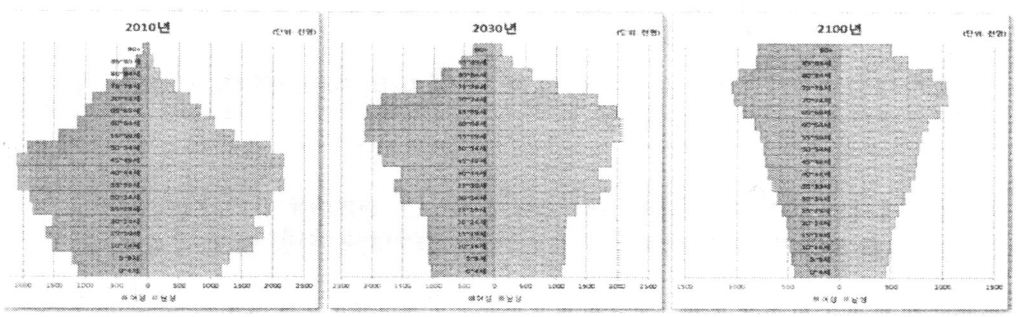

3) 장기재정전망

인구구조의 변화에 따른 경제 전반에 걸쳐 다양한 영향을 미칠 것으로 전망되는

데, 첫째, 노동시장에의 영향과 둘째, 국민연금과 사회보장지출에의 영향을 중심으로 살펴보고자 한다.

(1) 노동시장에 미치는 영향

경제활동 참가율은 고령화에 따른 인구구성의 변화로 인해 점차 감소할 전망이며, 취업자 규모는 저출산에 의한 인구규모 감소 및 고령화에 의해 2020년대 중반을 정점으로 감소세로 반전될 것으로 조세재정연구원은 예측하고 있다(조세재정연구원,2014).

〈표 2-4〉 경제활동 참가율과 취업자수 장기전망

연도	2013	2020	2030	2040	2050	2060
경제활동참가율	61.5	61.7	60.2	57.4	55.9	55.7
취업자수(천명)	25,066	26,273	26,230	24,791	23,009	20,867
취업률	96.9	96.9	97.0	97.0	97.0	97.0

(2) 국민연금과 사회보장재정지출에의 영향

인구구조의 변화가 국민연금에 미치는 영향을 보면, 근로인구의 감소와 연금수급 대상자의 증가는 국민연금 재정의 지속가능성을 위협할 것으로 보인다. 고령화 및 국민연금제도의 성숙화, 인구감소가 맞물리면서 향후 제도의 가입자 대비 수급자의 비율인 부양비가 크게 증가할 전망이다. 정부가 실시한 2013년 3차 재정재계산 결과, 국민연금 재정은 인구고령화 등으로 2044년 이후부터 수지적자가 발생하여 2060년까지 적립기금이 감소할 전망이다.

한편, 사회보장지출은 향후 급격한 증가가 예상되며, 국민연금과 건강보험 등 인구구조의 영향을 받는 사회보험지출이 사회보장지출의 대부분을 차지할 것으로 전망된다. 2013년 현재 우리나라의 공공사회복지지출은 GDP 대비 9.8%로 2009년 OECD 평균(22.1%)의 44.3% 수준이나, 2040년에는 OECD(2009년) 평균에 이르고, 2060년에는 29.0%에 달할 전망이다.

5. 저출산 · 고령사회의 대책

저출산과 인구고령화의 영향에 대한 대책은 두가지 방향에서 이루어져야 한다. 하나는 개인들의 관점에서 국민 개개인이 하여야 하는 역할과 둘째, 정부가 제도적으로 확립해 주어야 하는 제도적 환경조성의 관점이다(박광덕,1998:21-23).

1) 자립과 참가

개인의 인생설계에서 있어서는 생을 얻고부터는 누구도 건강하며 보람있는 행복한 인생을 누리는 것이 이상일 것이다. 이와 같은 충실한 인생을 보내기 이한 대책 중에서 그 하나로 "자립과 참가'를 거론하고자 한다. 장년기로부터 건강관리를 비롯하여 자기자신의 인생에 주체적으로 책임을 갖고 임하는 것이나, 복지활동이나 지역사회 등 자신이 속하는 조직 이외의 것에도 관심을 갖고 적극적으로 참여하는 것은 자기의 인생을 알차게 하는 것일 뿐만 아니라 사회를 건전한 방향으로 이끄는 것이다. 그리고 사회전체가 이렇게 하여 "자립과 참가"를 기조로 하여 간다면, 저출산 · 고령사회에 있어서도 희망이 조금씩 보이기 시작할 것이다.

여기서 자립이란 자기자신의 생활은 스스로 책임진다는 책임의식에 근거한 사적부양의 완성이다. 정부는 사회안전망을 준비하여 제도적 환경을 조성함에 비하여 국민 개개인은 제도적 환경의 부족함에 보충적으로 자신의 생활을 완성하여야 할 것이다. 다음으로, 참가를 위하여는 국민들이 자신의 생활을 자신이 스스로 가능한 것으로 생각하여 가벼운 마음으로 참가하고 공헌할 수 있어야 한다. 지금까지 복지서비스의 구조는 단선적인 구조였다. 즉, 지탱하는 사람과 지탱받는 사람이라는 구조이다. 그러나, 자신의 인생을 풍부하게 만들고 또 사회연대를 더욱 추진해 가기 위해서는 동일 인물이라도 어느 경우에는 지탱하는 사람 또 어느 경우에는 지탱받는 사람 등의 보다 상호적 · 복선적인 구도로 나가야 할 것이다. 고령자의 연금이나 의료비는 실제로 젊은 세대의 부담에 의하여 지탱되는 것이지만, 대부분의 고령자들은 자신은 건강하여 장년의 풍부한 인생경험을 살려서 다양한 사회활동을 하는 것이 충분히 가능하다고 생각한다는 것이다. 이와 같이 상호적 · 복선적인 구도속에서 개인이나 기업활동이 전개된다면 실로 바람직한 모습일 것이다.

2) 사회보장제도의 철저한 확립

장기간에 걸치는 노후생활을 위한 개인적인 자조노력을 존중하면서 정부는 연금, 의료, 사회복지서비스 등에 대한 기초적 욕구에 대하여는 철저하게 대응하여야 한다. 다만, 그것을 초과하는 다양하고 고도의 욕구에 대하여는 민간부문의 인력과 자원을 활용하는 민간부문의 활성화를 도모하여야 할 것이다.

3) 국민부담률의 증가

고령화사회를 지탱하는 국민부담이 사회보장급우의 증대에 따라 장기적으로 어느 정도 상승하는 것은 피할 수 없다. 그러나, 합리적인 제도를 구축하여 그 상승을 가능한 한 완화시키고 과도한 국민부담이 경제나 사회적 활력을 침해하지 않게끔 하는 것 등이 고려되어야 할 것이다. 앞으로 사회보장급부비용의 상승에 따른 국민부담률의 급격한 상승은 쉽게 예견할 수 있다. 이에 대한 국민들의 이해와 동참이 필요한 것이다. 다음의 〈표 2-5〉은 우리나라를 포함한 주요 OECD국가들의 국민부담률을 비교한 것이다. 표에서 볼 수 있듯이, 우리나라는 세계에서 가장 낮은 국민부담률을 지키고 있으며, 상대적으로 사회보장부담률이 지나치게 저부담으로 되어 있음을 알 수 있다.

〈표 2-5〉 각국의 국민부담률 추이

국가	년도	조세부담률	사회보장부담률	국민부담률
미국	1990	26.3	13.1	39.4
	1995	26.7	15.0	41.7
	2000	28.4	14.2	42.6
	2005	26.1	15.5	41.6
	2010	23.7	19.3	43.0
영국	1990	33.9	16.3	50.2
	1995	32.1	19.2	51.4
	2000	34.7	18.4	53.1
	2005	33.8	20.2	54.0
	2010	32.8	22.8	55.6

프랑스	1990	41.0	24.9	65.9
	1995	41.9	29.0	70.9
	2000	43.1	28.4	71.5
	2005	42.8	29.6	72.4
	2010	41.6	31.7	73.3
스웨덴	1990	49.5	28.5	78.0
	1995	45.6	31.8	77.4
	2000	49.0	28.2	77.2
	2005	46.6	28.7	75.3
	2010	43.1	27.9	71.0
핀란드	1990	42.9	23.8	66.7
	1995	44.5	29.7	74.2
	2000	45.8	23.3	69.1
	2005	42.1	25.0	67.1
	2010	40.8	28.7	69.5
일본	1990	28.5	11.1	39.6
	1995	26,4	14.1	40.5
	2000	26.6	16.3	42.9
	2005	27.3	18.4	45.7
	2010	27.6	22.1	49.7
한국	1990	18.5	2.8	21.3
	1995	19.0	3.2	22.2
	2000	21.5	4.8	26.3
	2005	22.5	6.5	29.0
	2010	23.2	9.0	32.2
OECD 평균	1990	32.7	17.5	50.2
	1995	33.6	19.3	52.9
	2000	34.3	18.6	52.9
	2005	34.0	19.4	53.4
	2010	32.8	21.7	54.5

자료: OECD Social Expediture Database(SOCX) in OECD.Stat Extracts(2014).

여기서 자료의 근원이 되는 OECD 사회보장급여(The OECD Social Expenditure Database(SOCX)는 사회정책에 대한 지표로서 점증하는 필요성을 제시하고자 개발된 것으로, 모든 프로그램 수준에서의 공적 사회복지지출, 사적인 그리고 자발적인 사회지출을 포함한다. 2014년 현재 주된 사회정책으로는 노령, 유족, 그리고 장애관련 급여, 보건, 가족, 적극적 노동시장정책, 실업, 주택, 그리고 기타 사회정책 등으로 되어 있다. 여기에는 우리나라를 비롯한 33개국이 포함되어 있다(OECD Social Expenditure(SOCX) in OECD.StatExtracts, 2014).

4) 출산장려정책에서 결혼에 대한 정책적 배려로의 전환

출산율감소의 직접적이고, 가장 큰 원인은 미혼율의 증가에 있으나, 결혼에 대한 정부의 정책적 배려는 출산과 육아에 대한 정책적 배려에 비하여 상대적으로 매우 낮다. 김한곤(2014)에 의하면, 우리나라가 그동안 8년동안(2006-2013년) 저출산대책에 투입한 예산은 53조원이었다고 하면서 그럼에도 불구하고 합계출산율은 2006년의 1.12명에서 2013년에 1.19명으로 커다란 변동이 없음을 제시한다. 따라서, 앞으로는 정책전환을 통하여 결혼관련 교육 및 정보제공과 신혼부부 주택자금 지원 및 미임대 국민임대 주택에 대하여 우선적인 지원이 필요하다고 주장한다.

5) 인구구조변화에 따른 재정관리의 강화

인구구조가 변화함에 따라 앞에서 살펴 본 바와 같이 사호보장지출이 급격히 증가할 것으로 전망됨에 따라서 재정의 지속가능성 관리를 위한 건전화 노력이 필요할 것이다. 또한, 현행 사회보장제도 유지시에는 고령화 관련 연금 및 보험재정이 악화될 전망이므로, 제도개선이 필요하다. 따라서, 국민연금은 기초연금과 연계하여 2007년 연금개혁 이후의 추가적인 재정안정화 방안을 모색할 필요가 있으며, 건강보험 및 노인장기요양보험은 의료비지출 효율화 방안 및 합리적인 부과체계를 구축할 필요가 있다.

6) 과학기술을 활용한 저출산 · 고령사회

저출산 · 고령사회에서 과학기술의 역할은 생애주기 건강관리와 증진에 기여할 수 있을 것으로 생각된다. 예로서, 건강한 출산을 유도하며, 생애주기에 맞춘 건강증진 및 관리, 그리고 만성질활 예방과 관리에 활용될 수 있다. 또한, 과학기술의 역할을 사회서비스의 질을 향상시킬 것으로 생각되는 데, 첫째, 다양한 정보를 제공하여 어린이의 영양과 건강증진에 기여하며, 둘째, 안전한 주거와 학습환경 조성에 기여할 수 있으며, 셋째, 과학기술을 접목한 요양서비스의 제공이 가능할 것이고, 넷째, 일생생활서비스에도 건강, 엔터테인먼트, 학습 등에 활용될 수 있을 것이다. 여기에 과학기술은 안전하고 편리한 고령사회 인프라 구축에 크게 활용될 수 있을 것이다.

생각해 볼 문제

1. 저출산 · 고령사회의 원인과 대책은 무엇인가?

2. 우리나라의 국민부담율은 다른 OECD 국가들과 비교하여 어떻게 생각하는가?

3. 과학기술의 발달을 사회복지서비스에 어떻게 활용할 것인가?

참고문헌

김한곤(2014). 한국의 인구구조변화: 성장동력 읽어가는 인구열차 그 종착역을 어디인가? 저출산 · 고령사회 정책이슈개발 토론회 자료집. 민간 미래전략위원회,3-33.

박광덕(1998). 현대사회복지정책론. 서울: 박영사.

박명호(2014). 인구구조변화와 장기재정전망. 저출산 · 고령사회 정책이슈발굴 토론회 자료집. 민간 미래전략위원회,37-47.

OECD iLIbrary(2011-2012). Elderly population by region.

OECD StatsExtracts(2014).

민간미래전략위원회(2014). 저출산 · 고령사회 정책이슈 발굴 토론회 자료집.

통계청(2011). 2011년 장래인구추계.

中島義雄(1991). 당신의 長壽社會 讀本: 풍요로운 고용, 연금, 의료, 복지를 목표로 1991-1992. 東京: 다이야몬드社.

제3장 고령친화사회와 가족

1. 노인의 가족관계 현황

전통적인 대가족 형태인 부모 세대와 아들, 며느리와 손자녀, 이렇게 3세대로 구성된 가구가 과거 가장 흔하게 볼 수 있는 노인 가족의 거주 형태였다. 그러나 현재는 노인부부로 구성된 가구 혹은 노인 1인 가구 등 노인 1세대 가구가 거의 80%에 가장 흔한 형태이다. 보건복지부가 발표한 '2014 노인실태조사'에 의하면 1994년 노인독거 가구는 13.6%에서 2014년 23.0%로 증가하였고, 노인부부 가구는 1994년 26.8%에서 2014년 44.5%로 증가하였다. 이에 반해 자녀와 동거하는 노인가구는 1994년 54.7%에서 2014년 28.4%로 감소하였다.

〈표 3-1〉 노인의 거주형태의 변화

거주 형테	1994	2004	2014
노인독거	13.6%	20.6%	23.0%
노인부부	26.8%	34.2%	44.5%
자녀동거	54/7%	38.6%	28.4%

출처: 2014 노인실태조사, 보건복지부

이러한 결과는 노인들이 자녀와 동거하지 않는 비율이 점점 증가하고 있으며 노인독신과 노인부부로만 구성된 가구가 60%에 이른다는 것을 알려준다. 이는 개인주의적 사고방식의 확산으로 인해 자녀와 따로 사는 것을 선호하는 노인들이 증가한 것과 부모와 동거하기를 선호하지 않는 자녀세대가 증가한 것을 반영한 결과이다. 또한 이러한 거주 형태의 변화는 가족과 관련된 가치관의 변화를 반영한다. 과거 우리 사회에서는 노인들을 경제적으로든 정서적으로든 부양하는 것을 당연시하는 효를 중시하는 유교적 가치관의 사회였다. 그러나 현재는 서구의 개인주의 사상이 사회의 주된 가치관으로 부상하면서 부모에 대한 부양의식이 약화되고 핵가족 위주의 생활이 기본이 되고 있다. 노인 세대 또한 기혼 자녀 세대와 함께 거주하는 것보다 따로 거주하는 것을 선호하고 있다. 이러한 가치관의 변화로 인해 노인 단독 세대가 증가했으며 부모에 대한 최소한의 경제적 정서적 부양도 하지 않는 자녀들이 늘어났다.

부모와 따로 사는 자녀의 만남이나 연락은 노부모에 대한 정서적 지지를 보여주는 척도 중 하나라고 할 수 있다. 비동거 자녀들이 부모와 접촉하는 빈도를 살펴보면 1년에 몇 번 정도의 접촉만 이루어지고 있다. 윤지영(2014)의 연구에서는 노인이 비동거 자녀와 만나는 횟수 역시 시간이 지나면서 더 줄어들고 있다는 결과를 제시했다. 전화 등으로 연락하는 횟수는 2003년 일주일에 한 번 미만이 32.1%에서 2009년 47.8%로 증가했으며 만나는 횟수 역시 한 달에 한 번 미만인 경우가 2003년 46.9%에서 2009년에는 62.6%로 증가했다(윤지영, 2014, p.23). 즉 노부모와 떨어져 생활하면서 한 달에 한 번도 만나거나 연락하지 않는 자녀와 노인이 2명 중 1명에 달한다.

또한 노인 세대와 기혼 자녀의 함께 동거하는 경우에도 기혼자녀들이 경제적으로나 자녀양육에 있어서나 도움을 받는 교환주의 가치관에서 동거하는 비중이 크다. 물론 부모 세대가 경제적 능력이 부족하거나 건강이 좋지 않아서 부양받을 필요가 있거나 배우자 사망으로 인해 정서적 지지가 필요한 경우에도 자녀 세대와 함께 동거하기도 해 부모에 대한 부양 의식이 완전히 사라진 것은 아니지만 점점 교환주의적 가치가 부모자녀관계에서도 비중을 차지하고 있다. 조사결과에 의하면 기혼자녀와 동거 이유에 대해 가사와 양육도움을 제공하거나 자녀에게 경제적 도움을 제공하기 위해 자녀와 동거하는 노인들이 많다(모선희, 2005). 이에 대해 자녀에게 나누어줄 양육도움이나 경제력 등의 교환 자원을 가진 노인들이 자녀의 필요에 의해 함께 살게 되는 비중이 점점 커지고 있다고 설명할 수 있다(윤지영, 2014).

2. 노인과 가족관계

1) 노인 부부관계

부부가 건강하게 오랫동안 함께 지내는 것이 성공적인 노화의 요건 중 하나이다. 인생의 다른 시기에도 그렇지만 특히 노년기에 배우자는 인생의 동반자이자 친구와 같은 존재로, 혼자 있는 외로움을 달래주고 정서적 안정과 즐거움을 서로 나눌 수 있다(김미혜 · 신경림 · 강미선 · 강인, 2004). 그래서 노인들에게 배우자는 그 이전 시기보다 더 중요한 의미를 지닌다고 한다.

부부들의 결혼만족도에 대한 연구들은 U자 곡선을 보여준다는 결과를 공통적으로 제시한다. U자 결혼만족도란 신혼 초 부부만족도가 최고로 높았다가 점점 하락하기 시작해서 자녀가 청소년기인 시기에 가장 낮은 결혼만족도를 보인다. 이렇게 낮아진 결혼만족도는 자녀가 독립하는 시기를 거치면서 점점 상승하기 시작하여 제 2의 신혼기로 불리는 노부부만 남은 시기에는 부부만족도가 다시 높아진다, 이러한 연구결과들은 결혼 초 여러 가족관계, 특히 시부모와 장인장모 등 배우자 가족과의 새로운 관계 형성, 자녀출산, 자녀양육으로 이어지는 여러 과업들을 거치면서 결혼을 약속하던 시기의 열정적인 사랑과 서로에 대한 만족이 점점 하락하기 시작한다는 점에서 설득력이 있다. 그리고 부모와 관계가 갈등을 빚기 쉬운 사춘기 자녀를 양육하는 시기에 부부 서로의 양육방식 차이나 경제적인 부담 등으로 인해 부부만족도가 가장 낮아진다는 설명도 설득력이 있다. 자녀가 학업이나 취업, 결혼 등을 통해 독립해가는 시기를 거치면서 자녀와의 갈등도 줄어들고 양육부담에서도 벗어나기 시작한 부부들의 결혼만족도가 다시 상승하기 시작하는 설명도 설득력이 있다. 그래서 일생을 통한 부부의 결혼만족도가 하락했다 다시 상승한다는 연구결과는 일반적으로 받아들여지고 있는 실정이다.

그러나 노년기 부부 시기에 부부만족도가 상승한다는 데에 대해서는 다른 설명도 있다. 즉, 부부만족도는 U자 곡선이 아니라 점점 하락하는 직선의 형태를 띠고 있다고 한다. 노인이 되면서 은퇴 등으로 인해 사회적 역할이 줄어들고 가정에서 생활하는 시간이 길어지면서 가족 내에서의 관계나 역할이 더 큰 비중으로 다가

온다. 가족과의 접촉이 이전보다 빈번해지지만 가족관계의 질은 더 친밀해지는 것이 아니라 오히려 갈등을 경험하는 경우가 많다. 특히 은퇴한 남성과 여성들은 가장 많은 시간을 함께 보내는 배우자와 집에 머무는 시간이 길어지면서 갈등을 빚기도 한다. 이렇게 노년기에 함께 보내는 시간이 길어지면서 부부의 갈등이 깊어지기도 하면서 부부만족도는 더 떨어지게 된다. 이러한 면에서는 부부의 결혼만족도가 점점 하락하는 형태를 띠고 있다는 연구결과도 설득력이 있다.

2) 황혼이혼

황혼이혼은 20년 이상 함께 산 부부의 이혼을 칭하는 용어로 과거에는 그 비율이 매우 낮았다. 그러나 2014년도 혼인 이혼 통계 결과에 의하면 황혼이혼의 비율이 전통적으로 이혼율 1위를 차지하던 결혼 5년 미만 부부의 이혼을 제치고 이혼율 1위를 차지하게 되었다.

전통적으로 우리 사회는 부부의 결혼만족도가 높지 않다고 하더라도 자식을 위해서 결혼을 유지하고 또 노년기에 들어서면 부부 사이가 소원한 상태라고 하더라도 이혼을 하지는 않고 소원한 상태로 지내는 추세였다. 그러나 요즈음은 오히려 자식들이 대학에 들어갈 때까지 기다려 이혼을 하는 경우가 증가하였으며 자녀들을 결혼시킨 후 이혼을 하는 경우도 증가하였다. 더 나아가 70대나 80대에 들어서도 이혼을 하는 부부들이 증가하였다. 이러한 경우 이혼에 대한 사회적 시선이 변화하면서 이혼에 대한 고려를 쉽게 할 수 있게 되었고, 결혼생활에서 여러 다양한 문제를 경험해오던 여성 노인들이 남은 생만이라도 편하게 지내고 싶어 황혼이혼을 요구하는 경우가 많아졌다(박석돈 외, 2009). 다른 한편으로는 서로 직장과 사회생활 등으로 인해, 자녀 양육으로 인해 부부만의 시간을 갖기 힘들었던 부부가 은퇴 후 가정에서 보내는 시간이 길어지면서 예전에는 볼 수 없었던 성격이나 행동 등으로 인해 서로 부적응하게 되고 오히려 갈등이 커지는 경우가 많아져 황혼이혼에 이르게 되기도 한다.

황혼이혼의 과정은 노인 당사자들과 가족들에게 어려움과 갈등을 경험하는 과정이 되기도 한다. 이러한 과정에서 황혼이혼에 대해 다시 생각할 기회를 제공해 가족을 유지할 수 있도록 지원하거나 이혼을 하게 되더라도 서로에게 상처를 덜 주는 황혼이혼 과정을 지원하는 사회적 서비스가 필요하다. 또한 황혼이혼 결과 노년기를 혼자 지내는 노인들이 증가하면서 남성 노인과 여성 노인 모두 경제적 정서적 어려움을 경험하게 될 수 있다. 특히 자신의 의사와 반하여 황혼이혼을 하게 된 남성 노인들이 그동안 아내가 제공하던 일상생활의 편의를 혼자서 해결해야 하는 어려움에 직면하고 정서적으로도 어려움을 경험할 수 있다. 이러한 어려움에 대해 황혼 이혼 후 적응과정을 위한 사회적 지원도 필요하다.

3) 노인부모와 성인자녀 관계

(1) 노부모 부양

우리 사회는 전통적으로 부계중심의 가부장제 사회였다. 아들, 그 중에서도 장남 위주의 가족문화가 이어져 왔고 딸은 결혼과 동시에 출가외인이라는 가치관이 강했다. 그래서 재산을 상속받을 권리와 부모를 부양해야 할 의무가 아들, 특히 장남에게 집중되었고 딸들은 그러한 권리와 의무 모두에서 벗어나있었다. 그런데 우리사회는 점차 딸 중심의 신모계사회 혹은 양계사회로의 이동을 보여주고 있다. 즉, 직장생활을 하는 딸의 집안살림과 육아를 도와주기 위해 딸과 함께 생활하거나 딸과 근거리에서 생활하는 친정 부모가 늘었다. 그리고 며느리가 시댁을 방문하는 횟수보다 친정을 방문하는 횟수가 더 많아지고 모임이나 여행을 친정 식구들을 위주로 가는 경우도 더 많아졌다.

이러한 사회변화를 반영하는 것 중 하나가 상속법의 개정으로 이제 딸 역시 아들과 동등한 지분의 상속을 받게 되어 아들과 딸의 구분이 없어진 사회적 가치관이 확연해졌다. 노인부양 또한 변화하는 사회의 가치관을 반영하고 있다. 과거에는 경제적인 부양의 경우 장남 부부가 주부양자였고 직접적인 부양을 하는 경우는 며느리가 주된 부양자였고 그 다음 아들, 딸 순서였다(모선희 외, 2005). 그런데 요즈음 며느리뿐만 아니라 딸이 노인의 주부양자가 되는 사례가 증가하고 있다. 과거 아들 선호사상으로 대표되던 가부장적 사회의 가치관으로 인해 장남과 맏며느리는 재산 상속 등 많은 권리를 누림과 동시에 부모를 부양하는 전적인 책임을 지고 있었다. 그러나 요즈음은 며느리 못지않게 딸이 그 역할을 하는 경우가 늘어나고 있다.

고령화로 인해 평균수명은 늘어나고 있는데 비하 건강관리가 제대로 되지 않아 노년기를 질병과 함께 보내는 노인들의 수도 늘어나고 있다. 성인병 등에 관련된 약을 한 보따리씩 들고 다니며 한 끼에 먹는 약이 밥 양만큼 된다는 자조 섞인 말을 하는 노인들이 많다. 특히 치매나 뇌졸중 같은 뇌질환, 심장 질환, 암 등과 같이 장기적으로 요양을 필요로 하는 질병을 앓는 경우에는 당사자인 노인뿐만 아니라 배우자와 자녀 등 가족들 역시 어려움을 겪게 된다. 이러한 장기 질환을 앓는 노인의 경우 배우자와 자녀들이 부양을 하는 데에 많은 어려움을 겪고 있다. 변화한 사회적 가치관에 따라 아들과 며느리, 딸과 사위 모두가 장기 요양 부모를 부양해야 한다는 책임이 있다고는 생각하지만 동시에 어느 누구도 혼자서 부양의 책임을 다하려고 하지 않는 경우가 늘어나고 있다. 이는 개인주의적 가치관의 확산이라는 현대 사회의 특징이 드러난 결과이자 모든 사람의 책임은 아무의 책임도 아니라는 논리를 잘 보여주는 예라고 할 수 있다. 이러한 현상은 노인부양과 특히 장기요양노인의 부양에 대한 사회적 책임을 부각시키고, 이에 따라 노령연금과 장기요양보험 등의 사회적 서비스가 도입되게 되었다. 이는 분명 사회적 진전임에는 틀림없지만 그럼에도 남아 있는 여러 브양의 역할들을 감당하면서 가족 내 갈등이 유발되기도 한다.

(2) 노부모-자녀 관계

노년기에는 사회적 역할이 줄어들고 가족에게 의지하게 되면서 자녀와의 관계도 더 중요해진다. 이에 반해 첨단 기술 사회의 핵가족 내에서 노인들의 역할이나 권위는 점점 줄어들고 있다. 특히 자녀들이 결혼을 해 자신의 가정을 꾸리면서부터는 자녀와의 만남이 증가하거나 친밀함이 커지기보다는 소원해지는 경우가 더 많다. 다른 한편으로 예전의 사고방식 체계를 지니고 있는 노인들은 변화한 시대와 역할에 적응하지 못하기 쉽고 이로 인해 가족관계에서도 갈등이 일어나기 쉽다. 특히 고부갈등이나 장모사위갈등, 자녀와의 갈등 등 세대 간의 갈등이 발생하는 빈도가 높다. 이러한 가족갈등은 노인들의 삶의 질을 저하시키고 가족관계를 힘들게 하는 요소로서, 은퇴 후 집에서 지내는 기간이 길어지는 노인들에게 가족갈등은 더 큰 어려움이 될 수 있다.

① 며느리와 시부모 관계

전통사회에서 며느리는 집안 내에서 제일 아래 위치를 차지하게 되면서 시어머니와 며느리의 관계에서 상하관계로 인식하고 고부갈등이 생겨나기도 했다. 부부관계보다는 부모와의 관계를 중시하였던 전통사회에서 아들은 고부갈등이 발생했을 시 자신의 아내보다는 어머니의 역성을 드는 경우가 많았고 이는 고부관계를 더욱 악화시키는 계기가 되었다. 이러한 상황은 며느리가 자신의 아들을 더 애지중지하게 되는 맥락이 되기도 하였다.

그런데 현대로 오면서 여성들의 지위가 높아지면서 고부관계는 전혀 다른 양상을 보이게 되었다. 이제 며느리는 집안에서 제일 아래 위치라는 인식이 없어지게 되었으며 양성평등 사상의 영향으로 부부관계도 평등한 관계를 유지하게 되었다. 또한 예전과 달리 아들며느리가 시부모와 함께 사는 경우도 줄어들었으며 시부모와 만나는 횟수도 많지 않은 가정이 늘어났다. 이에 고부관계의 양상도 달라져서, 며느리와 시어머니가 자주 만나지 않음으로 인해서 고부갈등도 없고 친밀하지도 않은 경우가 많게 되었다. 또한 고부갈등이 발생하는 경우에도 시어머니가 우위를 차지하는 데서 오는 갈등도 여전히 존재하지만 반대의 경우로 인한 고부갈등 또한 발생하게 되었다.

② 사위와 장인장모 관계

전통사회에서는 사위가 장인장모를 자주 만날 기회가 없었다. 주로 남성 가족 위주의 생활을 하면서 명절이나 생신 등 특별한 날에만 처가를 방문하였기 때문에 사위가 처가 식구들을 자주 만나지 못했다. 그래서 사위와 장인장모의 관계는 아주 친밀하지도 않으면서 호의적인 관계를 유지했으며 이러한 관계는 '사위는 백년손님'이라는 말로 잘 표현되었다. 특히 여성의 사회적 지위가 낮고 여성이 교육받을 기회나 직업을 구할 기회가 없었던 사회에서 친정부모는 딸의 안위를 사위에게 전적으로 의지할 수밖에 없었고, 이는 사위를 향한 장인장모의 호의적인 대우의 맥락이 되기도 하였다.

그러나 여성의 지위가 높아지고 학업과 취업의 기회가 주어진 현대 사회에서 장인장모와 사위의 관계는 과거와 사뭇 다르다. 우선 취업한 딸의 살림과 육아를 도와주기 위해 딸가족과 함께 거주하거나 가까이 사는 등 접촉 빈도가 높아진 처가 부모들은 딸 가족의 생활에 개입하는 정도가 커졌다. 그리고 아들과 동등한 교육과 양육을 한 부모로서는 딸에게 거는 기대도 커졌으며 사위에 대한 태도도 달라졌다. 예전보다 사위와의 관계가 거리가 좁아지고 더 친밀하게 지내는 장인장모가 늘어난 것도 사실이다. 그러나 과거와 달리 딸의 안위가 전적으로 사위에게 달렸다고 생각하지 않게 되었으며 딸의 이혼에 대해서도 허용적인 분위기가 생겨났다. 이로 인해 딸과 사위의 생활에도 개입하거나 사우와 갈등을 빚는 장인장모의 수가 늘어나게 되었다. 이제 장모사위 갈등이 이혼 사유 중 하나가 되면서 사회적 문제로 등장한 측면이 있다.

3. 노인가족이 경험하는 문제

1) 노인 자살

우리 나라의 자살율은 매우 높은 편인데 그 중 노인이 차지하는 비중이 점점 증가하고 있다. OECD가 발표한 '건강 통계 2015(Health Data 2015)'에 따르면 우리나라에서 자살하는 사람들은 인구 10만명 당 29.1명으로 경제협력개발기구(OECD) 평균인 12.1명에 비해 2배가 넘는 1위에 해당한다. 특히 노인 자살률도 1위를 기록하였는데, 혼자 사시는 독거노인의 자살율이 높고 성별로는 남성 노인의 경우 자살율이 높았다.

노인 자살의 원인을 한두 가지로 규정하기는 어려울 정도로 복합적이다. 자살에 이르게 되는 위험요인으로는 만성질환과 신체적 장애, 은퇴 등의 사회적 역할 상실로 인한 사회적 고립, 가족관계 갈등, 배우자 상실로 인한 고독감, 경제적 어려움, 우울 증상 등이 있다.

노인들이 자살을 암시하는 증상으로는 죽고 싶다 혹은 그동안 고마웠다는 식의 말을 하는 언어적 증상이 있다. 이러한 언어적 증상에 대해 자살에 대해 말하는 사람은 오히려 위험하지 않고 관심을 끌려는 행동이라고 생각하는 것은 잘못된 것이다. 그리고 특히 자살 생각이 진짜인가 확인하기 위해서거나 그러한 생각을 없애고자 하는 의도에서 한번 해보려면 해보라는 식으로 반응하는 것은 매우 위험하다. 그리고 자살을 경고하는 행동적 증상으로는 아끼는 물건을 주위 사람들에게 나누어주거나 모든 예금이나 보험을 해지하거나 수령인 변경 등 재산을 정리하는 것 등이 있다. 이러한 언어적 증상이나 행동적 증상을 보일 때는 무시하거나 속으로는 불안하면서도 언급을 회피하는 것보다는 직접적으로 자살을 주제로 질문하고 말하는 것이 오히려 노인 내담자를 안정시킬 수 있다(이호선, 2012). 노인들이 자살 암시 증상을 보이거나 심한 우울 증상을 보일 때 주변 사람들은 상담을 의뢰해 도움을 받아야 한다.

2) 경제적 문제

경제적 어려움은 노인이 되면서 가장 많이 경험할 수 있는 문제이다. 은퇴로 인한 수입 감소와 노인들을 위한 일자리의 부족 등으로 인해 수입이 급감하는 데다 자녀 양육과 부모 부양 등으로 인해 자신들의 노후준비가 제대로 되지 않은 노인들이 많다. 이러한 문제를 사회적 문제로 인식하고 사회적 해결을 위해 노령연금제도가 실시됨으로써 노인들을 위한 기초연금이 지급되고 있어 그나마 다행이지만 여전히 노인 빈곤율은 높은 실정이다. OECD에서 2015년 발표한 노인 빈곤율은 49.6%로 OECD 국가 중 1위일 뿐만 아니라 2014년 48.1%에서 빈곤율이 상승하였다. 노인의 경제적 어려움에 대한 상담을 통해 활용할 수 있는 공적 제도와 서비스와 민간 서비스를 찾고 연계하는 과정을 통해 노인 빈곤 문제에 대한 해결책을 찾아나갈 수 있다.

다른 한편으로는 노인의 경우 자산이 있더라도 자신이 주거하고 있는 부동산이 유일한 자산인 경우에는 현금화가 어려워 경제적 어려움을 겪는 경우가 많다. 뿐만 아니라 현재 노인세대의 경우에는 젊은 세대와 달리 자신들을 위한 소비를 많이 하지 않은 세대라서 많건 적건 그 재산마저 자녀들에게 유산으로 남겨주려는 생각 때문에 자신을 위해 사용하지 못하는 노인들이 많다. 이러한 노인들을 위한 현실적 대안을 찾아나가고 노인 본인의 가치관을 성찰해 노인 자신을 위한 삶에 집중하도록 원조해야 할 필요성이 있다.

그런데 노후준비가 제대로 되지 못한 노인 세대들과 더불어 베이비부머라고 불리는 1950년대 초에서 1960년대 초에 출생한 사람들이 노인 세대로 편입되기 시작하면서 경제적으로 여유가 있는 신노년 세대가 등장하고 있다. 이들은 대체적으로 교육 수준이 높고 노후 준비가 이전 세대의 노인들보다 잘 되어 있는 편일뿐만 아니라 현대적인 가치관을 지니고 있어 자신들의 노년을 스스로 책임지며 여유 있는 노년기를 보내고자 한다. 이들을 위해서는 은퇴 후 재정관리를 위한 재정관리 상담이나 노인 일자리 찾기 취업 등이 필요하다.

3) 노인 학대

노인학대란 노인에 대하여 신체적, 정신적, 정서적, 성적 폭력 및 경제적 착취 또는 가혹행위를 하거나 유기 또는 방임하는 것이다(노인복지법 제 1조의 2, 제4호). 효를 중시하는 유교적 사회에서 보기 힘들었던 노인 학대 현상이 점점 증가하고 있다. 전국의 노인보호전문기관에 신고 된 노인학대 신고건수는 2010년 7,503건, 2011년 8천 603건 2013년에 1만 162건, 2014년 10,569건으로 증가하였다(2014 노인학대 현황보고서, 보건복지부). 가족 내에서의 폭력에 대해 신고하기 꺼려하는 경향성을 고려한다면 노인학대는 이보다 훨씬 더 많다고 추정할 수 있다. 학대행위자는 배우자과 아들, 딸, 며느리, 사위 등의 자녀가 모두 해당되는데, 배우자(36.6%)가 가장 많다고 한다(2014 노인학대 현황브고서, 보건복지부)

노인학대가 발생할 수 있는 위험요인으로는 노인 부양이나 돌봄에 대한 부담과 스트레스, 과거의 좋지 않은 부부관계나 세대 간 관계, 사회적 지지의 부족 등이 있다(Bonnie & Wallace, 2003). 특히 효사상이 주된 가치를 이루던 전통사회와 달리 부모부양 의식이 약해지고, 노인들의 사회적 권위가 약해지면서 평균 수명의 연장으로 인해 부양 부담은 더 커진 상황으로 인해 노인 학대가 증가하고 있다. 노인보호전문기관의 상담 사례에 대한 노인 학대 원인에 대해서도 학대 행위자의 분노조절장애나 폭력적 성향과 같은 성격 장애와 피해자 노인을 부양해야 하는 부담이 가장 큰 원인으로 나타났다.

노인 학대의 종류는 비난하거나 욕설을 하는 등의 언어적 정서적 학대와 경제적 부양을 하지 않는 경제적 학대나 혼자서 식사를 해결할 수 없는 노인에게 식사준비를 해주지 않는 방임, 물리적 폭력을 가하는 육체적 학대 등이 있다. 이러한 학대가 발생할 경우 주변의 사람들이나 피해자 본인이 노인보호전문기관에 신고할 때 피해자와 가족에 대한 상담도 실시하게 된다. 그런데 노인학대는 오랜 시간동안 복잡하게 얽혀온 가족관계의 갈등의 결과물, 즉 가해자인 배우자와 자녀가 과거에는 피해자인 노인으로부터 학대를 받았을 수도 있는, 학대 행위자와 피해자의 역할을 서로 주고받은 관계였을 수 있다는 점으로 인해 그 원인과 해결 과정이 매우 복잡하다. 또한 가족 안에서 일어나는 학대이기 때문에 외부에 노출되기 어려운 점과 피해자 노인이 배우자나 특히 자녀의 학대 행위에 대해 알리기를 주저하거나 신고 후 상담이 진행된 상태에서도 상담을 거부하고 신고를 번복하는 경우가 많다.

4) 배우자 사별

배우자와 사별하는 스트레스 수준이 다른 모든 스트레스보다 높다고 한다. 그럼에도 불구하고 배우자와의 사별은 누구든 어느 시기에나 한 번은 경험하게 되는 매우 일반적인 경험이다. 배우자의 사별은 배우자와 가족들에게 정서적 충격과 불안정, 경제적 문제, 함께 알던 사회적 관계의 단절 등을 초래하기도 한다(김은영 외, 2009). 베우자 사별의 경험은 노년기에는 더욱 흔하게 경험하는, 피할 수 없는 숙명처럼 여겨진다. 배우자의 죽음을 경험하면서 노인들은 자신에게도 다가올 죽음에 대해 생각해보게 되고 여러 문제들을 겪기도 한다. 사회적으로 신체적으로 위축되는 시기인 노년기에 배우자와 사별한 노인들은 심한 상실감과 절망감, 우울감, 경제적인 문제를 경험하고 가족 내 역할이나 사회활동이 더 위축되기도 한다(김승연 · 고선규 · 권정혜, 2007). 은퇴로 인해 사회적 역할이 감소하고 가정 내의 생활이 증가한 노년기에 가장 많은 시간을 함께 보내는 배우자의 죽음은 남아있는 배우자에게 외로움을 더해 이로 인해 배우자가 없는 노인의 자살률 혹은 사망률이 더 높다(전길양 · 김정옥, 2000). 특히 남성 노인의 경우 배우자 사별 후 1년 안에 자살이나 사망할 위험성이 매우 높다고 하는데, 결혼생활동안 아내의 식사준비와 같은 일상생활 지원과 보살핌을 받아왔던 삶에 익숙해진 남성 노인들이 배우자가 없는 생활에 적응하지 못한 결과일 수 있다(McGoldrick & Walsh, 1995)

우리나라 평균수명은 여성이 남성보다 기대수명이 길다. 그런데다 현재 노인들이 결혼할 시기에는 여성이 자신보다 나이 많은 남성과 결혼하는 비중이 훨씬 높았으므로, 배우자와 사별한 여성의 비율이 남성보다 높아서 홀로 생활하는 여성이 더 많다. 앞서 말한 상실감과 절망감, 우울감, 경제적인 문제와 역할 위축 등의 문제를 경험하는 여성 노인이 더 많다는 말이 된다. 그리고 배우자 사별 후 노인들은 건강관리에도 어려움을 겪으면서 삶의 질이 낮아지는 경향이 있는데, 이러한 경향도 여성 노인의 경우 더 높아진다(김희경 · 이현주 · 박순미, 2010).

그런데 사별한 노인들이 가족들과 함께 생활하는 것이 독거하는 것보다 삶의 만족도가 더 높은지 혹은 낮은지에 대해서는 서로 다른 연구결과가 존재한다. 대체적으로 사별 후 혼자 생활하는 노인들이 자녀와 함께 생활하는 노인들보다 건강상태가 더 나쁘고 우울감과 스트레스는 더 높아 삶의 질이 낮다는 연구결과들이 많다(유광자, 박현선, 2003; 한혜경, 이유리, 2009). 즉, 자녀와 함께 생활하는 노인들의 경우 고독감과 상실감, 경제적 부담이 감소해 삶의 질이 높아진다고 한다(김희경 외, 2010). 그러나 사별 여성노인들이 함께 생활하는 자녀가 미혼인가 기혼인가에 따라 삶의 만족도가 달라지는 연구결과도 있는데, 기혼자녀와 함께 생활하는 사별 여성노인의 삶의 만족도가 제일 높고 그 다음으로 노인 독신 가구, 마지막으로 미혼자녀와 동거하는 가구 순이라고 제시되었다(최경원 · 임연옥 · 윤현숙, 2014). 이에 대해 연구자들은 자녀를 결혼시키는 것이 부모로서의 양육책임이라는 부담감과 자녀의 일상생활까지 지원해줘야 하는 가사부담이 있기 때문이라고 해석했다. 즉, 노인들의 가치관으로서는 자녀들이 결혼적령기에 결혼하고 독립을 해야 하는데 그러한 통과의례를 제 때에 하지 못했다는 생각이 있기 때문에 미혼자녀와 동거하는 사별 노인의 삶의 만족도가 제일 낮다고 설명할 수 있다.

결과적으로 배우자와 사별하고 혼자 여생을 살아가야 하는 노인의 경우 자녀와의 동거 여부에 따라 삶의 질이 달라지는지에 대해서는 획일적으로 설명하기는 어렵고 각 가정의 상황에 따라 다를 수 있다. 다만 많은 연구들이 공통적으로 제시하는 것은 경제적 상태, 건강상태, 사회적 관계, 자녀와의 관계 등이 양호할 때 사별 노인들의 삶의 만족도가 높아진다는 점이다(김태현 이동숙 정혜정, 2000; 최경원 외, 2014). 이에 자녀세대와 동거 여부에 관계없이 자녀와의 호의적인 관계를 유지하고 친구와 이웃, 종교단체 등 사회적 관계망을 지속적으로 유지하는 것이 사별 노인의 삶의 질 증진에 도움이 된다. 또한 사별 노인의 경제적 안정과 건강 유지를 원조하기 위한 자녀를 포함한 가족구성원의 배려가 필요하다. 가족을 포함하여 친구, 이웃, 지역사회 등에서 제공하는 사회적 지지가 배우자를 사별한 노인들의 삶의 질을 향상시키는 데 큰 요인이 된다고 한다(임연옥 · 박재연 · 윤현숙, 2014).

배우자 사별을 경험하는 노인들은 세 단계의 사별 과정을 겪게 되는데, 첫 째 단계에서 배우자가 죽은 것이 사실인지 믿지 못하는 충격 상태에 빠지게 된다. 특히 그 죽음이 예견되지 않은 죽음의 경우 남아 있는 배우자의 충격은 더 크고 그 사실을 부정하게 되기도 한다. 물론 예견된 죽음의 경우에도 남아 있는 배우자는 큰 충격에 빠지게 된다. 이 단계에서 노인이 해야 할 일은 배우자의 죽음을 인정하는 것이며 가족들은 노인이 배우자의 죽음을 사실로 인정하도록 도와주어야 한다. 그 다음 단계는 고통직면 단계인데, 배우자 사별로 인해 경험하게 되는 여러 변화와 위축감, 상실감, 문제들을 직면하는 단계이다. 이 단계에서 노인들은 우울과 상실감. 절망감을 많이 느끼게 된다. 이 단계에서 노인은 배우자 사별로 인한 상실감과 고통을 감내하면서 배우자 없는 생활에 적응해야 하는 과제를 안게 된다. 가족들 역시 이러한 과제를 잘 해결할 수 있도록 도와주어야 한다. 특히 가족들은 노인들이 떠나보낸 배우자를 충분히 애도할 수 있도록 감정을 토로하고 고인에 대한 추억을 말할 수 있도록 원조해야 한다. 마지막 단계는 회복단계이다. 노인들이 배우자와 사별한 상실감과 고통을 극복해나가면서 배우자가 없는 새로운 삶에 적응해나가는 단계이다. 노인들이 배우자에 대한 애도를 계속 하더라도 고통이나 후회와 같은 슬픈 감정이 많이 동반되지 않으며 자기 자신을 넘어선 외부로 관심을 둘 수 있게 된다(김은영 외, 2009).

참고문헌

김미혜 · 신경림 · 강미선 · 강인(2004). 한국노인의 성공적 노후에 관한 경험. 한국노년학, 24(2). 79-95.

김승연 · 고선규 · 권정혜(2007) 노인 집단에서 배우자의 사별 스트레스와 우울의 관계. 한국심리학회지: 임상, 26(3), 573-596.

김태현 · 이동숙 · 정혜정(2000). 독거 여성노인의 생활만족도 연구: 전라북도 지역을 중심으로. 한국노년학, 20(2), 49-70.

김희경 · 이현주 · 박순미(2010). 여성 독거노인의 삶의 질 영향 요인. 한국노년학, 30(2), 279-292.

모선희(2006) 현대노인복지론.

최경원 · 임연욱 · 윤현숙(2014) 사별 여성노인의 가구유형에 따른 삶의 만족의 차이와 영향 요인에 관한 연구. 노인과 가족(2014) 한림대학교 고령사회연구소 편. 소화:서울

McGoldrick, M. & Walsh, F.(1995). A Time to Mourn: Death and Family /life Cycle, in P. C. Mc Kenry & S. J. Price, Famil es and Changes: Coping with Stressful Events. Sage Publications, 30-47.

제4장 고령친화사회와 노인 정신건강

개요

이 장에서는 건강한 노후생활에 필수적인 정신건강에 대해서 다룬다. 먼저 노인기 정신건강을 위협하는 노년기의 특성과 노인기에 자주 빈발하는 노인정신장애 유형인 우울, 자살, 중독에 대해서 알아보고 각각의 정신장애의 위험을 평가하고 선별하는 방법, 적절한 치료와 개입, 제공되어야 할 서비스의 내용과 전문가의 역할에 대해서 학습한다.

학습목표

1. 노인기 정신건강을 학습한다.
2. 구체적인 노인기 정신장애의 유형에 대해서 학습한다.
3. 노인정신장애의 치료와 전문가의 역할에 대해서 학습한다.

1. 노인 정신건강의 이해

노인의 정신건강은 안정되고 건강한 노후생활에서 가장 필수적으로 요구되는 욕구이다. 특히 평균수명이 연장되면서 노년기라는 생애주기는 한층 더 장기화되었다고 볼 때 노인정신건강은 매우 중요한 이슈가 된다. 노인 정신건강문제를 이해하기 위해서는 무엇보다 노년기와 노화의 의미가 무엇인지를 이해하고 이를 바탕으로 노인 정신건강을 맥락적으로 이해하는 것이 중요하다.

노년기의 특징에서 비롯되는 노인 정신건강문제를 살펴보면 다음과 같다. 첫째, 노년기는 전반적인 신체적 기능의 저하로 인하여 여러 가지 일상생활이 제약과 장애가 발생하고 신체적 독립성이 감소한다. 또한 다양한 성인병을 비롯한 만성질병을 지니게 되어 질병관리가 중요하게 다루어지고 기타 질병으로 인한 신체적 약화에 따른 불안이나 우울 등이 정신적 어려움이 발생할 뿐 아니라 이로 인한 의료비 부담 등의 경제적 곤란과 같은 스트레스도 가중된다.

둘째, 심리적 항상성의 저하이다. 이는 은퇴 후 상실감, 공허감, 부적응적 사건 증가하고, 통제력과 대처능력의 취약해 지면서 다양한 신경증적 증상과 신체화증상이 발생하게 되고 우울감 증가하면서 자살충동(자살사고)가 증가하게 된다. 더구나 사별 등으로 인한 친밀한 관계의 상실과 해체가 이루어지면서 더욱 심리적 항상성이 저하되고 위협받게 되고 이러한 상황들이 노인으로 하여금 정신적 고통과 정신적 질병의 발생위험도를 높이게 된다.

셋째, 사회적 소외감이다. 은퇴로 인한 사회적 역할의 상실과 제한된 경제활동경제 및 신체적 기능저하로 인한 제한된 사회활동 등으로 인해 사회적 소외감이 증가하고 친밀한 관계상실, 해체되면서 고독감과 의로움이 증가한다. 또한 극단적으로는 노인학대나 방임과 같은 사회문제에 노출되기도 한다.

이처럼 노인정신건강은 단순히 정신건강문제라는 의학적 차원으로서 접근해서는 안되며, 개인내·외적 특성과 사회·환경적 요인 등의 맥락적 차원에서 이해해야 한다(〈그림 1 참조〉).

즉 노년기에 나타나는 정신건강문제들은 노화에 따른 부정적 경험에 대한 반응적 결과인 동시에 노년기의 심리적 노화특성과 생활환경 및 관계상의 변화, 노인

자신의 환경체계의 변화에 대한 대처기제의 취약성, 주변 환경들에 대한 노인의 주관적 인식성향 및 의미체계가 맞물리는 구조를 띠기 때문이다(박지영, 2009).

즉, 노인정신건강은 노화로 인한 신체질환이 기능장애를 가져오고, 노년기의 경제불안정과 관계 및 예기치 않은 스트레스 상황들과 노인의 성격특성, 신념체계, 지지체계 및 욕구/문제 등과의 상호작용을 통해 주관적으로 불안, 우울, 음주, 자살과 같은 심각한 정신건강문제를 야기하게 된다. 따라서 노인정신건강문제는 단순히 드러난 양상 뿐 아니라 노인의 다양한 맥락적 차원에서 이해해야 정확하게 파악할 수 있고, 정신건강문제의 치료 및 적절한 해결도 이와 같은 포괄적이고 맥락적인 이해를 기반으로 마련되어야 한다.

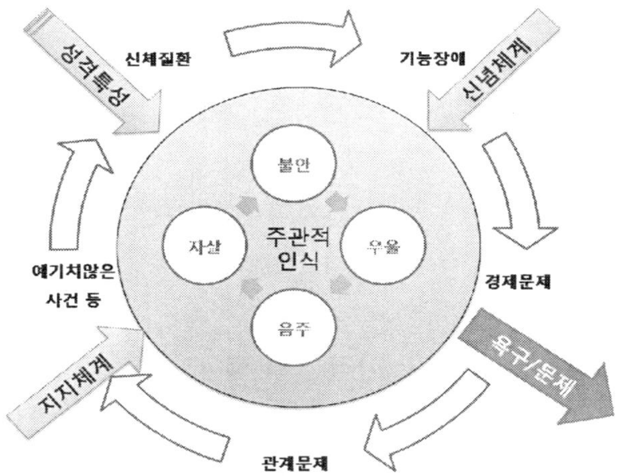

〈그림 4-1〉 노인정신건강이해도 (출처: 박지영, 2009)

한편 노화는 제 1노화와 제 2노화로 구분해서 볼 수 있다. 제 1 노화는 대체로 유전적이고 신체적인 노화로 신체기관의 유전에 근거를 둔 생물학적 과정으로서 시간의 흐름에 따라 불가피하게 발생하는 유해한 변화를 의미하며, 제 2노화는 환경의 부정적인 요인이나 외상과 질환에서 주로 비롯되며 장애나 결핍 등으로 나타난다. 따라서 제 1노화와 제 2의 노화에 따라 개입의 방향과 개입전문가가 달라질 수 있으며 어떤 노화에 따른 정신건강문제이냐에 따라 문제해결방법과 접근방식을 적절하게 선택하고 진행하는 것이 전문가의 역할이라고 볼 수 있다.

2. 노인 정신건강문제 세부유형

노인기에 발생하기 쉬운 정신건강문제는 매우 다양하며, 성인기에서 발생하는 다양한 정신질환 및 정신건강장애 역시 노인기에도 나타날 수 있다. 그러나 본 장에서는 노인기 정신건강에서 가장 빈번하게 발생하고 많은 관심을 갖고 주목해야 할 노인우울증과 관련된 노인자살, 그리로 알코올 중독문제를 다루고자 한다. 노인기 치매와 노인학대 역시 정신건강의 영역으로 다룰 수 있지만 본 교재에서 별도의 장에서 다루기로 한다.

1) 노인 우울증(Geriatric Depression)

(1) 노인우울증의 특징

노년기는 건강, 소득, 사회적 관계를 상실하는 시기로 노년기에 발병하는 우울증은 신체질환과 높은 상관관계가 높다.

노인의 우울장애는 불안, 다양한 신체증상, 정신운동 지체, 높은 자살률, 불면, 인지장애 등의 증상의 빈도가 높다는 점에서 다른 연령군과 차이가 나는 경우가 많다(이민수 외, 1998: Brodaty H., et al., 1993). 우리나라의 노인의 우울요인에 대한 연구에서도 노인은 성인과 비교하여 신체질환, 독신, 재정적인 궁핍, 사회조직에서의 소외 등의 요인들에 의해 많은 영향을 받는 것으로 알려져 있으며, 특히 신체질환과 이로 인한 기능장애가 노년기 우울증의 가장 흔한 요인이다(박인옥 외, 1998).

일반 우울증에 비해서 노인 우울증은 슬픔의 표현이 적고 신체적 쇠퇴와 함께 신체적 증상으로 우울감을 표현하는 것이 특징이다. 신체적 증상을 호소하는 경향이 많기 때문에 가족과 주변사람들은 단순히 노화로 인한 신체적 약화로 생각하여 이를 방치하거나 간과하는 경향이 많다. 그러다 보니 정신건강의학과 보다는 다양한 진료기관들을 전전하는 경우도 발생한다. 따라서 노인 우울증을 사정할 경우 신체질환 및 신체화 증상의 호소에 대한 점검이 반드시 포함되어야 한다. 또한 노년기는 발달주기 상 자신의 삶을 돌아보고 죽음에 대한 생각들을 하게 되는 시기로 내면적 통찰의 시간이 많아진다. 자신의 삶을 돌아보며 어떻게 평가하고 평가받느냐에 따라 삶의 의욕을 상실하고 무기력해져서 우울감이 증가할 수도 있다.

한편 사회적 측면에서는 사회관계망의 부족과 축소, 사회적 지지의 부족, 의사소통의 어려움으로 인한 사회적 상호작용의 감소 등을 가져와 우울감을 가져오기도 한다.

우울은 정상적인 노화과정의 일부가 아니므로 그대로 방치하거나 간과해서는 절대로 안될 것이다. 그러나 노인들의 우울감은 통상적이고 보편적인 현상이기도 하다. 따라서 정상적인 우울감과 우울증에 대한 정확한 평가와 감별이 매우 중요하며 일단 우울감이라고 하더라도 지속될 경우 우울증으로 발전할 위험성이 높으므로 일단 우울양상이 관찰될 경우 정확하게 평가해보는 것이 중요하며 지속적인 우울감에 대한 모니터링과 민감한 관찰도 필요하다.

노인의 우울을 방치할 경우 후속적인 다양한 일상기능장애 및 사회적 장애를 초래하게 되고 치매나 자살 등과 같은 치명적인 정신건강문제를 야기하게 되는 주요원인이 될 수도 있다. 특히 노인의 우울과 노년기 삶의 질은 밀접한 관련이 있으므로 조기에 발견하여 치료를 신속하게 시작하는 것이 매우 중요하다.

(2) 노인 우울증 현황 및 실태

노인우울증은 노인기 정신질환 중 가장 흔하며, 노인 우울증의 유병률은 전세계적으로 13.5%로 알려져 있다(Beekman et al.,1999, 박지영, 2009재인용). 통상 지역사회에 거주하는 노인의 대개 10%-15%에 해당하는 것으로 보고 있다. 장기요양시설에 입소중인 노인들을 대상으로 한 한 연구에서는 31%의 우울증 유병률을 보이며(박명화 외, 2009), 전국의 노인 우울증 환자는 50만명으로 추정된다고 한다. 노인우울증으로 진료받은 환자 수는 2004년 8만9000명에서 2009년엔 14만8000명으로 1.7배(보건복지부 보도자료)증가했으며 특히 여성노인이 전체의 70%를 차지한다. 노인우울증은 모든 노인연령대에서 증가하고 있으며, 고령층으로 갈수록 그 증가가 심각한 것으로 알려져 있다.

노인우울증은 노년기 정신질환 중 가장 잘 치료가 되는 병임에도 불구하고 약 10%만이 치료를 받는 것으로 알려져 치료접근성이 낮다. 이는 노인우울증에 대한 인식이 부족하고 정신건강의학과 치료에 대한 사회적 편견과 인식이 저조한 이유도 밀접한 관련이 있다.

(3) 노인우울증의 증상

노인우울증의 증상은 정서적 증상 뿐 아니라 인지적·정서적·행동적 증상을 모두 포함한다.

첫째, 인지적 증상으로는 자신감의 결여, 미래에 대한 걱정, 자신이 무능력하고 부적절하다는 생각을 하게 된다.

둘째, 정서적 증상으로는 슬픔, 외로움, 유머의 상실, 열등감, 절망감, 자신에 대한 무가치감을 보인다.

셋째, 행동적 증상으로는 의욕상실, 수면장해, 성욕감퇴, 피곤, 통증 등의 신체화 증상과 이로 인한 활동력 감소 및 지연등이 나타난다.

따라서 일반우울증과 일반적으로 우울증의 증상으로 알고 있는 슬픔의 표현이나 무기력, 우울감 등의 정서적 측면만을 단편적으로 우울증의 증상으로 파악하지 않도록 주의해야 한다. 오히려 신체화 증상의 호소 등이 노인우울증의 전형적인 특징이며 일반우울증과는 증상과 원인 등에서 차이점이 있으므로(표 7-1), 다양한 차원에서의 우울증상을 알고 노인우울증을 평가해야 한다.

〈표 4-1〉 일반우울증과 노인우울증의 비교

	일반우울증	노인우울증
원인	• 생물학적 원인인 유전적 소인 • 심리적인 원인으로는 특정 성격의 사람이 우울증에 걸리기 쉽다고 함. 즉 순환 성격(循環性格)·집착 성격과 멜랑콜리 친화형 성격이 우울증과 밀접 • 사회적 원인으로는 모든 요인이 관련됨	• 노인여성이 남성노인에 비해 우울 증상의 빈도가 높으며, 성별요인과 연령증가에 비례함. • 만성질환과 같은 신체적 질환과 사회적 기능의 상실, 사별과 같은 상실사건, 사회적 지지체계, 경제적어려움, 교육수준 등 • 우울장애의 생물학적 원인은 아직 명확하게 밝혀져 있지 않지만 신체질환 있을 때 높음

증상	• 지속되는 우울감, 불안, 혹은 공허감, 절망적 느낌과 비관적 사고 • 죄책감, 무가치 혹은 무기력감 • 평소 좋아해서 즐겨했던 활동이나 취미생활에서 의욕 및 흥미 상실 • 불면, 과다 수면 • 식욕감소나 체중감소, 혹은 과식·폭식 및 체중증가 • 만성 피로, 만성 통증 등 • 죽음이나 자살에 대한 생각, 자살 시도 • 집중력 및 기억력 약화 • 의사결정이 지연되고 어려움 • 두통, 소화불량 등 신체증상	• 슬픔과 같은 감정 표현이 적고 신체적 증상으로 표현하는 경향이 많고 신체질환에 대한 지나친 호소 • 최근 나타난 신경증적 증상 • 자해 행동, 자살위험성 높음 • 치매에 동반된 우울증 • 행동장애 • 뒤늦게 발생한 알코올 의존
치료	• 약물치료 – 항우울제 • 정신치료	• 약물치료–항우울제 • 관련된 신체질환에 대한 치료 병행 • 가족지지강화 및 사회적지지 제공이 필수적

(4) 노년기 우울증의 평가

노인우울증을 정확하게 평가하고 진단받기 위해서는 정신건강의학과 노인정신과 전문의사의 진료를 받는 것이 가장 정확하다. 하지만 우울정도를 평가해보는 간단한 질문지를 통해 전문가를 찾아가야할지 여부를 먼저 선별평가해 보는 방법도 효과적이다. 따라서 기존에 활용되고 있는 노인우울척도(The Geriatric Depression Scales: GDS, 정인과·곽동일·조숙행·이현수, 1997) 등을 활용해 볼 수 있다.

(5) 노인우울증의 치료

노인 우울증은 사회심리적인 요인과 생물학적 요인이 복합적으로 상호작용하여 발생하므로 이 두 가지 요인에 대한 평가와 개입 그리고 치료가 함께 이루어져야 한다. 먼저 사회심리적 요인에 대한 개입은 주로 정신치료나 개별상담 및 가족상담, 가족치료 등을 통해 진행된다. 한편 생물학적 요인에 대한 개입은 신경전달물질의 불균형과 관련되기 때문에 항우울제와 같은 약물치료를 통해 진행된다. 특히 만성질환이나 암과 같은 신체질환이 우울증의 원인인 경우에는 신체질환의 치료과정과 긴밀하게 소통하며 진행되어야 한다.

개별상담을 포함한 정신치료는 노인 우울증의 요인이 된 실제적인 사회심리적 요인이나 다양한 유형의 상실(관계의 상실, 건강의 상실, 경제능력의 상실 사회적 역할의 상실 등)과 이러한 요인들로 인한 노인의 자존감의 저하에 초점을 두고 진행한다. 따라서 치료진과의 개별적인 라포형성이 성공적인 치료를 위해 매우 중요한 요소가 된다. 또한 노인우울증의 요인이 주변환경이 변화나 가족 등을 포함한 가족갈등이나 상실등과 관련이 있을 경우 애도상담이나 지지적 상담을 통해서 노인이 호소하는 정서적 어려움에 대해서 지지와 격려 및 문제에 대한 환기가 되도록 한다. 또한 가족상담이나 가족치료, 가족교육의 실시도 매우 중요하며 필요하다. 가족이야말로 노인의 정신건강유지에 가장 중요한 일차적 지지를 제공할 수 있기 때문이고 우울의 직접적인 요인이 되기도 한다.

약물치료는 주로 신경전달물질인 세로토닌의 불균형을 조정해주는 SSRI계열의 항우울제를 주로 처방한다. 보통 정신과 약물들은 부작용이 심하고 중독이 되는 것으로 오해하는 경우가 많은데 특히 항우울제는 매우 안전하게 사용할 수 있는 약물이며 효과가 신속하게 나타나는 편이므로 처방받은 약물이 있다면 용량대로 정확하게 복용하고 의사의 지시 없이 임의로 중단하는 일이 없도록 해야 한다. 따라서 가족이나 노인을 돌보는 보호자들을 대상으로 철저한 약물관리교육이 필요하다. 우울증이 심각할 경우 전기 충격 치료를 시행하기도 한다. 우울증은 치료를 시작한지 1-2주 이후부터 수면양상도 좋아지고, 식욕도 호전되며, 한 달을 전후로 주요 증상들이 호전되어 간다.

2) 노인자살

(1) 우리나라 노인자살의 현황

한국에서 노인은 자살의 위험도가 가장 높은 집단이며, 특히 초고령 연령인 80세를 기점으로 더욱 급격한 증가세를 보이고 있다. 한국의 자살율은 OECD 국가 중 자살사망율 1위이며 매일 35명, 시간당 1.5명이 자살로 사망하고 있는데 특히 급증하는 자살율은 노인세대에 집중되고 있으며, 고령자 자살률은 압도적이다(이

정아, 2015). 한국은 인구 10만명 당 노인자살률은 2000년 43.2명에서 2005년 80.3명으로 10년 사이에 약 2배 가량 증가하였으며, OECD)국가 중 노인자살률 1위 국가라는 불명예를 안고 있다. 특히 노인 자살률이 전체자살률의 2배 이상으로 전체 자살사망률을 높이는 주된 요인이 되고 있다(그림 4-2).

〈표 4-2 65세 이상 노인 자살사망률 추이 〉

(사망률 : 인구10만명당, 명)

연령별	2008		2009		2010		2011		2012	
	사망자	사망률	사망자	사망률	사망자	사망률	사망자	사망률	사망자	사망률
계	12,858	26.0	15,412	31.0	15,566	31.2	15,906	31.7	14,160	28.1
15세 미만	49	0.6	81	1.0	61	0.8	56	0.7	48	0.6
15 - 64세	9,248	25.8	11,250	31.2	11,119	30.5	11,444	31.2	10,088	27.4
65세 이상	3,561	71.7	4,071	78.8	4,378	81.9	4,406	79.7	4,023	69.8
연령미상	0		10		8		0		1	

(2014, 정신보건사업안내, 보건복지부, p224)

지난 20년간(1991년-2010년) 노인자살률이 5.7배 증가하였고, 노인자살률은 1990년(14.3명)에서 2005년(80.3명)까지 15년간 매년 급증하며, 2010년에는 81.9명으로 사상 최악을 기록하였다. 2010년 65세 이상 노인 자살율은 81.9에서 2013년 65세 이상 자살율은 64.2로 낮아지기는 했지만 아직도 청소년기와 함께 노년기는 자살로 인한 사망률이 가장 높은 연령대이다.

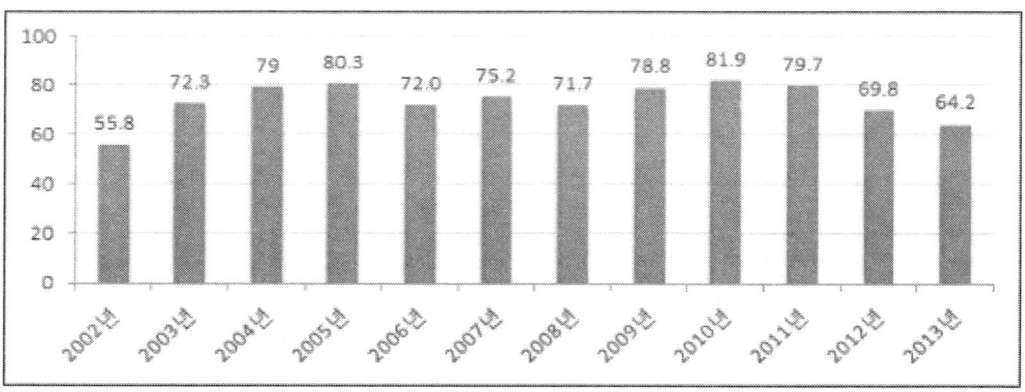

〈그림 4-2〉 통계청, 우리나라 65세 이상 노인자살률 추이 (2002년-2013년)

다행히 최근 3년간(2011년-2013년) 노인자살률이 떨어지고 있는데 최근 들어 2011년 79.9명에서 2012년에는 69.8명, 2013년 64.2명으로 3년째 떨어지는 고무적인 추세를 보이고 있다. 이는 노인을 대상으로 하여 국가와 지역사회차원에서 적극적이고 공격적인 자살예방사업의 시행, 그리고 사례관리, 장기요양보험, 노인연금 등 노인관련 사회보장제도가 확대요인이 영향을 미친 것으로 유추해 볼 수 있다. 하지만 현재의 자살율 역시 세계추이로 보면 상당히 높은 현황을 보이고 있는 것이 현실이므로 노인의 자살에 대해서 관심과 주의가 아직도 상당히 필요하다고 할 수 있다.

(2) 노인자살의 특징

일반적으로 노인자살의 특징을 살펴보면 다음과 같다.

먼저 노인들은 살만큼 살았다는 인식이 팽배해서 자살에 대한 허용적인 태도를 가지고 있고 자살의 은폐성이 높다. 다른 연령에 비해 자살이 자연사 또는 원인이 명확하지 않는 사망으로 간주되기도 쉽다.

둘째, 하나의 사건에 영향을 받기보다는 복합적 요인으로 자살에 이르게 된다. 만성적인 문제에 스트레스가 가중될 경우 자살 시도하는 경우가 많은데 경제적 문제, 자녀와의 갈등, 만성질환의 고통 및 배우자 들봄 및 부양의 부담 등이 자살을 시도하게 되는 주요 요인이다.

셋째, 노인들은 다른 연령대에 비해 긴 시간동안 자살사고를 하며, 연령이 많을수록, 남성의 경우 지배감이 높거나, 친구대화수준 낮을 경우, 여성의 경우 사회·경제적 지위가 낮거나 건강수준에 낮을 경우 자살 시도율 높다.

넷째, 노인군에서는 자살시도 비율자체는 상대적으로 낮지만 치명적인 방법을 선택하다보니 성공률은 높은 편이다. 또한 노인 자살자의 대부분은 과거에 자살시도력이 없는 경우가 흔하기 때문에 자살시도전력이 있는 노인의 경우 모니터링이 매우 중요하고 자살시도 이후의 개입이 중요하다고 할 수 있다. 더구나 노인이 다소 우울하다고 해도 주변사람들은 노인의 우울감은 당연하다고 생각하기 쉽기 때문에 조기개입을 어렵게 만드는 요인이 된다.

(3) 노인 자살의 원인 및 자살 고위험군

노인자살의 원인은 완벽하게 통제하거나 처할 수는 없지만 노인자살의 위험요인을 아는 것은 노인자살 위험에 한 민감성을 갖게 하고, 현실적으로 노인자살위험성을 예측하고 사정하는데 있어서 유용하다.

노인자살의 위험성을 감지할 수 있는 노인자살고위험군의 표적 요인들은 다음과 같다.

- 최근 배우자, 자녀 혹은 의미 있는 사람, 애완동물의 죽음 등 최근 친밀한 관계를 상실한 경우
- 신체적 질병의 악화나 만성질환의 악화로 인한 신체적 고통과 생활상의 어려움이 동반된 경우
- 일상적인 기능이 약화되어 독립적인 생활이 어려워져 혼자 생활하는 것이 힘드어진 경우
- 가족갈등, 대인관계의 어려움, 경제적인 문제 등으로 인한 심리적 고통과 이로인한 절망감
- 일자리 혹은 노인이 의미있게 여기는 생산적인 활동을 상실한 경우, 사회적 소외감이 증가된 경우
- 가족이나 지역사회에서 역할, 지위상실
- 경제적인 어려움이 지속되거나 당장 해결하기 어려운 경우
- 노년기 우울증이나 알코올이나 약물의존, 중독의 문제가 있는 경우

위와 같은 노인자살이 고위험군의 노인에 대해서는 적극적인 자살예방서비스와 자살사고의 위험성이 정기적으로 평가되어야 한다. 일반적으로 이상의 요인들에 최근 2개월 이내에 발생했다면 노인의 심리적 상태와 자살사고 등에 대해 충분히 평가해야 한다. 위에서 언급한 다양한 요인들로 인해서 노인 스스로 자신을 무가치하게 여기고 살만한 의미나 동기를 찾지 못하는 경우 자살을 시도하게 되는 것으로 알려져 있다. 따라서 노인의 일상생활의 변화와 기능 및 심리상태의 변화, 주변환경의 변화들을 민감하게 파악하고 고위험 요인들이 발생하는지 여부, 혹은 위험 요인이 발생한 노인의 경우 특별히 정서 상태나 정신건강상태를 면밀히 점검하고 신속하고 적절한 개입으로서 평가, 치료, 상담, 필요한 정서적 지지나 물질

적 지원 등의 개입이 이루어져야 할 것이다.

자살의 위험으로부터 보호해주는 요인으로는 가족이나 친지, 친구나 이웃으로부터의 정서적, 사회적 지지와 다양한 활동 등을 통한 사회참여를 통한 사회구성원으로서의 소속감과 삶의 의미, 그리고 자존감이 있다. 따라서 자살예방의 노력에는 위험요인을 감소시키고 보호요인을 강화하는 전략으로 접근해야 한다.

(4) 자살위험의 평가

자살 위험의 평가는 무엇보다 자살사고여부를 확인하는 것이 필요하며 특히 자살사고의 빈도, 자살방법 등의 자살계획의 구체성 등을 직접 구두로 대상자에게 물어보고 확인해야 한다. 또한 그러한 자살사고를 자살사고 자기진단표 (SSI-Beck) 등을 활용하는 방법도 효과적이다.

(5) 노인자살에 대한 접근

노인대상자를 만날 경우 반드시 자살위험성에 대한 평가를 해야 하며 평가내용은 다음과 같다. 자살생각에 대해서 직접적으로 질문 한다. 담담하게 질문, 주저하거나 미안해하면서 질문하지 않도록 한다. 둘째, 자살생각, 자살경험, 자살의도, 자살 계획, 방법 등을 구체적으로 질문하고 적극적인 경청을 한다. 이에 따라 위험성을 평가하고 안전한 환경을 확보해야 한다. 안전망 형성하고 자살위험시 적극적으로 돕겠다는 도움의지를 표현한다. 자살위기자를 돕는 첫걸음은 자살생각에 대한 질문하기와 경청으로 "반드시 물어보라, 당신이 묻지 않으면 대답하지 않을 것이다"를 명심해야 한다.

노인자살에 대해서는 다면적인 접근이 필요하다. 즉, 임상적 차원에서는 우울증의 사정 및 이에 대한 신속한 개입이 있어야 하며, 노인의 자존감 평가 및 만성질환 등의 신체적 질환 사정 및 개입 등 위험요인들에 대한 정확한 평가도 이루어져야 한다. 가족차원에서는 현재 생활사건에 대한 사정과 개입과 가족 간 의사소통에 대한 사정과 개입을 통해 사회적 지지를 확보하거나 사회적 지지체계를 구축해야 한다. 제도적 차원에서는 노인자살 예방 및 문제해결을 위한 지역사회 인프라 구축의 필요하다.

(6) 자살사고나 자살 고위험 노인에게 유용한 지역사회자원

평상시 지역사회내의 다양한 자원들과의 협력체계 구축 노력은 서비스 욕구의 발생시 적극적이고 다양하게 그 욕구를 충족시킬 수 있는 중요한 발판이 될 수 있다(이명수 외, 2009).

〈표 4-3〉 자살 위험에 처한 노인을 위한 지역사회자원

자원	지원내용
경찰과 112	• 자살시도자 응급 대응에 효과적. 신속한 출동(112는 신고하면 15분이내 현장에 도착) • 급박한 위험제거(자살시도자의 응급입원) • 경찰관 직무집행법에 따라 보호 조치 가능(긴급구호) : 24시간 보호, 임시조치10일 가능 • 보건의료기관에서는 경찰의 긴급구호를 거절할 수 없음 • 무기, 흉기 등을 임시조치 가능함
119구급	• 자살시도자 응급 대응에 효과적, 신속한 출동, • 위치 추적가능 • 신청자격은 정보통신법에 의거해서 보호의무자 혹은 가족의 경우에만 해당됨
사설이송단	• 공공 안전망의사각지대에서 유용 • 응급이송 및 안전 확보에 효과적
동주민센터	• 공공 문서를 통해 대상자의 보호의무자 등 연락처 확보시 협조 가능 • 정부의복지서비스연계(수급권및한계수급권자책정/희망복지지원단)가 필요할 경우 유용
의료기관	• 시 · 군 · 구청장(응급입원포함)에 의한 입원 가능 • 적절한 위기개입과 우울증 등의 정신의학적 치료
기타	• 정신건강위기상담 /지역별 자살예방센터 1577-0199 • 보건복지콜센터129 • 한국자살예방협회 02-413-0892 • 생명의 전화 1588-9191 • 응급의료센터 1399

3) 알코올중독문제

국민건강보험공단이 발표한 알코올성 정신장애로 인한 건강보험 지급자료 분석결과(2013)에 의하면 인구 10만명당 '알코올 정신장애'로 진료인원은 60대 남자환자가 537명으로 가장 높았다. 이는 노년층의 알코올중독현상이 심각하고 증가하고 있다는 것을 의미한다.

(1) 알코올 의존증의 정의와 원인

미국의학협회, WHO(세계보건기구)등 에서는 '알코올 의존증'은 '알코올 조절 능력의 상실'과 '부정적 결과에도 불구하고 계속적으로 알코올을 사용할 때'로 정의하고 있다.

알코올 의존증의 원인은 다양한데 일반적으로 크게 다음 세 가지 요인으로 알려져 있다. 첫째, 유전적(생물학적)요인으로 가족력이 있을 경우 알코올에 의존할 확률이 더욱 높다. 또한 대뇌의 특정 신경전달물질(도파민계, 세로토닌계, 내인성 오피오이드계, 그리고 GABA계 등)의 분비와 활동에서의 차이를 보이는 것으로 알려져 있다. 둘째, 심리학적 요인으로 아동기 때 주의력 결핍 과잉행동 장애나 품행장애를 지닌 경우, 자존감이 낮거나 의존성이 강한 경우, 스트레스 상황에서 술을 마신 후 긍정적인 효과를 본 경험이 많은 경우, 수줍음이 많거나, 자기 주장을 못하는 성격 등이 경우 알코올 의존증에 노출되기 쉽다고 알려져 있다. 셋째, 사회문화적 요인으로 술을 권하는 사회 분위기, 술친구가 많거나 술을 구하기 쉬운 생활 여건과 같이 술에 허용적인 사회적 분위기와 이혼이나 가족갈등 및 부부불화, 대인관계의 어려움, 실직, 빈곤 등의 경제적 곤란 등 스트레스를 일으키는 생활사건이 음주의 원인이 될 수 있습니다.

(2) 알코올 중독의 증상

- 갈망 : 술 마시고 싶은 충동을 느끼는 갈망
- 자제력 상실 : 한번 술을 마시기 시작하면 멈추지 못하고 끝장을 본다.
- 금단증상 : 술을 안마시면 구토, 식은땀, 손떨림, 초조불안 및 안절부절, 헛것

이 보이거나 헛소리를 듣기도 하는 등의 신체적 의존현상이 나타난다.

• 내성의 증가: 술에 취하려면 점점 더 많은 술을 마셔야 하는 내성이 증가한다.

(3) 노인 알코올 중독의 특성

노인들은 이미 젊은 시절부터 음주를 지속해온 경우가 대부분으로 노년기에 이르러 술로 인한 다양한 신체적 질환이 발생하게 되며, 노년기 신체적 기능의 전반적인 저하와 노화로 인해 이전보다는 술에 대한 저항력이나 대사율이 저조해지기 때문에 술이 신체와 정신에 주는 영향이 더 높게 나타나게 된다. 또한 노년기에 경험하게되는 역할상실, 관계의 상실로 인한 소외감이나 외로움, 경제적 빈곤 등의 t심리사회저 문제로 인해 음주에 의존하게되는 위험성이 높아진다. 이처럼 노년기 다양한 생활사건, 특히 상실, 은퇴 등 경제적 문제나 자신의 경제, 건강상태에 대한 주관적 인식이 부정적인 경우 문제음주 가능성이 높아서 표면상으로는 음주문제로 보이지만 그 기저엔 다양한 심리사회적 요인이 연루되어 있다고 파악해야 한다.

노인들 가운데 특히 남성노인의 음주가 높고(여성노인 2배), 노년기 음주패턴이 심각하게 나타나는 경우는 대부분 저녁시간에 혼자서 음주하는 것으로 알려져 있다(1998).

(4) 알코올중독의 평가

〈표 4-4〉 알코올중독 자가진단표(AUDIT-K)

*** 다음은 귀하의 음주관련 사항을 묻는 문항입니다. 문항을 주의 깊게 읽고 *지난 1년 동안* 자신과 가장 적합한 한 가지 항목에 V표를 해 주시기 바랍니다.**

문 항	0점	1점	2점	3점	4점
1) 얼마나 술을 자주 마십니까?	전혀 안마심	월1회 미만	월 2-4회	주 2-3회	주 4회이상

2)	술을 마시면 한 번에 몇 잔정도 마십니까?	전혀 안마심	소주 반병 이하	소주 반병 정도	소주 반병과 한병 사이	소주 1병 이상
3)	한 번에 소주 한 병 또는 맥주 4병 이상 마시는 경우는 얼마나 자주 있습니까?	없음	월 1회 미만	월1회	주1회	거의 매일
4)	지난 1년간 한번 술을 마시기 시작하면 멈출 수 없었던 때가 얼마나 자주 있었습니까?	없음	월 1회 미만	월1회	주1회	거의 매일
5)	지난 1년간 평소 같으면 할 수 있던 일을 음주 때문에 실패한 적이 얼마나 자주 있었습니까?	없음	월 1회 미만	월1회	주1회	거의 매일
6)	지난 1년간 술을 마신 다음날 일어나기 위해 해장술이 필요했던 적은 얼마나 자주 있었습니까?	없음	월 1회 미만	월1회	주1회	거의 매일
7)	지난 1년간 음주 후에 죄책감이 든 적이 얼마나 자주 있었습니까?	없음	월 1회 미만	월1회	주1회	거의 매일
8)	지난 1년간 음주 때문에 전날 밤에 있었던 일이 기억나지 않았던 적이 얼마나 자주 있었습니까?	없음	월 1회 미만	월1회	주1회	거의 매일
9)	음주로 인해 자신이나 다른 사람이 다친 적이 있었습니까?	없음	–	있지만 지난 일년간은 없었다	–	지난 일년간 있었다
10)	친척이나 친구, 의사가 당신이 술 마시는 것을 걱정하거나 당신에게 술 끊기를 권유하는 적이 있었습니까?	없음	–	있지만 지난 일년간은 없었다	–	지난 일년간 있었다

출처 : Babor, Thomas F. et al. The Alcohol Use Disorder Identification Test: Guidelines for Use in Primary Care. 2nd ed. Geneva: World Health Organization, 2001.; 김용석(1999), 한국사회복지학, 37, p.78

〈채점방법〉

- 정상음주군 : 남성 0점-9점 /여성 0점-5점
- 위험음주군 : 남성 10점-19점/여성 6점-9점
- 알코올사용장애 추정군 : 남성 20점-40점 /여성 10점-40점

(5) 노인 알코올의존환자의 회복과정과 중독의 치료

일반적으로 알코올 의존증 환자는 4단계의 회복 과정을 보인다.(그림7-1)

첫 번째 단계는 부정의 단계로 자신이 알코올중독을 부정한다. 얼마든지 마음만 먹으면 조절가능하다고 자신한다. 술을 마실만한 핑계와 이유가 있다고 주장한다. 두 번째 단계는 시인, 순응의 단계로 자신이 알코올 의존증 환자라는 사실을 인정하며 태도의 변화가 시작된다. 문제를 시인하고 치료에 동의하지만 열성을 다하지는 않습니다. 자신이 온갖 노력을 한다기보다는 "나를 한 번 고쳐보시오!"하는 태도를 보이게 된다. 세 번째 단계는 수용의 단계로 실제적인 호전을 보이고 질병에 대한 치명적인 결과를 인식하게 되고 회복에 대한 책임이 자신에게 있다고 진심으로 수용하며 '내가 마시고 싶었기 때문에 마셨던 것'이라고 받아들이게 된다. 하지만 아직도 현실적으로는 질병의 만성적인 성질을 받아들이지 못하고 재발의 가능성에 경솔한 반응을 나타낸다. 마지막으로 항복의 단계로 스스로 알코올을 극복할 수 있는 힘이 부족하다는 사실을 자각하게 된다. '우리를 건강한 사람으로 회복시키는 더 큰 능력이 있다'는 것을 이해하고 위대한 힘에 항복하게 된다. 진정한 회복력을 지니고 단주의 단계로 나아가게 된다.

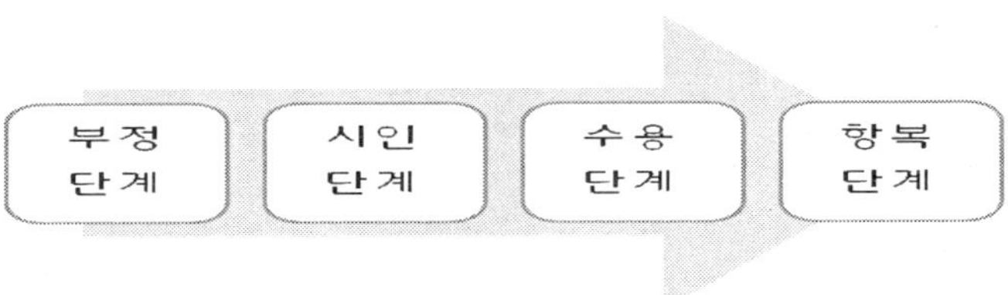

〈그림 4-3〉 알코올 중독의 회복단계

알코올중독의 치료방법으로는 입원치료, 약물치료, 재활치료, 단주친목(Alcohol Anonymous),가족에 대한 개입 등이 있다. 노인알코올중독의 경우는 신체질환과 상호 관련지으며 치료를 진행해야 하며 무엇보다 노인을 존중하며 수치심을 느끼지 않도록 배려해야 한다. 또한 노인의 만성화된 음주행위라고 해서 개선이 어렵다고 포기해서는 안된다. 무엇보다 조급하게 생각하지 않고 진행하며 중독의 문제보다는 건강의 문제로 접근하는 태도를 견지하고 음주조절에 도움이 될 만한 가족 및 사회적 지지망의 확충을 함께 진행해야 한다.

3. 노인 정신질환에 대한 치료원칙과 전문가의 역할

노인정신질환에 대한 치료원칙은 먼저 정확한 평가와 진단을 내리는 것이다. 이를 위해서 정신건강전문기관인 의료기관을 방문하거나 즉, 정신건강의학과, 가정의학과 등과 지역정신건강증진센터를 방문하여 평가를 받도록 한다. 또한 신체적 질환이나 신체기능의 상태와 관련이 깊으므로 일관적인 의학상태에 더욱 주의를 기울여야 한다. 신체 질환과 정신과적 장애가 동반된 노인 환자의 평가가 필요하다. 노인의 정신건강문제를 다루기 위해서는 노인과 치료적 관계를 신속하게 수립하고 몇몇 선별 screening 검사(인지기능, 우울 등)의 숙지와 이용할 수 있어야 한다. 또한 공존하는 정신과 질환의 여부예 : 섬망과 우울증의 공존)와 고려, 신체적, 정신과적, 사회적 및 기능적 장애를 포함한 제반 문제의 목록화를 만든다. 또한 노인들은 다양한 성인병 등 기존에 가지고 있는 신체질환이 많으므로 해당 하는 질환치료를 위해 현재 복용중인 모든 약물들을 확인해야 한다. 최근들어 정신건강문제가 나타난 이유의 맥락적 탐색과 정보원으로서 노인당사자 뿐 아니라. 가족 혹은 친지와의 면담이 반드시 필요하다.

또한 노년기라는 인생주기, 죽음과 임종 등에 다해소 충분한 지식을 갖춰야 한다. 노인환자에게 영향을 미치는 사회적 인자들에 대한 이해가 필요하다.

치료 방법으로는 정신역동적 정신치료, 행동치료, 가족치료 및 상담, 인지 재활치료나 음악, 미술, 원예, 회상요법 등 다양한 치료 기법의 활용이 필요하다

치료자는 무엇보다 노인에 대한 관심과 존경하며 그들과 즐거운 시간을 가질 수 있는 능력이 있어야 한다.

노인정신건강문가는 노인의 정신건강에 대한 기대와 희망 갖도록 하며, 노인과 노화에 대한 이론과 전문지식을 갖추고 신체적 건강과 정신건강의 관련성을 통합적으로 이해할 수 있어야 한다.

가족을 비롯한 1차적 노인보호체계와 끊임없이 소통하고 교류를 가지고 있어야 노인정신건강문제에 효과적인 해결과 가족과의 협력방안 추구에 도움이 된다. 지역사회 네트워크 : 정신보건체계와 노인 복지체계 지역사회와의 연계 및 협력을 통해 노인정신건강관련 지역사회서비스 기관들의 목록과 이들 기관들과의 업무협조 및 자원연결 등을 할 수 있어야 한다.

참고문헌

김용석, 1999, 국내외 알코올사용장애 선별도구의 비교를 통해 한국성인의 알코올사용장애에 관한 역학조사. 한국사회복지학, 37, p.78

박명화 · 하정철 · 신임희 · 김한곤 · 이신영 · 조준행 · 김혜령 · 김은주 · 김정선 · 이재모 · 김은정 · 임영미 · 홍귀령 · 송주아 외, 2009 , 2008년도 노인실태조사: 전국노인생활실태 및 복지욕구조사", 보건복지부, 계명대학교 산학협력단, 2009

박인옥 · 김진세 · 이강준 · 정인과, 1998, 한국 노인의 우울요인. 노인정신의학, 2(1):47-63.

박지영, 2009, 노년기 정신건강사정 및 정신보건서비스 : 노인정신건강의 사회복지적 관점과 통합적 사정을 중심으로, 한국정신보건사회복지학회 2009년 춘계학술대회 기획주제발표

신민섭 · 박광배 · 오경자 · 김중술, 1990. 고등학생 자살성향에 관한연구, 한국심리학회지 : 임상 9(1) 1-19

이명수 · 서용진 · 서영미 · 백종우 · 이해국 · 남윤영 · 전준희 · 박지인, 2009, 자살 고위험군 등에 대한 대상별 사례관리 표준 개발

이민수. 노년기 기분장애의 임상증상 및 예후. 노인정신의학 1998;2(1):14-9.

정인과 · 곽동일 · 조숙행 · 이현수, 1997, "한국형 노인우울검사, (KGDS)표준화 연구. 노인정신의학, 1(1):61-72)

국민건강보험공단 통계자료, 2013

보건복지부, 정신보건사업안내, 2014.

통계청, 2013, 고령화통계

Brodaty H, Harris L, Peters K, Wilhelm K, Hickie I, Boyce P, Mitchell P, Parker G, Eyers K. Prognosis of depression in the elderly. A comparison with younger patients. Br J Psychiatry, 1993;163:589-96.

Babor, Thomas F. et al. The Alcohol Use Disorder Identification Test: Guidelines for Use in Primary Care. 2nd ed. Geneva: World Health Organization, 2001.

제5장 고령친화사회와 치매

1. 치매의 현황과 실태

치매는 예전에는 노망이라고 하여 노인이 되면 누구나 겪는 정상적인 노화과정의 일부로 간주하였지만 지금은 치료와 돌봄이 필요한 대표적인 노인기 정신장애로 받아들이고 있다. 인구의 고령화는 필연적으로 치매환자의 증가를 가져오게 된다. 65세 이상 노인에서 전세계적인 치매 유병률은 5~10% 정도인데 현재 우리나라에는 61만명의 치매환자가 있는 것으로 추정되며, 치매로부터 자유롭지 못한 가족은 배우자, 자녀, 손자녀를 포함해서 약 245만 명이 이르는 것으로 나타났다(중앙치매센터 연차보고서, 2014). 치매 유병율이란 65세 이상 전체 노인인구 중 치매환자가 차지하는 비율을 의미한다. 앞으로 우리나라 치매 환자의 수는 2020년 약 84만 명, 2030년 약 127만 명, 2050년에는 271만 명으로 증가할 것으로 추정된다. 보건복지부에 의하면 2014년 기준으로 치매관리에 투입된 직·간접비용은 약 13조원에 이를 것으로 추산되며, 2050년에는 사회적 ㅂ용인 100조원에 다다를 것이란 전망이다.

치매는 인지기능의 장애로 시작하지만 전반적인 일상생활기능과 사회생활기능을 황폐화시키는 노인기 질환으로 치매가 발병하면 혼자서는 생활할 수 없기 때문에 가족과 사회의 부양과 부담이 높아지게 되는 등 단순히 개인이나 치매환자가족의 문제로 접근하기보다는 사회문제로 접근하고 그 대책과 해결방안을 모색해야 한다.우리나라가 당면한 고령사회의 치매문제는 사희문제화되어 국가차원의 대책이 필요하게 되었고 정부는 2008년 '치매종합관리대칙'을 내놓고, 2011년 '치매관리법'을 공포하여 국가차원의 치매관리사업을 구축하기 위해 노력하고 있다.

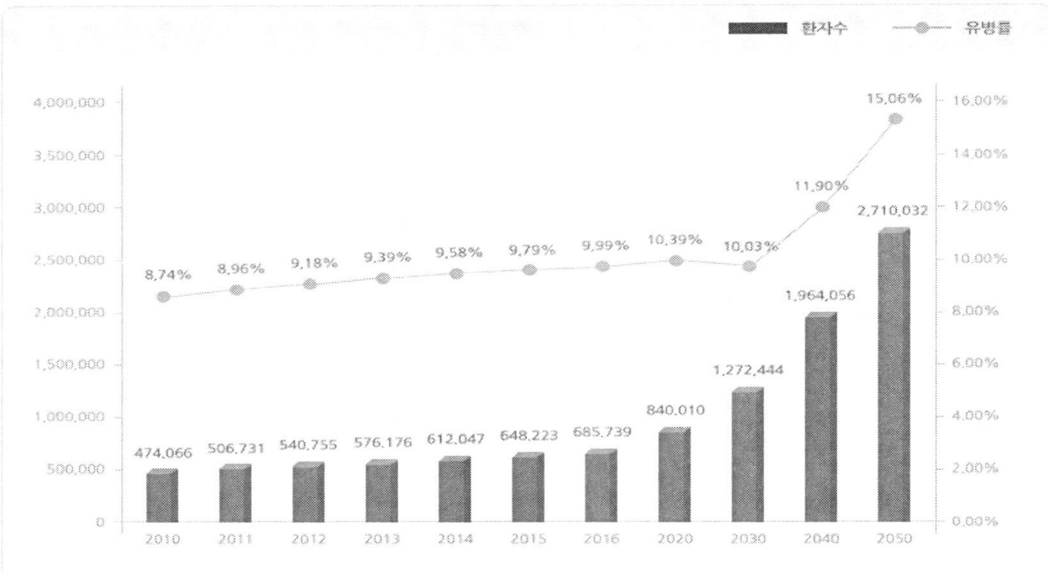

〈그림 5-1〉 치매 유병율 (2012년 전국치매역학조사)

2. 신경인지장애, 치매(Dementia)란?

치매는 노년기에 나타나는 대표적인 정신장애로서 DSM-4에서는 치매라고 불리웠으나 2013년 5월 개정된 DSM-5(정신장애 진단 및 통계편람, APA)에서는 치매를 주요 및 경도의 신경인지장애로 병명이 변경되었다.

치매는 그 자체로 하나의 질환을 의미하는 것은 아니고, 뇌세포가 지속적이고 반복적으로 심하게 손상을 입어 기억력, 추상력, 판단력 등이 쇠퇴하는 병적인 현상으로 후천적 원인으로 인해 뇌가 손상되어 지적 기능의 황폐화뿐 아니라 인격의 변화, 정서 행동적 문제, 사회적 기능장해를 초래하는 복합적인 임상증후군을 의미한다. 따라서 치매는 뇌의 병변에 의해 기억장애, 사고장애, 판단장애, 지남력장애, 계산력장애 등과 같은 인지기능이 감퇴되고, 정서장애, 성격변화, 일상생활 능력의 장애 등이 수반되는 노년기의 기질성 정신장애이다(권중돈, 2012)

따라서 치매를 평가할 때는 병력에 대한 수집 뿐 아니라 구체적인 행동에 관한 관찰내용을 수집하는 것이 매우 중요하다. 즉, 치대로 의심되는 문제행동의 빈도, 문제행동 시 주변상황, 과거의 문제행동의 발생빈도 등에 대한 정보를 얻어내는 것이 중요하다. 일반적으로 정신상태검사(Mental Status Examination: MSE)를 통해 기억력을 평가하며, 사람, 시간, 장소, 상황에 대한 기억을 포함한 인지기능평가와 신경심리학 검사를 실시하며 뇌단층 촬영 등을 종합하여 진단한다.

3. 치매의 원인 및 유형

치매의 위험인자로는 고령(85세 이상일 경우 65-69세에 비해 14.9배), 여성(남성에 비해 2.85배), 무학(교육년수 7년 이상에 비해 9.2 배)이 치매 위험과 높은 관련성을 보였다. 또한 이혼, 사별, 별거, 미혼과 같이 안정된 결혼 생활을 유지하지 못하는 사람의 치매 위험율이 2.9배 높았으며 과거에 10분 이상의 의식장애가 있었던 두부외상이 있는 사람, 규칙적인 운동을 하지 않는 경우에 치매위험이 높았다. 특히 우울증이 있는 경우 3배 이상 치매 위험율이 높아서 노인의 우울상태에 대한 정밀하고 조기평가가 매우 중요함을 알 수 있다(2012년 전국치매역학조사).

국제질병분류 제 10판(ICD-10)에 의하면 치매는 “알츠하이머형 치매”, “혈관성치매”, 그리고 “기타 질병에 의한 치매”, “불분명한 치매”로 구분하고 있다(WHO, 2007). 2012년 치매역학조사에 의하면 치매의 유형별 분포를 살펴보면, 알츠하이머 치매는 유병률 6.54%로 전체 치매의 71%를 차지하고 있으며, 가장 높은 분포를 보인다. 그 다음으로 혈관성 치매가 1.55%로 전체 치매의 16.9%를 차지하고 있다.

치매를 주요 원인질환으로는 알츠하이머형(Alzheimer's type), 혈관성(Vascular), 인간 면역 결핍 바이러스병(HIV Disease), 파킨슨병(Parkinson's Disease), 루이소체(Lewy Body), 헌팅톤병(Huntington's Disease), 크로이츠펠트-야곱병 (Creutzfeldt-Jakob Disease), 알코올성 치매, 두부 외상(head trauma)등이 있다.

이 가운데 가장 발생빈도가 높은 알츠하이머형과 혈관성 치매에 대해서 자세히 살펴보겠다.

1) 알츠하이머병(Alzheimer disease)[3)]

치매 중 가장 발생빈도가 흔하여 전체 치매 환자의 약 50-80%에 해당한다. 알츠하이머 치매는 독일의사 알로이 알츠하이머가 처음 보고한 대표적인 치매유형이다(권중돈, 2012). 우리나라에는 로널드 레이건 전 미국 대통령이 앓고 있다고 해서 널리 알려졌다.

알츠하이머형 치매는 이상단백질이 대뇌피질 속에 쌓여 서서히 뇌의 신경세포가 퇴행되어가는 신경질환이다. 기억력과 언어 기능의 장애를 초래할 뿐만 아니라 판단력, 지남력이 상실되고 성격도 변화되는 등 종국에는 독립적인 생활이 어려워진다. 알츠하이머형 치매는 대개 수년에 걸쳐 서서히 진행되는 편이며 눈에 띄는 증상이 심각하게 발현된 뒤 평균 8~12년 후에 합병증 등으로 사망하게 된다.

발병 초기에는 흔히 기억력과 문제 해결 능력이 떨어지고, 주위 환경에 기민하게 대처하지 못하게 되고, 진행될수록 행동문제나 정신증상이 자주 발생하고 평소의 성격와 다른 성격을 보이기도 하는데 예를 들어 평생 얌전하고 조용하던 분이 공격적인 행동과 욕을 하는 등 다른 사람처럼 변하기도 한다. 또한 길을 잃고 배회하다가 집을 찾지 못해 가족들을 애타게 만들거나 대화가 불가능해지면서 거동이나 신체적인 건강상태도 악화되어 말기 단계에 이르면 결국에는 자신을 돌볼 수 있는 능력도 잃어버리고 자리에 눕게 된다.

2) 혈관성 치매[4)]

혈관성 치매는 알츠하이머와 함께 가장 흔하다. 뇌혈관 질환인 뇌출혈과 뇌경색이 치매를 일으킬 수 있다. 혈관성 치매는 뇌 영상 검사결과 뇌혈관질환과 현재 보이는 치매증상이 직접적인 관련이 있다는 분명한 증거가 있을 때 진단한다.

혈관성 치매는 알츠하이머에 비해 기억장애가 뚜렷하지 않고, 일상기능이나 언어기능 등 인지장애가 상대적으로 빠른 시기에 나타날 수 있다. 또한 마비나 감각 이상이 생긴다. 그리고 어느 순간 갑자기 치매 증상이 갑자기 나타나게 된다.

---

3) 서울아산병원 건강정보 사이트 : 질환백과www.amc.seoul.kr/asan/healthinfo/
4) 상동

이후 서서히 좋아졌다가 다시 나빠지는 경과를 보이게 된다. 반면에 알츠하이머형에서는 치매증상이 서서히 점진적으로 악화되는 경향을 보인다.

4. 치매의 증상

치매의 증상은 인지기능장애 증상과 정신행동 증상으로 크게 두 가지로 나누어 볼 수 있다.

1) 인지기능장애증상

첫째, 기억력 장애를 보이는데 특기 최근에 있었던 일을 기억하지 못하는 단기 기억장애가 특징적이다. 단기기억장애로 새로운 정보를 습득하는 능력을 잃게 되며, 시간이 경과하면서 점차 장기 기억력도 저하된다.

둘째, 지남력 장애증상으로 날짜와 계절에 대한 감각이 떨어지는 지남력의 장애를 보인다. 즉 오늘이 며칠인지, 무슨 요일인지, 무슨 계절인지를 모르게 되고 자주 날짜를 착각하여 실수를 하게 됩니다

셋째, 언어장애증상이다. 말을 하는데 단어가 떠오르지 않거나, 적절한 단어를 사용하지 못하고 머뭇거리거나 엉뚱한 단어를 사용하기도 하며 말수가 현저하게 줄어들게 된다. 따라서 다른 사람들과의 의사소통의 어려움이 생긴다.

넷째, 시공간 능력 장애 증상이다. 시공간 능력이 떨어져 자주 다니던 친숙하고 익숙한 거리에서 길을 잃게 되거나 집을 찾지 못하고 주변을 배회하는 증상이 발생한다. 장애가 심할 경우는 집안에서조차 방이나 화장실 등을 찾아가지 못하는 증상이 나타나기도 한다. 특히 밤시간에는 더욱 시공간능력이 저하되기 때문에 주의가 필요하다.

다섯째, 실행능력 장애로 감각 및 운동기관이 정상인데도 불구하고 목적성 있는 행동을 못하는 경우를 말합니다. 예를 들면 운동화 끈을 매지 못한다던가 하는 증상에서부터 시작하여 식탁을 차리는 것과 같은 여러 단계를 거쳐야 하는 경우 더욱 어려움을 느끼게 된다. 또한 도구의 사용법을 잊어버려서 가스렌지나 세탁기,

텔레비전 등을 적절하게 사용하지 못하게 된다. 치매가 진행되면 식사나 옷입기 등의 일상적이고 단순한 일에서도 장애가 나타난다.

여섯째, 판단력의 장애증상이 나타나는데 환자는 돈 관리를 제대로 못하게 되며 때로 필요 없는 물건을 사기도 한다.

일곱째, 행동 및 인격의 변화도 나타난다. 배회, 수면장애, 불안, 초조증상, 망상 및 환청으로 인한 행동장애, 의심증, 훔치는 일, 자기중심적 태도, 은둔, 수동적 경향의 증가, 외부에 대한 관심 저하 등

2) 정신행동증상

첫째, 치매노인은 자신의 인지기능 저하에 대한 반응으로 혹은 이와 상관없는 우울증상이 나타나기도 한다. 이유 없이 주변을 자꾸 서성거리며 한자리에 오래 앉아있지 못하고 안절부절 일이 많아지고, 자신의 소지품을 제대로 챙기지 못하다 보니 어디다 두었는지 기억을 하지 못해 자꾸 다른 사람이 자신의 물건을 훔쳐 간다고 의심하는 증상이 나타나기도 한다.

둘째, 수면장애가 생겨 밤낮이 바뀌어 가족들의 수면을 방해하는 일이 자주 발생한다.

세째, 지각의 장애가 생겨 환청이나 환시와 같은 환각 증상을 보이기도 합니다.

〈표5-1〉 치매에 따른 문제영역

문제 영역	문제 유형
인지	기억력, 판단력, 지남력 장애
정신	불안, 우울, 조증, 환각 증상, 의심, 망상
언어	공격적인 언어 및 작화, 실어증
행동	흥분, 과격하고 폭력적 행동, 수면장애, 수집행동, 강박 및 반복 행동
일상생활 수행	옷입기, 위생관리, 배설 관련, 섭식, 보행 등의 장애 발생

또한 우울증과 치매의 경우는 초기 단계에서 구분하기 어려우므로 전문가의 정확한 평가를 통해 감별해야 한다.

〈표 5-2〉 우울증과 치매의 감별방법

구분	우울증	치매
발병양식	급속하게 출현	느리게 진행됨
초기증상	우울증상	인지기능저하
증상호소방식	인지저하를 강하게 호소함	증상을 가볍게 말함
병식	있음	알지못함
지능	환자가 호소하는 만큼 실제로 저하되어 있지 않음	저하
언어	언어이해가 정확하고 대화가능	언어이해 곤란, 대화곤란
일상생활	혼자 일상생활 가능	보조필요함
식욕부진, 불면	있음	없음
뇌파	없음	이상 많음
항우울제	효과있음	효과없음

출처: 부천시 정신건강증진센터

5. 치매의 평가

신경인지장애 즉 치매의 진단을 위해서는 정신건강의학과나 신경과 등을 방문하여 전문의의 평가와 관련 검사들을 시행하고 종합하여 진단을 내린다. 그러나 가정이나 혹은 노인관련 시설 등에서 간단하게 치매가 의심될 경우 선별검사인 간이정신상태 검사(MMSE-K)를 먼저 평가해 보고 심각한 경우 전문기관을 방문하는 것도 바람직하다.

〈표 5-3〉 한국판 간이정신상태검사(MMSE-K)

		점수
1	오늘은 ○ ○년 ○월 ○일 ○요일 지금은 어느 계절입니까? ________	5점
2	당신의 주소는? _____ 도(특별시 혹은 직할시) _______군(구) ______면(동) 여기는 어떤 곳입니까? (시장, 집, 병원 등)	4점
3	여기는 무엇을 하는 곳입니까? (마당, 안방, 화장실, 진찰실)	1점
4	물건 이름 세 가지 대기 (예: 나무, 자동차, 모자)	3점
5	3분 내지 5분 뒤에 4번의 물건 이름들을 회상하기	3점
6	100-7= -7= -7= -7= -7= ("삼천리 강산"을 거꾸로 말하기)	5점
7	물건 이름 맞히기 (연필, 시계)	2점
8	오른손으로 종이를 집어서 반으로 접어서 무릎 위에 놓기 (3단계 명령)	3점
9	5각형 두개를 겹쳐 그리기	1점
10	"간장 공장 공장장" 따라하기	1점
11	"옷은 왜 빨아서 입습니까?"	1점
12	"길에서 남의 주민등록증을 주웠을 때 어떻게 하면 쉽게 주인에게 되돌려 줄 수 있겠습니까?"	1점
총점		
판정	확실한 치매 : 19점 이하 치매의심 : 20-23점 정상; 24점 이상	

출처 : 권용철, 박종한 (1989), 신경정신의학 28: 125-135

6. 치매의 치료와 관리

치매는 예방이 가능하고, 조기에 발견하여 치료 하면 치매의 진행을 지연시키거나 증상을 호전시킬 수 있다. 치매의 치료와 관리를 위해서 약물치료와 다양한 재활치료, 그리고 가족의 보호 및 돌봄 부담을 줄이는 가족교육과 제도적 지원 등이 필요하다. 치매 치료의 원칙은 대부분의 치매가 만성적으로 진행되는 뇌의 질병이기 때문에 치료의 목표 및 방향도 환자의 잔존기능을 최대한 유지시키고, 환자와 가족의 삶의 질을 유지시키는 것이다. 이를 위해서는 정신과전문의, 신경과전문의를 포함한 의료진과 사회복지학, 간호학, 물리치료 및 작업 치료 등 다학제 및 다학문간 협력과 협업이 필수적으로 요청된다.

1) 치매의 비약물적인 치료

치매의 비약물적인 치료로는 지지적 정신치료 지지적 상담, 행동치료, 인지치료 및 다양한 재활훈련 치료 등이 있다. 비약물 치료는 인지기능의 회복에도 도움을 줄 뿐 아니라 치매로 인해 나타나는 다양한 행동정신장애의 치료에도 효과적이다.

비약물적 치료에는 다양한 치료방법들이 활용되는데 인지재활치료, 현실감각훈련(Reality orientation), 회상요법(Reminiscence therapy), 행동적 개입, 안정요법(Validation therapy), 스노즐렌(Snoezelen), 음악요법, 미술요법, 원예치료, 향기요법(Aromatherapy), 행동수정, 환경조정 등이 있다.

2) 약물 치료

치매의 약물치료에서 대표적으로 활용되는 약물은 아세틸콜린분해효소 억제제이다.

알츠하이머병이 진행되면 뇌 속에서 여러 가지 신경전달 물질의 변화가 일어나는데, 인지기능과 가장 관련이 있는 신경전달물질이 아세틸콜린이다. 따라서 치매 치료에는 아세틸콜린계열의 약물들이 가장 효과적인 것으로 알려져 있다. 일반적으로 약물을 사용할 때 효과와 안전성을 중요하지 고려해야 하며 부작용이 나타날 수도 있다. 치매 치료약물의 공통적인 부작용으로는 설사, 식욕 감퇴, 근육 경련 및 수면장애, 오심 등이 나타날 수 있으며 주로 초기에 나타난다.

노인들은 신체질환과 관련한 다양한 약물을 복용하고 있는 경우가 대부분이므로 약물처방시 반드시 현재 복용하고 있는 약물을 의사에게 설명해야 한다. 또한 치매가 진행될수록 약물을 복용하는 것이 정확하게 준수되기 어려울 수 있다는 점을 고려하고 필요한 대책을 마련해야 한다.

3) 치매 환자 주 돌봄제공자를 위한 개입

치매는 비가역적을 만성적을 지속되면 점차 시간이 지나면서 대부분 그 정도와 증상이 심해지는 것이 일반적이다. 따라서 치매노인과 함께 살며 돌보아야 하는 가족들의 부담은 날로 무거워지게 되고 가족구성원들이 효과적으로 대처하고 역할분담이 잘 이루어지고 적절한 치매관련 지역사회자원기관들의 도움을 받는 것이 필요하다.

따라서 주돌봄자를 포함한 치매환자가족을 대상으로 가족교육을 실시해야 한다. 미국의 Natioanl Institute on Aging에서 제안하는 알츠하이머병 보호자를 위한 교육 내용들로는 가족이 치매진단을 받았을 때, 치매환자와 대화하기, 목욕하기, 옷 입기, 식사하기, 일상생활, 운동, 수면 및 변비문제, 환각이나 망상과 같은 사고장애 대처하기, 배회증상, 가정에서의 안전, 병원 방문 등을 제시하고 있다. 이 외에도 보호자의 스트레스 관리방법정신, 가족의 역할 분담, 지역사회 활용자원들의 소개 등이 다루어져야 한다.

7. 치매노인과 가족을 지원하는 지역사회서비스

1) 치매상담센터

치매관리법 제17조에 의해 전국 시·군·구 보건소에 치매상담센터를 설치·운영하고 있다. 지역에 거주하는 만 60세 이상 치매노인과 그 가족을 대상으로 직접 상담 및 다양한 치매관련 서비스를 지원을 하고 있으며 치매전문상담인력이 제공한다(보건복지부 2015 노인복지사업안내).

제공하는 서비스 내용으로는 치매노인 간호, 가족상담, 치매노인 가족자조모임, 치매관리비지원, 배회 가능 어르신 인식표 보급, 치매예방교육 등이 있으며 치매

노인 간병 교육, 재가 치매노인에 대한 방문 및 사례관리, 치매노인을 위한 사회적 지원(장기요양보험 등)등 에 대한 정보를 제공한다.

2) 치매 조기검진사업

치매는 완치는 어렵지만 조기에 발견하여 적절히 치료할 경우 중증치매상태로의 진행을 지연시키거나 증상을 개선하는데 효과적이기 때문에 가족의 부담을 완화하고 사회경제적 비용을 절감하는데 무엇보다 조기발견이 중요하다.

전국의 치매상담센터를 방문하면 만 60세 이상 노인을 대상으로 치매 조기검진을 실시하여 치매 환자를 조기에 발견·관리함으로써 치매노인과 가족들의 삶의 질 향상에 기여하는데 사업의 목적이 있다.

- 1단계 치매선별검사
- 2단계 진단검사: 전문의 진찰, 치매척도검사, 치매신경인지검사 등
- 3단계 감별검사: CBC, 간기능검사, 갑상선 기능검사 등

3) 치매환자의료비 지원사업

치매관리법 12조에 의해 치매환지 진료비를 지원하고 있다. 대상자는 의료기관에서 치매로 진단받고 치매상담센터에 등록된 자로 전국가구평균소득 50%이하의 60세 이상 치매환자는 신청해서 지원받을 수 있다.

4) 노인돌봄종합서비스

만 65세 이상 치매 또는 중풍과 같은 노인성 질환으로 인해 독립적인 일상생활이 어려운 노인에게 노인돌보미를 파견하는 사업으로 파견된 노인돌보미는 가사 및·활동지원을 해준다. 또는 치매노인의 가정에서 주간보호서비스를 제공하는 사업이다. 주소지 주민센터로 신청하며, 대상자는 소득기준과 건강상태 두가지 기준으로 선정한다.

- 소득기준 : 가구 소득이 전국가구 평균소득의 200% 이하자로 납부하는 건강

보험료 본인부담금으로 판정

- 건강상태 기준 : 치매 또는 중풍의 노인성질환자로 최근 1년 이내에 발급된 의사진단서 첨부
- 대상자로 선정 시 방문서비스(월 27시간 또는 36시간) 및 주간보호 서비스를, 소득 및 가구의 여건과 서비스 이용시간에 따라 일부는 본인이 부담할 수도 있다.

5) 노인장기요양보험제도

- 고령이나 노인성 질환 등으로 독립적인 일상생활에 제약이 있는 노인들에게 신체활동, 가사지원 등의 서비스를 제공하여 노후 생활의 안정과 그 가족의 부담을 덜어주기 위한 사회보험제도이다.
- 소득수준과 상관없으며, 노인장기요양보험 가입자(국민건강보험 가입자와 동일)와 그 피부양자, 의료급여수급권자로서 65세 이상 노인이 신청할 수 있다. 64세 이하인 경우에도 치매 또는 중풍, 파킨슨병 등의 노인성 질환을 앓고 있다면 신청자격이 주어진다.
- 신청은 국민건강보험공단 각 지사별 장기요양센터로 한다.
- 방문조사 후 대상자로 등급판정을 받은 자에 한하여 시설급여, 재가급여, 특별현금급여 등의 서비스를 받을 수 있다.

기타 지역 내 노인복지관이나 종합사회복지관에서 운영하는 단기주간보호센터나 재가복지서비스를 통한 사례관리, 지역내 요양시설 등이 있다.

참고문헌

권용철, 박종한 (1989) 노인용 한국판 Mini-mental state examination (MMSE-K)의 표준화 연구 -제 1편: MMSE-K의 개발. 신경정신의학 28: 125-135

권중돈, 2012, 치매환자와 가족복지-환원과 통섭, 학지사

보건복지부, 2015, 노인복지사업안내

서울아산병원 건강정보 사이트 : 질환백과www.amc.seoul.kr/asan/healthinfo/

중앙치매센터 연차보고서, 2014

국제질병분류 제 10판(ICD-10), 1992, WHO

DSM-5, 2013, APA

제6장 노인복지정책의 과정과 내용

1. 노인복지정책의 개념

노인복지정책이라고 말하는 경우에, 노인복지와 정책의 합성어라고 할 수 있겠다. 여기서 고령자 복지란 급격한 고령화에 따른 노인의 4가지 고통에 대비하는 정부정책을 의미한다, 첫째는 퇴직후 수입감소로 인한 노인의 빈곤, 둘째는 노화에 따른 질병으로 인한 노인의 고통, 셋째는 역할상실에 따른 노인의 무위라는 고통, 그리고 넷째는 이러한 세가지가 결국에는 초래하는 노인의 고독과 소외에 따른 고통 등에 대한 구체적인 정부정책을 의미한다. 물론, 앞장에서 살펴본 바와 같이 저출산·고령사회의 진전에 따른 노인복지정책의 변화도 필수적일 것이다. 변화된 환경속에서 노인들이 사회의 일원으로 삶을 주도하는 당당한 노년을 누릴 수 있도록 노후 소득보장, 건강보장, 사회참여 학대 등 다양한 정책적 노력이 요구되는 시점인 것이다.

그러면, 여기서 정책이란 무엇인가? Anderson(1984)에 의하면, 정책이란 "미래지향적인 권위적인 공공기관이 내리는 방침"이라고 정의한다(Anderson, 1984;10). 이러한 정책을 연구대상으로 하는 학문이 정책학이며, 그 중에서 사회복지분야를 대상으로 한 것이 사회복지정책론이다. 오늘날을 살아가는 우리들은 누구나 국가와 지방자치단체의 사회복지정책에 관련되어서 생활하게 된다. 또한, 사회복지정책은 빈곤층, 저소득층, 그 외 계층에게 일련의 정치적인 문제들과 관련하여 어떤 것을 해 줄 것인지 아닌지의 여부와 관련되어 있다. 정책적 관점은 사회복지에서 중요한 것은 조직화, 운영관리, 서비스의 전달체계라기 보다는 오히려 정치적 갈등으로 가난과 불평등의 본질과 원인, 사회의 빈곤과 불평등에 의해 발생되는 쟁점과 이에 대한 지속적인 정치적 투쟁에 무게를 둔다(박광덕, 1998:53-58).

결국, 노인복지정책이란 "65세 이상의 노인을 대상으로 그들이 갖고 있는 욕구나 문제들을 권위있는 기관이 해결책을 제시하여 수행하여 가는 일련의 과정"이라고 할 것이다. 이러한 본저자의 개념정의에는 첫재, 대상집단, 둘째, 노인문제와 욕구, 셋째, 권위있는 기관, 넷째, 해결책을 제시하고 수행하는 과정 등의 핵심적인 요소들로 구분해 볼 수 있다. 본장에서는 고령자 복지정책의 과정과 내용을 정리함에 있어서 이와 같은 네가지의 내용을 중심으르 정리하고자 한다.

2. 노인복지정책의 대상과 노인문제

1) 노인복지정책의 대상

본서에서는 고령자라는 표현과 노인이란 표현을 함께 사용하고 있지만, 보다 일반적인 용어로는 노인이라고 할 수 있다. 노인을 지칭할 때 영어권에서는 늙은 사람이라는 의미로 사용되는 경향임에 비하여, 일본데서는 한때 실버라는 단어도 사용하였다. 이것은 아마도 회색의 머리카락에서 유래한 것으로 회색의 상징성을 활용하는 것이다. 우리나라에서는 일반적으로 나이드신 분을 할아버지, 할머니라고 성별을 구분하여 부르는 경향이었지만, 이와 더불어 어르신이라는 용어가 호칭으로 보편화되어 있다고 생각된다. 노인에 대한 개념의 구성요소로는 일반적으로 4가지 요소를 포함하는 것으로 제시되고 있는 데, 첫째는 연더기적으로 규정이며, 둘째는 생물학적으로, 셋째는 심리학적으로, 그리고 넷째는 사회적인 규정 등을 생각할 수 있다(Phillips et al., 2013). 첫 번째인 연대기적으로는 대부분의 선진국가들에서 65세 이상을 노인으로 규정해 왔는 데, 이러한 개념규정은 다소 작위적인 측면이 있으며, 국민들이 은퇴하여 연금급여를 수령하는 연령과 관련되는 것으로 생각된다. 2014년 현재 UN에서 규정한 노인에 대한 연령규정은 없으나, 대체로 60세 이상을 노령인구의 구분점으로 인정하고 있다(WHO, 2014;Roebuck,1979). 그런데, 개발도상국에서는 연대기적으로 노인을 규정하는 것 보다는 노인에 대한 사회적으로 구조화된 의미를 중시한다. 즉, 선진사회게서는 생의 단계에서 구분되는 연령적 기준을 중요시 함에 비하여, 발전도상국에서의 노인이란 "적극적인 기여가 더 이상 불가능한 시점이 시작되는 것"의 관점을 강조하는 것으로 볼 수 있다 (Gorman, 1999).

한편, 제도적 관점에서 노인의 개념을 살펴 보면, 우선 노인복지법에서는 노인에 대한 명확한 규정을 하고 있지 않다. 다만, 노인복지법 제26조의 경로우대, 제27조의 건강진단 등, 그리고 제28조의 상담.입소 등의 조치의 항에서 그 서비스의 대상을 "65세 이상의 자"라고 규정하고 있음에 비추어서 우리나라의 노인복지법에서 노인이란 "65세 이상의 자"로서 규정할 수 있겠다. 또한, 국민연금법에서는 노령연금 수급권3자를 제61조 1항에서는 "... 가입자 또는 가입자였던 자에 대하여는 60세(특수직종 근로자는 55세)가 된 때부터 그가 생존하는 동안 노령연금을 지급한다"라고 규정하고 있다. 그리고 노인장기요양보험법에서는 제2조(정의)의 제1항에서 "노인등이란 65세 이상의 노인 또는 65세 미만의 자로서 치매.뇌혈관성 질환 등 법령으로 정하는 노인성 질병을 가진 자를 말한다"라고 규정하고 있다.

한편, 노년학자들은 노인의 개념규정을 국제노년학회에서 1951년에 규정한 개념을 사용하는 경향이다. 제2회 국제노년학회에선 노인이란 "노화과정에서 나타나는 생리적·심리적·환경적 변화 및 행동의 변화가 복합적으로 상호작용하는 과정에 있는 사람"으로 규정하고 있다(안홍순, 2013:12; The 2nd International Associatio n of Gerontology, 1951).[5] 그리고 심리적 측면에서 노인의 특성을 규정하는 경우는 고령화되면서 감각기관의 기능 저하 및 상실로 인하여 인식, 성격, 정서, 그리고 행동의 변화를 동반한다는 가정에서 고령자의 능력의 변화, 성격의 변화, 위기극복 태도 등에서 나타나는 심리적 과정에 초점을 맞춘다. 또한, 사회적 관점에서 노인을 규정하는 것은 나이가 들어가면서 사회적 역할을 상실해 가능 과정에 초점을 맞춘다. 현대사회에서 노인은 지식과 기술의 변화에 적응능력이 하락한 사람, 생산능력이 하락한 사람, 사회적 환경의 변화에 적응능력이 하락한 사람 등으로 받아들여지는 것이다(안홍순, 2013: 22-36).

5) 제2회 국제노년학회에서는 노인의 특징으로 다섯가지를 들고 있는 데, 첫째는 환경의 변화에 적절한 적응할 수 있는 조직기능이 감퇴되고 있는 사람, 둘째는 생체의 자체통합능력이 감퇴되고 있는 사람, 셋째는 인체의 기관, 조직, 기능에 쇠퇴현상이 일어나는 시기에 있는 사람, 넷째는 생체의 적응능력을 점차로 잃어가는 사람, 그리고 다섯째, 조직의 예비능력이 감퇴하여 환경변화에 적응이 제대로 되지 않는 사람 등으로 제시한 바 있다(안홍순,2013:12-13).

결국, 이상의 노인에 대한 개념규정 등을 종합하여 볼 때, 우리나라 고령자 복지정책의 대상이란 "65세 이상의 자와 60세 미만 중에서 개별 법령이 규정하는 자"라고 할 것이다.

2) 정책문제로서의 노인문제

(1) 노인욕구와 노인문제

오늘날의 노인들이 직면하는 노인문제는 Maslow의 욕구 5단계에 근거하여 보면, 생리적 욕구로서의 빈곤문제, 안전욕구로서의 건강문제, 사회적 욕구와 존경욕구로서의 차별의 문제와 소외와 고독문제, 그리고 자아실현욕구르서의 역할상실 문제 등으로 유형화하기도 하지만(현외성외, 2001:25), 저자는 노인의 문제를 세가지의 고통의 문제로 정리하고자 한다. 소위 노인의 삼고현상으로 첫째는 경제적인 어려움에 따른 고통이며, 둘째는 신체적인 건강문제이고, 그리고 셋째는 외로움의 고통을 들고자 한다. 우리나라 통계청은 2년마다 사회조사를 실시하여 오고 있는데, 가장 최근에 실시한 2013년의 사회조사결과에 의하면, 다음의 <그림 6-1>에서 볼 수 있듯이 우리나라 노인들이 인식하는 노인문제로는 첫 번째가 경제적인 어려움이며, 둘째는 건강문제, 셋째는 일할 수 있음어도 일거리를 못 찾는 문제, 그리고 넷째는 소외와 외로움의 문제 등을 들고 있다(통계청, 2013).

[그림 6-1] 노인이 인식하는 문제

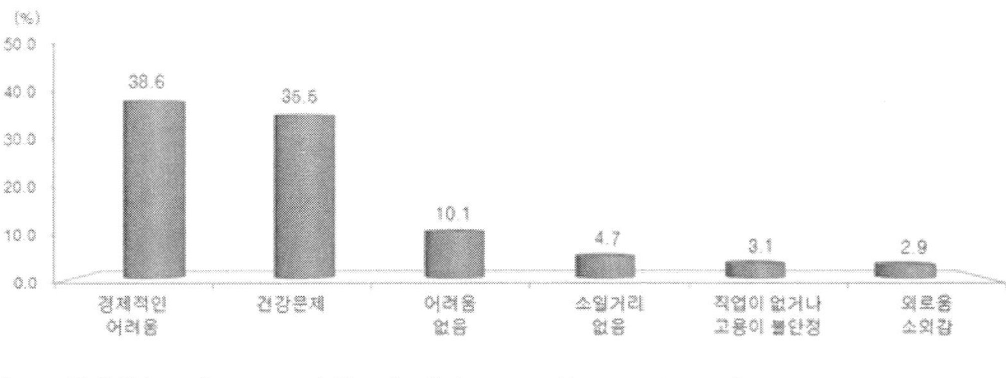

자료: 통계청(2013). 2013 사회조사 결과. http://kostat.go.kr/

따라서, 현재 우리나라의 정부정책도 대체적으로 이러한 노인문제의 유형화에 대응하고 전개되고 있다고 볼 수 있다. 여기서는 각각의 노인문제에 대하여 간략히 정리하고자 한다.

① 노인빈곤의 문제

노년기의 생활이란 과거의 삶의 조건과 개인적인 경력, 그리고 사회적 자원들이 상화결합되어 나타난다. 경제적으로 안정된 노인은 나이들어서도 자신에게 알맞은 취미생활과 여가활동을 즐길 수 있음에 비하여 빈곤노인들은 국민최저생활의 수준에도 미치지 못하는 어려운 여건에 있을 수 있다. 특히, 우리나라의 경우에는 공적연금제도가 아직 성숙하지 못하였기 때문에 노령연금을 받는 노인들의 비율이 매우 낮다. 여기에 저출산·고령사회로의 진입으로 인하여 국민의료비의 급증, 특히 노인의료비의 급증으로 인한 노인빈곤의 심화가 우려되는 상황이다. 또한, 고령사회에서의 특징 중의 하나가 여성노인이 남성노인에 비하여 많다는 것인 데, 여성노인의 경우에는 남성 노인에 비하여 교육의 기회도 많이 갖지 못하였으며, 경제활동에서도 대체로 배제되어 왔다. 이는 연금제도에의 편입이 거의 이루어지지 못하였음을 의미하며 여성노인의 빈곤율이 상대적으로 남성노인의 빈곤율 보다 매우 높은 것을 예측하게 해 준다. 이는 2011년 통계청이 실시한 사회조사결과에서도 그대로 나타나서, 남성 노인에 비하여 여성노인의 경우가 자녀 또는 친척 지원에 의하여 생활비를 마련하는 비율이 2배 이상 높은 것으로 나타났다. 또한, 여성노인에 비하여 남성노인의 경우가 본인 및 배우자 부담으로부터 생활비를 마련하는 비율이 20% 이상 높은 것을 알 수 있다(통계청, 2013).

② 노인의 건강문제

앞에서 노인의 개념규정에서 언급하였듯이 노인이란 노화과정에 있는 사람을 의미한다. 여기서 노화과정에는 단계가 있으며 일반적으로 세가지 단계를 의미한다. 우선 첫 번째의 노화단계는 정상적인 노화로서 모든 생물에게 나타나며 점진적인 특징으로 나타난다. 물론, 개인차가 있으며, 동일인에게도 신체 부분에 따라서 노화과정이 다르게 나타날 수 있다. 두 번째 단계는 대부분의 사람에게 나타나지만 보편적이거나 불가피한 것이 아닌 경우이며, 세 번째 단계는 생의 마지막 단계에서의 노화로서 급속한 진행과정을 보인다. 우리가 말하는 소위 좋은 죽음이란 오랜 기간동안 이루어지는 일차적 노화과정을 거친 뒤에 85세 이후 후기노년기를 거치면서 급격한 노화를 통해 짧은 기간의 삼차적 노화를 경험하는 것을 의미한다(양옥남외 3인공저, 2014;122). 그리고 이러한 노화로 인하여 질병이 발생하며, 인간발달단계에 따른 노년기에는 노화와 질병을 구븐하기 어려운 것이다. 즉, 고령화에 따른 노화현상인지, 질병인지를 구분하기 어려우며 흔히 혼돈된다. 따라서 우리는 노인성 질병과 노화로 인한 질병으로 구분할 필요성이 있다. 여기서 노인성 질환이란 고혈압, 당뇨, 관절염, 만성폐질환 등과 같은 만성질병을 들 수 있다. 반면에 노화로 인한 질병이란 노인성 난청, 노안 및 백내장, 뇌졸중, 노인성 골다공증, 그리고 치매 등을 들 수 있겠다(안홍순, 2013:181).

한편, 노인의 질환 중 가장 대표적인 것이 치매인 데. 치매란 "퇴행성 뇌질환 또는 뇌혈관계 질환 등으로 인하여 기억력, 언어능력, 지남력, 판단력 및 수행능력 등의 기능이 저하됨으로써 일상생활에서 지장을 초래하는 후천적인 다발성 장애라고 노인복지법에서 규정하고 있다(노인복지법 제1조의 2). 일반적으로 전체 치매노인의 50-60%를 차지하는 것이 알츠하이머형 치매이며, 다음으로 혈관성 치매가 전체 치매의 약 20%를 차지하고 있다. 알츠하이머형 치매는 뇌 단백질 이상 때문에 발생하며, 뇌혈관성 치매는 고혈압, 뇌동맥 경화증, 당뇨병 등에 의한 뇌혈관 장애로부터 기인하는 것으로 알려져 있다(원석조, 2013:83).

③ 노인의 외로움 문제

노인은 외롭다. Cumming and Henri(1961)에 의하여 제안된 분리이론은 사회가 노인을 유리시키고 다음에는 노인이 사회로부터 분리되는 과정을 설명한다. 이러

분리이론은 사회가 사회적 기능수행에 필요한 사람들의 자격요건을 제한하는 사회적 분리를 제도적으로 실시함으로써 사회 전체의 기능을 원활하게 하고 사회 전체를 안정하게 유지할 수 있다는 것이다. 그러나, 분리이론은 제한된 집단에 대한 통계적 분석을 통하여 역사와 문화적 영향이라 노인 개개인의 생활경험의 차이나 개인적 특성 차이에 대한 고려없이 이론을 일반화하려 하였다는

점에서 비판을 받았다(Belsky, 1990; 양옥남외 3인공저, 2014:22 재인용). 그러나, 아델만은 사회와 분리되지 않고 지속적으로 관계를 맺은 노인들은 커밍의 이론에 따르면 불행하여야 하지만, 오히려 건강하고 만족스런 노년기를 보낸다고 주장하였다[6].

우리는 노인의 외로움 문제와 관련하여 노인의 우울증과 자살문제, 그리고 노인학대와 노인차별 등의 문제를 관련 문제로 함께 논의해 볼 수 있겠다.

가. 노인 우울과 노인 자살

세계인구는 고령화되고 심장발작, 신경퇴행적 질병과 같은 노령관련 신경학적 질병의 유병률(prevalence)은 지속적으로 증가하고 있다. 이들 질병등은 운동근육기능의 손상 뿐만 아니라 우울증과 같은 비신경적 부조화의 발달에게로 이끌게 된다. 인생이 후반기에 있어서 치매와 우울증은 많은 질병생리학적 (pathophysiological), 병리학적(pathological), 그리고 임상적 특징(clinical features)을 공유하게 된다. 65세 이후의 우울증으로 정의되는 인생후반기 우울증은 주로 인지적 변화(cognitive change)와 기억력 손상(memory impairment)과 관련된다. 한편, 치매는 주로 분위기와 행태적 변화로 나타나는 데, 주로 동정적이고 우울적인 증상으로 나타난다(Abdel-Rahman (ed),2014: vii). 노인에게 나타나는 우울증상은 고독감, 애정박탈감 등에 초점을 맞출 수 있다. 배우자와 사별한 경우, 우울증상이 급격히 확산되어 자살로까지 이러지는 경우도 있다. 즉, 우울증은 그 자체로서의 문제이지만 노인자실의 가장 큰 원인이라는 점에서 주목하지 않을 수 없다. 또한 노인의 우울은 건강상태와 관련있다고 볼 수 있다. 특히, 만성질환을 있는 경우에는 우울수준이 더 높은 것으로 확인되고 있다. 그리고 사회적 지지는 노인의 우울수준을 경감시키는 요인으로 연구자들에 의하여 보고되었으며, 자아 통제감의 저하도 우울증과 관련성이 높은 것으로 보고 되고 있다(김미혜 외, 2001:320; (윤현숙·구본미, 2009:305-306; 원석조, 2013: 100-102).

---

6) 분리이론을 주장한 Cumming and Henri(1961)은 개인의 성격차이와 초기의 생활경험의 자치에 따라서 노년기에 개인적. 사회적 분리에 대한 개인의 반응에 차이가 있음을 인정하고, 반드시 사회적 분리를 긍정적으로 받아들이는 것만이 노년기의 성숙한 사회화의 목표라는 초기의 견해를 수정하였다(양옥남 외 3인공저, 2014:45).

나. 노인학대

우리나라 노인복지법은 노인학대를 "노인에 대하여 신체적, 정신적, 정서적, 성적 폭력 및 경제적 착취 또는 가혹행위를 하거나 유기 또는 방임을 하는 것"으로 규정하고 있다. 노인학대를 보다 구체적으로 언급하면, 신체적 학대, 정서적.심리적 학대, 언어적 학대, 성적 학대, 재정적. 물질적 착취, 자기방임 등을 생각해 볼 수 있겠다. 이 중에서 방임의 경우에는 적극적 방임과 소극적 방임, 적극적 자기방임, 그리고 소극적 자기방임 등으로 구분할 수 있다. 우선, 적극적 방임이란 의도적으로 서비스나 돌봄을 제공하지 않는 것임에 비하여, 소득적 방임은 노인을 혼자 있게 하거나, 고립시키거나, 존재조차를 잊어 버리는 경우, 또는 돌봄 제공자가 비의도적으로 적절한 보호를 하지 않거나 방치함으로써 결과적으로 노인이 신체적, 정신적 고통이나 건강의 악화를 초래한 경우 등을 말한다. 다음으로 적극적 자기방임은 본래 자기가 해야 할 신변의 청결, 건강관리, 가사 등을 할 수 있음에도 스스로 포기하여 심신의 건강에 문제가 발생하는 것을 말한다. 예로서, 스스로 의도적으로 식사와 수분을 섭취하기 않거나 질병으로 인한 식사제한을 지키지 않거나 필요한 치료와 약 복용을 중지한 결과 건강상태가 악화된 경우 등을 생각할 있겠다. 한편, 소극적 자기방임은 기본적인 일상생활을 본인의 체력, 지식, 기능의 부족 또는 어떤 사정으로 인해 본인도 모르게 못하게 된 결과, 신체 및 심리적 기능에 문제가 발생한 경우라 할 것이다(원석조, 2013:74-76).

다. 노인의 차별문제

노인을 어떻게 대할 것인가를 생각하는 경우 우리가 갖고 있는 개인적인 가정, 기대, 그리고 점차 고령화가 되는 것에 대한 두려움 등 관련된 다양한 요소들의 영향을 받게 될 것이다. 고령화에 대한 두려움은 일반적으로 노화과정에 대한 이해부족에 근거한다. 불행하게도 많은 사람들이 노인은 부담이 된다는 것을 의미하는 것으로 생각하며 노인이란 육체적 장애와 건강문제 등으로 고통, 빠르게 분명한 사고의 불가능, 그리고 인생에서 부정적인 외모를 갖는 것 등을 의미하는 것으로 받아들인다. 이들 부정확한 가정은 바로 ageism의 사례들인 데, Ageism은 나이를 먹어서 노인인 사람들에 대한 차별(discrimination)과 체계적인 식별(systemic labeling)인 것이다. Ageism은 고령화에 대한 신화로서 편견에 근거한다. 그리고 고령자들에 대한 부정적인 이미지를 불러오는 것들이다. Ageism은 성별에 있어서 차별, 인종차별 등과 같이 일종의 노인에 대한 차별적 용이이다. Ageist의 사고는 사회에 대하여 차별적이며 기회의 제한, 예를 들어 고용과 직장 차별 등과 같은 것으로 귀결될 수 있으며, 고령자들이 자원에 접근하는 기회, 예를 들어 요양보호 등과 같은 서비스를 제한할 가능성이 있다. 이러한 것들에 있어서 가장 나쁜 형태가 Ageism이 노인학대(elder abuse), 노인방임(elder neglect), 그리고 노인혹사(elder mistreatment) 등으로 나타나는 경우이다.

노인차별주의자들의 말은 노인을 소위 편견으로서 그 역할 또는 범주를 규정하는 것이다. 예를 들어, 노인은 때때로 방식과 태도에서 노망스럽고 심술스러운 것으로 특성을 묘사하며, 새로운 사상을 받아들이고 새로운 기술을 배우는 데 느린 것으로 생각될 수 있다. 유사하게 노인은 또한 괴팍하거나 지나치게 행복한 것으로 보여질 수도 있다. 젊은 세대가 자신들의 가족과 공동체에 투영되어 있는 편견으로서 노인차별자들을 보게 될 때, 그들도 노인차별자들의 사고와 실태를 그대로 따라하게 될 가능성이 있으며, 이것은 그들 젊은 세대에게 노인은 다르며 아마도 존경과 친절함에서 보다 떨어진다는 것을 믿도록 하는 방향으로 잘 못 이끌게 될 것이다.

노인차별주의자들의 태도는 사회의 모든 측면에 침투되어 있다. 특별히 금전이 관련되어 있는 분야에서 뚜렷하다. 우선적으로 노인은 욕심이 많은 괴상한 사람이라는 부정적인 이미지는 미국에서 1988년 잡지 The New Public의 3월호 표면화되었다. 3월호에서는 노인은 금전적, 사회적 편익에서 부유한 것으로 묘사되었으며, 여전히 빈곤한 사람들이나 필요한 어린이들에게 제공되어야만 하는 공적비용, 예로서 사회보장 등과 같은 것에서 열심히 욕심을 내는 것으로 묘사된 것이다. 그러나, 노인은 그들의 생애 직장생활 동안에 사회보장에 비용을 비불하였다는 사실을 인식하여야만 하며, 그 대가를 받을 충분한 가치가 있는 것이다. 지난 50여년 동안 미국에서는 노인에 대한 이러한 차별적 태도가 공공 교육과 인식의 발전, 그리고 OAA, 언론의 관심, 그리고 TV와 영화에서의 보다 긍정적인 역할 모델의 모습 등에 힘입어서 점진적으로 개선이 되어 왔다. 그러나, 노인차별주의자들의 그 저변에 있는 예를 들어, 여전히 노인을 공적 자원에 대한 유출구로서 생각하는 것을 뒤집는 데까지는 이르지 못하고 있다고 생각된다(Robnett and Chop,2015:20-21).

한편, 노인은 동질적인 집단이 아니다. 모두 동일하게 생각하고 비슷한 외양을 가진 집단이 아닌 것이다. 노인들은 젊은이들 만큼 개별적이고 특이하다. 노인들에 대한 동질적인 가정과 일반화를 만들어 내는 것은 단순히 신화와 같이 계속적인 존재가 있을지도 모른다. 다음의 〈표 6-1〉의 진술들은 노인차별을 증진시키는 신화들의 예들이다. 여기의 진술들이 일부 개인들에게는 정확할 수 있을지라도 노인집단 전체에 대하여는 사실이 아닌 것이다. 즉, 다음의 〈표 6-1〉은 노인에 대한 잘못된 생각들을 보여주는 것이다.

〈표 6-1〉 노인에 대한 편견들

신화1: 노인은 매우 부자이거나 가난하다.
신화2: 노인은 노망이 나는 데, 기억력이 불완전하거나 또는 방향감각을 잃어가 또는 실성한 사람이다.
신화3: 노인은 성관계에 관심도 없을뿐더러 능력도 갖고 있지 못하다.
신화4: 노인은 그들의 생활의 상태가 보잘 것 없으며 불행하다.
신화5: 노인은 매우 종교적이다.
신화6: 노인은 변화에 적응할 수 없다.
신화7: 노인은 새로운 것을 배울 수 없다.
신화8: 노인은 요양원에서 생활하기를 원한다.
신화9: 노인은 옷에다 오줌을 싼다.
신화10: 노인은 상당히 멋을 내는 경향이 있다.

자료:(Robnett and Chop, 2015:21)

3. 노인복지정책과 정책과정

노인복지정책이라고 말하는 경우에, 노인복지와 정책의 합성어라고 할 수 있겠다. 여기서 고령자 복지란 급격한 고령화에 따른 노인의 4가지 고통에 대비하는 정부정책을 의미한다, 첫째는 퇴직후 수입감소로 인한 노인의 빈곤, 둘째는 노화에 따른 질병으로 인한 노인의 고통, 셋째는 역할상실에 따른 노인의 무위라는 고통, 그리고 넷째는 이러한 세가지가 결국에는 초래하는 노인의 고독과 소외에 따른 고통 등에 대한 구체적인 정부정책을 의미한다. 물론, 앞장에서 살펴본 바와 같이 저출산·고령사회의 진전에 따른 노인복지정책의 변화도 필수적일 것이다. 변화된 환경속에서 노인들이 사회의 일원으로 삶을 주도하는 당당한 노년을 누릴 수 있도록 노후 소득보장, 건강보장, 사회참여 학대 등 다양한 정책적 노력이 요구되는 시점인 것이다.

그러면, 여기서 정책이란 무엇인가? Anderson(1984)에 의하면, 정책이란 "미래지향적인 권위적인 공공기관이 내리는 방침"이라고 정의한다(Anderson,1984;10). 이러한 정책을 연구대상으로 하는 학문이 정책학이며, 그 중에서 사회복지분야를 대상으로 한 것이 사회복지정책론이다. 오늘날을 살아가는 우리들은 누구나 국가와 지방자치단체의 사회복지정책에 관련되어서 생활하게 된다. 또한, 사회복지정책은 빈곤층, 저소득층, 그 외 계층에게 일련의 정치적인 문제들과 관련하여 어떤 것을 해 줄 것인지 아닌지의 여부와 관련되어 있다. 정책적 관점은 사회복지에서 중요한 것은 조직화, 운영관리, 서비스의 전달체계라기 보다는 오히려 정치적 갈등으로 가난과 불평등의 본질과 원인, 사회의 빈곤과 불평등에 의해 발생되는 쟁점과 이에 대한 지속적인 정치적 투쟁에 무게를 둔다(박광덕,1998:53-58).

결국, 노인복지정책이란 "65세 이상의 노인을 대상으로 그들이 갖고 있는 욕구나 문제들을 권위있는 기관이 해결책을 제시하여 수행하여 가는 일련의 과정"이라고 할 것이다. 이러한 본저자의 개념정의에는 첫째, 대상집단, 둘째, 노인문제와 욕구, 셋째, 권위있는 기관, 넷째, 해결책을 제시하고 수행하는 과정 등의 핵심적인 요소들로 구분해 볼 수 있다. 본장에서는 고령자 복지정책의 과정과 내용을 정리함에 있어서 이와 같은 네가지의 내용을 중심으로 정리하고자 한다.

1) 노인복지정책의 대상

본서에서는 고령자라는 표현과 노인이란 표현을 함께 사용하고 있지만, 보다 일반적인 용어로는 노인이라고 할 수 있다. 노인을 지칭할 때 영어권에서는 늙은 사람이라는 의미로 사용되는 경향임에 비하여, 일본에서는 한때 실버라는 단어도 사용하였다. 이것은 아마도 회색의 머리카락에서 유래한 것으로 회색의 상징성을 활용하는 것이다. 우리나라에서는 일반적으로 나이드신 분을 할아버지, 할머니라고 성별을 구분하여 부르는 경향이었지만, 이와 더불어 어르신이라는 용어가 호칭으로 보편화되어 있다고 생각된다. 노인에 대한 개념의 구성요소로는 일반적으로 4가지 요소를 포함하는 것으로 제시되고 있는 데, 첫째는 연대기적으로 규정이며, 둘째는 생물학적으로, 셋째는 심리학적으로, 그리고 넷째는 사회적인 규정 등을 생각할 수 있다(Phillips et al., 2013). 첫 번째인 연대기적으로는 대부분의 선진국가들에서 65세 이상을 노인으로 규정해 왔는 데, 이러한 개념규정은 다소 작위적인 측면이 있으며, 국민들이 은퇴하여 연금급여를 수령하는 연령과 관련되는 것으로 생각된다. 2014년 현재 UN에서 규정한 노인에 대한 연령규정은 없으나, 대체로 60세 이상을 노령인구의 구분점으로 인정하고 있다(WHO, 2014;Roebuck,1979). 그런데, 개발도상국에서는 연대기적으로 노인을 규정하는 것 보다는 노인에 대한 사회적으로 구조화된 의미를 중시한다. 즉, 선진사회에서는 생의 단계에서 구분되는 연령적 기준을 중요시 함에 비하여, 발전도상국에서의 노인이란 "적극적인 기여가 더 이상 불가능한 시점이 시작되는 것"의 관점을 강조하는 것으로 볼 수 있다(Gorman, 1999).

한편, 제도적 관점에서 노인의 개념을 살펴 보면, 우선 노인복지법에서는 노인에 대한 명확한 규정을 하고 있지 않다. 다만, 노인복지법 제26조의 경로우대, 제27조의 건강진단 등, 그리고 제28조의 상담.입소 등의 조치의 항에서 그 서비스의 대상을 "65세 이상의 자"라고 규정하고 있음에 비추어서 우리나라의 노인복지법에서 노인이란 "65세 이상의 자"로서 규정할 수 있겠다. 또한, 국민연금법에서는 노령연금 수급권3자를 제61조 1항에서는 "... 가입자 또는 가입자였던 자에 대하여는 60세(특수직종 근로자는 55세)가 된 때부터 그가 생존하는 동안 노령연금을 지급한다"라고 규정하고 있다. 그리고 노인장기요양보험법에서는 제2조(정의)의 제1항에서 "노인등이란 65세 이상의 노인 또는 65세 미만의 자로서 치매.뇌혈관성 질환 등 법령으로 정하는 노인성 질병을 가진 자를 말한다"라고 규정하고 있다.

한편, 노년학자들은 노인의 개념규정을 국제노년학회에서 1951년에 규정한 개념을 사용하는 경향이다. 제2회 국제노년학회에선 노인이란 "노화과정에서 나타나는 생리적 · 심리적 · 환경적 변화 및 행동의 변화가 복합적으로 상호작용하는 과정에 있는 사람"으로 규정하고 있다(안홍순, 2013:12; The 2nd International Associatio n of Gerontology, 1951).[7] 그리고 심리적 측면에서 노인의 특성을 규정하는 경우는 고령화되면서 감각기관의 기능 저하 및 상실로 인하여 인식, 성격, 정서, 그리고 행동의 변화를 동반한다는 가정에서 고령자의 능력의 변화, 성격의 변화, 위기극복 태도 등에서 나타나는 심리적 과정에 초점을 맞춘다. 또한, 사회적 관점에서 노인을 규정하는 것은 나이가 들어가면서 사회적 역할을 상실해 가능 과정에 초점을 맞춘다. 현대사회에서 노인은 지식과 기술의 변화에 적응능력이 하락한 사람, 생산능력이 하락한 사람, 사회적 환경의 변화에 적응능력이 하락한 사람 등으로 받아들여지는 것이다(안홍순, 2013: 22-36).

결국, 이상의 노인에 대한 개념규정 등을 종합하여 볼 때, 우리나라 고령자 복지정책의 대상이란 "65세 이상의 자와 60세 미만 중에서 개별 법령이 규정하는 자"라고 할 것이다.

2) 고령자 복지정책과정

고령자 복지정책의 정책과정도 일반적인 정책과정과 크게 다를 수 없다. 왜냐하면, 거시적 과정은 중앙정부와 국가차원의 거시적 정책과정을 말하고 있기 때문이다. 일반적으로 정책과정은 사회내의 과정의 결합으로 되어 있다. 이것은 현실세계에서는 매우 복잡하여서 확실하게 구분하기 어려우며, 단순하고 명확하게 구분되는 것도 아니다. 다만, 논리적으로 구분하여 보면, 대부분의 정책학자들은 다음의 [그림 6-2]와 같은 정책순환과정을 제시한다(박광덕, 1998: 66-85).

① 제1단계: 노인복지정책의 의제형성단계

이 단계에서는 노인복지의 이슈가 입법부, 행정기관과 같은 정부기관에 의하여

7) 제2회 국제노년학회에서는 노인의 특징으로 다섯가지를 들고 있는 데, 첫째는 환경의 변화에 적절한 적응할 수 있는 조직기능이 감퇴되고 있는 사람, 둘째는 생체의 자체통합능력이 감퇴되고 있는 사람, 셋째는 인체의 기관, 조직, 기능에 쇠퇴현상이 일어나는 시기에 있는 사람, 넷째는 생체의 적응능력을 점차로 잃어가는 사람, 그리고 다섯째, 조직의 예비능력이 감퇴하여 환경변화에 적응이 제대로 되지 않는 사람 등으로 제시한 바 있다(안홍순, 2013:12-13).

처리되어질 문제로 되는 것을 의미한다. 즉, 정부활동을 필요로 하는 대중들의 요구에 따른 정책문제의 확인 및 정부가 대응하기로 한 노인문제를 의미한다. 이러한 정책의제형성단계에서 활약하는 정책참여자는 대통령, 국회의원, 고급행정관료를 포함한 행정기관 등 공식적 정책참여자(official policy actors) 뿐만 아니라, 대한노인회와 같은 이익집단, 정당, 언론기관 등 비공식적 정책참여자(unofficial policy participants)의 역할도 대단히 중요하다. 특히, 미국과 영국, 일본 등에서는 노인복지정책과 관련하여 공식적 정책참여자들은 회부의 정책전문가와 전문가공동체(professional communities)를 형성하여 정책의제형성과 정책입안 등에서 중요한 역할을 하고 있다.

② 제 2단계: 노인복지정책의 결정과정

이 단계는 정책결정단계로서 정책대안형성(policy alternatives making)과 정책결정(policy decision)의 두단계로 구분할 수 있다. 정책대안형성단계는 선정된 노인복지정책의제에 대응하여 정부의 대응방안을 구체화하는 단계로서, 정책과정의 참여자 중에서 행정관료인 보건복지부, 그리고 관련 국책연구기관인 한국보건사회연구원의 역할이 가장 큰 역할을 하는 단계이다. 또한, 정책결정단계는 입안된 정책대안에 대하여 결정권한은 갖는 공식적인 정책결정권자가 하나의 대안을 결정하는 단계를 의미한다. 그런데 이러한 정책의제형성단계와 정책입안단계는 행정부내에서 정책이 기획, 입안되는 경우 대체로 동시에 진행이 된다. 어떤 노인복지정책과제를 발견하였을 경우, 중앙부처의 과장은 부하에게 대응책의 검토를 명령하게 되고, 이 순간부터 정책입안의 준비작업도 실질적으로 시작된다. 구체적으로 정책결정은 법규, 행정명령, 사법부 판결, 예산, 지출금, 행정규칙과 행정규제 등의 모습으로 나타나게 된다. 이러한 정책방향을 결정하는 데는 대통령과 의회, 법원의 판결, 언론보도 등의 정책표명과 행동 등이 커다란 영향을 미치게 된다.

③ 제 3단계: 노인복지정책의 집행단계

이 단계는 정책집행단계로서 정부기관의 활동과 정부예산의 투입을 통하여 정책목표를 달성을 추진하여 가는 과정이다. 아무리 훌륭한 정책이라고 하여도 존재하는 것만으로는 의미가 없으며, 정책은 집행되어야 한다. 이 단계에서는 공무원들의 역할이 매우 크다. 또한 정책목표를 위하여 행정기관과 고객인 주민의 욕구와 자원, 그리고 필요성에 대응하여 정책이 수정되는 단계이기도 하다. 실제로 노인복지정책의 많은 문제들은 노인복지정책이 결정된 후 집행과정에서 발생한다. 앞에서 언급한 대로, 정책집행은 정책목표를 달성하기 위한 계획된 모든 활동을 포함한다. 첫째, 새로운 정책을 수행하기 위하여 새로운 기관을 창설, 조직하거나 기존조직이나 사람에게 새로운 책임을 부여하는 일, 둘째, 정책이 행동으로 나타나게 하기 위한 지시, 규칙, 규정 및 지침을 만드는 일, 셋째, 정책목표의 성취를 위하여 인력과 경비를 지시하고 조정하는 일 등이 그것이다. 대체로 정책결정과 집행 사이에는 크고 작은 차이가 있게 마련이다. 따라서, 성공적 정책집행의 장애로서 우리는 몇가지를 생각해 볼 수 있다.

우선, 효과적인 정책집행의 첫 번째 요건은 의사전달로서 정책을 운영하는 사람들이 무엇을 해댜 할 것인가를 정확하게 알아야 한다. 모호하고 모순된 지시는 혼란과 좌절을 초래한다. 일반적으로 정책의 집행과정이 분권화되면 될수록, 그리고 집행과정의 단계가 많으면 많을수록 정책이 정확하고 일관되게 전달될 가능성은 줄어든다. 한편, 행정부와 의회, 그리고 자치단체의 장들은 의도적으로 정책을 모호하게 하기도 한다. 어떤 문제를 해결하려고 노력한다는 상징적인 모습이 필요하지 명확한 법안에는 관심이 없을 수도 있다.

둘째, 정책자원의 문제로서 정책지시가 명확하다고 하여도 행정인에게 정책수행에 필요한 자원이 부족하다면 정책집행은 실패하게 된다. 특별히 노인복지정책을 포함한 사회복지정책에는 정책자원이 매우 중요한 데, 자원에는 업무를 수행하는데 필요한 적정한 기술을 갖춘 인력과 문서상의 내용과 규정을 실제적인 공공서비스로 실현시키기 위하여 필요한 권한, 그리고 시설들을 포함한다.

셋째, 태도로서, 가령 행정인들과 입법인, 그리고 일선에서 서비스를 제공하는 민간의 정책담당자들이 정책에 공감한다면 당초의 정책결정자의 의도대로 정책이 수행될 수 있을 것이다. 그러나 각각의 태도와 지향점이 다르다면 집행과정이 복잡하게 된다. 왜냐하면, 행정인들은 정책집행시에 언제나 재량권을 가지기 때문에 프로그램이 목표를 달성할 수 있느냐는 상당부분 이들의 태도에 달려 있다. 이와 관련하여 복지포퓰리즘(welfare populism)과 복지관료주의(welfare bureaucracy)의 폐해가 지적되는 경우가 많다. 정치권은 유권자의 ㅁ-음을 얻기 위해 집행을 염두해 두지 않고, 복지정책을 확대시키는 경향임에 비하여, 집행인들은 적정자격요건을 해석하는 공무원들의 태도에서 문제를 보인다는 것이다.

④ 제 4단계: 노인복지정책의 평가단계

노인복지정책이 잘 조직화되고 예산이 뒷받침되어서 효율적으로 운영되고 있으며 정치적으로도 평판이 좋다고 하여도 우리는 이들 정책이 과연 사회에 어떤 편익을 가져다 주었는지 또는 정책의 비용과 사회편익간에는 어떤 관계가 있는가라는 의문은 여전히 남는다. 투입된 비용과 인력으르 우리 사회에 더 큰 편익을 가져다 줄 다른 사업을 할 수는 없었는가 등의 의문을 가질 수 있다. 그러나, 대부분 정부의 노인복지정책에 대한 평가는 이러한 의문에 시원한 대답을 해 주지 못한다. 엄청난 예산이 투입된 활동들에 대하여도 그 결과와 효과는 측정되어서 우리들에게 알려지지 않는다. 따라서, 우리는 노인복지정책과 사업을 수행한 후에는 미시적이며, 거시적인 관점에서 정책목표의 달성도와 집행과정의 점검, 그리고 정책영향의 평가 등을 필요로 하는 것이다. 이러한 정책평가의 결과, 우리는 객관적인 정보를 갖게 되고 현명한 예산분배와 프로그택의 계속적 수행여부에 대한 판단의 근거를 갖게 되는 것이다. 좋은 결과를 산출한 프로그랟들은 확대될 것이고, 그렇지 않는 프로그램들은 중지 혹은 과감한 수정이 내려지게 된다.

일반적으로 노인복지정책의 평가는 다음과 같은 일련의 과정을 거친다. 첫째 노인복지정책의 모든 목표를 확인하고, 둘째 이들 묵표들의 수행과정을 사정할 측정방법을 설계하고, 셋째 프로그램의 대상집단에 더한 상황과 집단을 확인한다. 그리고 넷째 그 노인복지정책으로 인한 간접적으로 혜택을 받을 수 있는 비대상집단을 확인한다. 다섯째는 가능한 장기적 시각에서 그 노인복지정책이 대상집단과 비대상집단에 미치는 효과를 평가한다. 여섯째 느인복지정책에 할당된 모든 자원을 정책의 비용으로 인식하여 측정하며, 기회비용을 포함한 정책의 모든 간접비용을 확인하고 평가한다. 따라서 정책평가는 크게 두 가지 유형의 평가로 구분되는데, 과정평가와 총괄평가 또는 영향평가가 그것이다. 과정평가에서는 주로 정책집행과정에서 정해진 절차대로 집행되었는지 그리고 정책대상집단에 정확하게 서비스가 도달되었는지를 사정한다. 반면에 총괄평가에서는 정책목표의 달성도와 정책의 영향에 주목한다. 여기서 중요한 것은 정책산출과 정책영향과 혼돈하지 말아야 한다. 정부활동의 측면에서 편익을 측정하기 보다는 서비스 수혜자의 입장에서 정부활동에 대한 영향의 실제측정치를 분석해 낼 수 있어야 한다. 예로서, 노인 1인당 서비스비용, 노인급식의 전달된 양, 노인상담의 횟수 등도 중요하지만, 그런 정부활동을 통하여 정책대상집단의 욕구가 해결되었는지 또는 정책목표의 달성의 정확히 측정해 낼 수 있는 지표설정에 주목하여야 한다. 이러한 관점에서 2000년대 이후에는 성과평가와 논리모형이 등장하여 정책산출 이후의 과정에 주목하고 있다.

3) 성과평가와 논리모형(logic model)

1990년대까지 정부의 업무평가방식은 정책과 사업에 대한 깊은 분석을 요구하지 않았다. 오로지 관심사는 집행실적과 사업의 진도에 있었으며, 심사분석을 통하여 목표대비 실적 분석을 하는 간단한 진도분석을 주로 하였다. 그러나, 1990년대 후반부터 도입된 신공공관리론(NPM: New Public Management)에 따라서, 정부업무의 효율성과 효과성을 확보가 중요한 이슈로 등장하였으며, 따라서 정책과 사업에 대한 체계적이고 종합적인 과학적 분석의 필요성이 대두되게 되었다. 그리고 이러한 정부정책과 사업의 성과관리를 위하여 등장한 것이 논리모형인 것이다. 이러한 논리모형은 정부사업과 정책에 대하여 체계적이고도 논리적인 분석의 틀을 제공해 주게 되었다.

다음의 [그림 6-2]는 논리모형을 보여주고 있다.

[그림 6-2] 확장된 체제 모형= 논리모형

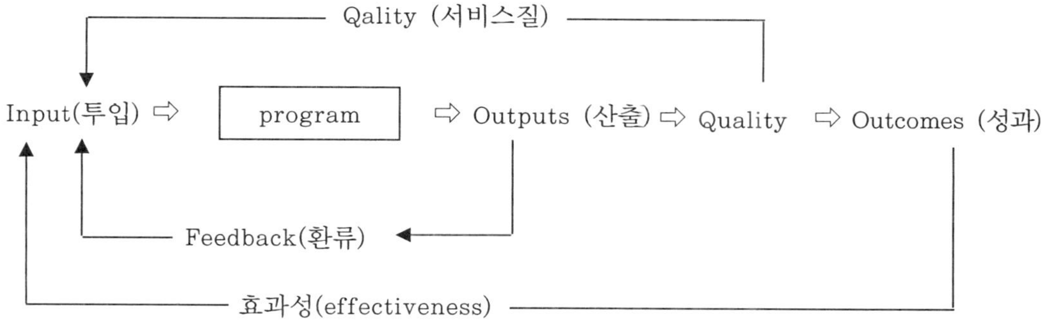

자료: Martin and Kettner, 2010:5

상기의 [그림 6-2]에서 볼 수 있듯이, 논리모형은 확장된 체제모형이라고 할 수 있는 데, 산출이후의 서비스 질과 장기적인 정책의 성과에 초점을 두는 모형이다. 이것을 우리는 정책의 효과성이라고 한다. Martin and Kettner는 성과측정을 기본적인 체제모형에서 확장된 체제모형을 추구하는 것이라고 하면서 기존의 체제모형에서 중시되었던 능률성에서 한 걸음 더 나아가서 서비스 질과 정책의 효과성에 대한 자료와 정보를 수집하고 제시하는 과정이라그 규정하였다(Martin and Kettner, 2010:4). 여기서 서비스의 질(service quality0이란 하나의 서비스의 질적 기준(quality standard)을 충족한 비율로서 시간적 적절성(timeliness), 마음의 소통(empathy), 대응성(responsiveness), 인간성(humaneness) 등의 차원을 측정하는 것으로 노인복지정책의 이해당사자들에게는 가장 중요한 것 중의 하나라고 할 것이다. 예를 들어, 재가노인 도시락 배달사업의 경우, 도시락을 전달해 주는 시점에 따뜻한 도시락이 배달된 비율, 통상적 식사시간에 배달된 비율 등을 말하는 것이다. 한편, 정책의 효과성(policy effectiveness)은 투입에 대한 성과의 비율로서(the ratio of outcomes to inputs), 정책산출과 달리 노인복지정책에 의하여 달성된 또는 적어도 부분적으로 얻어진 성과(accomplishments), 결과(results), 그리고 영향(impacts)을 말한다. 예를 들어, 입양 프로그램의 총비용을 최종적으로 입양이 성취된 아동들의 수로 나눈 비용을 말한다(Martin and Kettner, 2010: 5-6).

4. 고령자 복지정책의 내용

본절에서는 우리나라의 고령자 복지정책의 내용을 정리하고자 한다. 여기서는 고령자의 기본적인 욕구인 금전적인 고통, 신체적인 고통, 외로움의 고통 등에 대응한 정부정책을 살펴보고, 그 다음으로 새로운 신사회위험에 대응한 사회서비스 분야를 정리하였다. 그런데, 일부 정부 정책의 경우에는 여러 가지의 노인의 욕구를 동시에 충족하는 정부정책이나 사업이 있을 수 있 는 데, 이 경우에는 저자의 기준에 따라서 분류하였음을 밝힌다. 또한, 고령자에 대한 시설복지서비스와 재가복지서비스의 경우는 분류기준이 서비스의 욕구에 대응한 분류가 아니라 서비스가 이루어지는 장소를 기분으로 분류한 것이지만 실질적으로 노인복지서비스 현장에서 사용되는 용어이므로, 구체적인 사업을 중심으로 개략적으로 정리해 두고자 하였다. 또한, 이 장의 끝에는 정부의 고령친화산업 정책도 정리하였다.

1) 저출산 · 고령사회 대책

정부는 범국가적 저출산 · 고령사회 대응체계 강화를 위한 "제2차 저출산 · 고령사회 기본계획(새로마지 플랜2015)을 2010년 10월 26일 국무회의 심의, 의결을 거쳐 최종 확정한 바 있다. 2013년 우리나라 합계출산율은 1.19명으로 세계 최저수준이 지속되고 있고, 고령화 속도는 세계최고 수준을 보이는 등 급격한 인구변동이 진행되는 상황으로, 정부는 저출산 · 고령화 문제의 심각성을 다시 한번 인식하고, 확정한 기본계획을 최우선적인 국정과제로 충실히 시행하기로 하였다. 제2차 기본계획은 "점진적 출산율 회복과 고령사회 대응체제 확립"을 목표로 4대 분야에 걸쳐 231개 과제로 구성하였으며, 5년 동안 88.4조 원이 소요될 것으로 추정된다. 제2차 계획은 1차 계획과 달리 기존 저소득층 위주 지원에서 탈피하여 맞벌이 가구와 베이비붐 세대로 대상을 확대하여 체감도를 높이고, 정부 중심에서 벗어나 기업, 국민들의 참여를 유도할 수 있는 다양한 정책을 마련한 것이 특징이다.

제2차 기본계획 5개년 동안 국비, 지방비, 기금 등을 포함하여 총 투자규모는 약 88.4조 원으로 추계되었는 데, 분야별로 저출산 49.8조 원(1차 19.7조원), 고령화 30.8조 원(1차 15.8조 원), 성장동력 7.8조 원(1차 6.7조 원)을 투자하여 왔다. 이러한 제2차 기본계획의 궁극적 목표는 출산율 제고뿐만 아니라, 가족친화적 문화조성과 고령자의 활기찬 생활보장을 통해 국민 삶의 질을 향상시키는 것이다. 이러한 노력이 지속될 경우, 중.장기적(2020년 이후)으로 출산율이 OECD 평균수준으로 회복되고, 고령사회에 효과적 대응이 가능할 것으로 기대하였으나, 2015년 2월 현재 우리나라의 출산율은 계획년도 기간 동안에 커다란 변화를 보이지 않고 있어서 이러한 출산율제고는 실패한 것으로 문제제기된 바 있다. 또한 정부는 바르게 진행되는 고령화속도와 변화된 정책환경을 감안하여 기 마련된 제2차 서출산.고령사회 기본계획(2011-2015)의 고령사회 대응 중장기 계획의 보완계획의 수립에 착수해 2012년 10월에 국무회의 심의, 의결을 거쳐 확정한 바 있다. 이 보완계획에서는 국민적 관심사가 높은 소득, 건강, 사회참여, 주거교통, 노후설계 등 5대 분야 총 62개 핵심과제로 구성되었다. 주요내용은 사적연금 활성화를 통한 다층소득보장체계 구축 및 노후소득 사각지대 해소, 고령자가 더 오래 일할 수 있도록 사회적 합의를 통한 정년제도 개선안 마련, 고령자가 스스로 미리 건강을 지킬 수 있는 건강검진제도 개편 및 지역사회 중심의 건강지킴이 체계 마련, 안전하고 편리한 생활환경 조성을 위한 고령친화적 주거, 교통환경 개선, 행복한 노후를 위한 노후설계 및 추진 인프라 육성 등이다.

2) 노인소득보장정책

노인에 대한 소득보장은 노인빈곤에 대한 사회적 대책으로서 국가나 사회가 노인을 빈곤상태에서 벗어날 수 있도록 최소한의 정기적 소득을 확보해 주는 활동이다(장인협 · 최성재, 2003; 양옥남외 3인공저, 2014: 99). 일반적으로 노인의 소득보장 방식에는 직접적 현금급여인지 아닌지에 따라 직접적 소득보장제도와 간접적 소득보장제도로 나눈다. 직접적 소득보장제도에는 노인들이 빈곤으로 떨어지지 않도록 미리 예방하는 사회보험(social insurance)과 소득보장 프로그램 가운데 역사가 오래되고 이미 발생한 빈곤문제를 해결하기 위한 공공부조, 그리고 흔히 보편적 프로그램이라고 불리는 사회수당 등이 있다. 현재 우리나라에서 실시되고 있는 직접적 소득보장제도에는 사회보험 방식으로 운영되고 있는 연금제도(국민연금과 직역 연금), 그리고 노인복지법상의 경로연금 부분을 연금법으로 대체한 기초노령연금제도가 있다. 간접적으로 소득을 보장해 주는 제도로서는 경로우대제도 등의 비용할인, 고용증진 및 생업지원, 각종 세제감면제도 등이 실시되고 있다. 여기서는 직접적 소득보장제도를 중심으로 정리하고자 한다(보건복지부,2012: 346-378).

우선, 국민연금제도는 소득활동을 하는 사람이 소득활동기에 보험료를 납부하였다가 나이가 들거나, 갑작스런 사고나 질병으로 사망 또는 장애를 입어 소득활동이 중단된 경우, 본인이나 유족에게 연금을 지급함으로써 안정된 생활을 할 수 있도록 해 주는 소득보장제도이다. 이러한 국민연금제도는 경제발전으로 평균수명은 연장된 반면 핵가족화로 노인부양의식이 약화됨에 따라 노후소득보장을 사회적으로 해결하기 위해 1988년 1월 1일부터 시행되었다. 국민연금의 급여는 지급방법에 따라 매월 정기적으로 지급하는 연금급여와 일시금급여로 분류되며, 연금급여에는 노령연금, 장애연금 및 유족연금이 있고, 일시금급여에는 반환일시금, 사망일시금이 있으며, 장애등급 4급에 해당하는 자에게는 연금이 아닌 일시보상금을 지급한다. 실제로 2011년에 지급된 국민연금의 급여수준을 살펴보면, 완전노령연금의 경우, 월 평균 급여액이 79만원(최고 134만 2천원, 최저 22만 7천원)에 달하고 있어, 국민연금제도가 성숙단계에 진입할 경우, 노후소득보장에서 중요한 역할을 담당할 수 있을 것으로 기대된다.

그런데 우리사회처럼 실질적으로 은퇴하는 연령과 연금수급연령을 의미하는 공식적인 은퇴 연령간에 상당한 시차가 있는 사회에서는 노년기 빈곤의 위험에 대비한 제도 마련이 보다 절실히 요구됨에도 불구하고 공적인 노후소득보장제도가 충분히 정립되어 있지 못한 것이 사실이다. 그 결과 공적인 노후소득보장제도의 실효성이 낮아, 미래 세대뿐만 아니라 현세대의 노인들 대부분이 공적인 노후소득보장제도의 사각지대에 놓여 있으며, 그들 중 상당수가 빈곤상태에 놓여있다. 이러한 문제의식하에 국민연금과 관련된 일련의 농의가 제도적 사각지대를 해소하는 방향으로 진행되면서 기초노령연금제도의 도입논의가 등장하기 시작하였고 2007년 4월 생활이 어려운 노인의 생활안정을 지원하여 복지를 증진하기 위한 기초노령연금제도 도입을 내용으로 하는 기초노령연금법이 성립되었다. 이 제도에 따라서 2008년부터 70세 이상 노인 중 소득인정액 하위 60%에 해당하는 노인을 대상으로 시행되었으며, 2008년 7월부터는 65세 이상으로, 2009년 부터는 소득인정액 하위 70%로 지급대상을 지속적으로 확대해 왔다.

이러한 기초노령연금제도는 2014년 7월부터 폐지되고, 기초연금제도가 시행되게 되었다. 기초연금제도는 2012년 12월 대선기간 중 기초연금제 도입이 공약에 포함되면서 본격적인 논의가 이루어졌으며, 박근혜대통령은 대선공약에서 모든 노인을 대상으로 20만원을 지급하는 방안을 제시하였으나 재정상의 문제로 결국은 실제로 지급대상은 소득하위 70%에 해당하는 노인에게 마달 최소 2만원에서 최대 20만원을 지급하는 것으로 되었다. 구체적으로 2014년의 선정기준액은 노인단독가구의 경우 87만원이며, 부부가구는 139.2만원 이하의 경우가 해당된다.

3) 노년기의 의료보장정책

노인의 의료보장의 필요성은 우선, 사회적으로 건강한 국민을 가지기 위해서 국민의 건강보호를 국가가 책임져야만 한다. 그러므로 노인의 보건 및 의료정책은 노인의 삶의 질과 수명에 직접적으로 영향을 주며, 노인의 건강보호를 위한 서비스이다. 둘째, 노년기의 빈번한 질병, 예기치 않은 치매, 중풍 등 장기의 요양보호를 필요로 할 경우 고액의 의료비 부담을 개인적 차원에서 해결하기란 거의 불가능하다. 셋째, 질병에 대한 의료비 부담을 사적이고 상업적 보험으로만 해결하려는 시도는 경제적 능력이 있는 일부 노인인구에게만 가능하다. 넷째, 노인의 건강유지는 생활의 만족감을 향상시켜 주고 가족집단, 친족 및 근린집단, 지역사회, 나아가서는 국가사회 전체로의 통합을 촉진시켜줄 수 있다. 그리고 끝으로 노년기의 질병은 누구에게나 올 수 있는 보편적인 현상이라는 점이다.

이상과 같은 필요성에 따라서 우리나라는 1989년에 전국민 의료보험을 실시하였으며, 조합주의적 방식으로 되어 있는 보험관리운영체계를 통합하여 1998년부터 국민건강보험으로 통합되어 운영되어 오고 있다. 여기에 저소득층을 위한 의료급여제도와 2008년부터 시행중인 장기요양보험제를 통하여 노인의 건강과 질병에 대응하고 있다. 건강보험제도는 고액, 중증질환자에 있어서 여전히 의료비 부담이 심각하므로, 본인부담상한제를 시행하고 있는 데, 2009년 부터는 보험료 부과수준에 따라 하위 50%는 연간 본인부담상한액을 200만원, 중위 30%는 300만원, 그리고 상위 20%는 400만원으로 차등화하고 있다. 또한, 노인인구의 진료비 부담을 경감하기 위하여 70세 이상의 노인이 간단한 질병으로 의원, 치과의원 또는 한의원을 방문하는 경우에 본인부담금을 경감하였으며, 2000년 7월부터는 그 대상을 70세에서 65세 이상으로 확대하였다.

한편, 급속한 고령화의 진전으로 노령, 치매, 중풍 등으로 장기요양을 필요로 하는 노인 수는 늘어나고, 가족에 의한 간병은 핵가족화 및 여성의 사회 참여 증가 등에 따라 약화되었다. 반면, 그간의 노인복지서비스 체계는 저소득층을 기반으로 한 공급자 중심의 제한적으로 제공되는 공공부조 방식을 유지함으로써, 중산, 서민층 가정이 이용할 수 있는 요양서비스 체계가 절대적으로 부족하고, 노인의료비는 급증하고 있는 상태였다. 이러한 문제의식에서 고령화 초기에 공적 노인요양보장체계를 확립하여 국민의 노후불안을 해소하고 노인요양가정의 부양부담을 경감하고자, 일반국민을 대상으로 수요자 선택권 중심의 전문적이고 다양한 서비스를 제공하는 제5의 사회보험제도로 노인장기요양보험이 도입되었다. 노인장기요양보험법이 2007년에 제정됨에 따라서 2008년부터 제도가 시행되었다.

이외에도 정부는 치매예방 관리사업을 수행하고 있다. 2013년 현재 65세 이상 노인인구의 약 9.38%인 576,000명 정도가 치매노인으로 추정되고 있으며, 이 비율은 노인인구의 증가에 따라 지속적으로 증가할 것으로 예상된다. 치매는 치매노인 본인은 물론, 가족들에게 정신적, 육체적, 경제적으로 심각한 부담을 초래한다. 이로 인해 개인과 가족의 삶의 질이 저하되는 것은 물론이고, 공식 · 비공식 의료비용을 포함한 사회경제적 비용이 증가하여 국가재정에도 큰 부담으로 작용하고 있다. 우리나라의 치매환자로 인한 국가적 비용은 추계방법에 따라 차이가 있으나 약 8조 7천억 원(의료비용 및 조호비용 포함)으로 추정되고 있다. 실제로 2012년 건강보험 의료비 중 11,906억원을 치매로 인해 사용하였다(보건복지부,2014: 334). 이에 정부는 2011년 8월에 "치매관리법"을 제정하여 치매예방, 관리의 중요성을 범국민적으로 천명하고 치매치료, 관리 전반에 대한 국가적 관리체계를 수립해 나가기로 하였다. 치매관리법은 지매관리 종합계획의 수립, 국가치매관리위원회의 구성과 운영, 중앙치매센터의 지정, 치매검진사업, 의료비 지원 등의 내용을 담고 있다.

4) 노인의 외로움에 대한 정부정책

현재 이루어지고 있는 노인복지정책의 대상은 대체로 저소득층 노인을 대상으로 한다. 그러나, 노인인구의 급증과 소위 신중년의 등장은 보편적인 노인복지정책을 요구하고 있는 것이다. 따라서, 노인복지정책도 건강한 노인과 건강하지 않는 노인, 저소드긍 노인과 중산층 이상의 노인들의 서로 다른 복지욕구에 대해 다양하고 전문적이며 개별적인 정책적 접근을 필요로 한다. 여기서는 대표적인 보편적 복지라고 할 수 있는 노인여가복지지원 및 사회참여와 관련하여 살펴보고자 한다.

지역사회의 대표적인 노인여가복지시설인 경로당은 2013년말 현재 약 6만 3,251개소가 운영되고 있다. 2006년부터는 경로당을 대상으로 시행되고 있는 다양한 프로그램 및 서비스들이 가능한 모든 경로당에 노락없이 지원될 수 있도록 지역사회내의 프로그램과 서비스를 연계·조정·지원할 수 있는 경로당 순회 프로그램 관리자 배치를 추진하여 2013년말 현재 280명이 활동하고 있다. 다음으로 노인복지관은 2013녀말 현재 319개소가 설치, 운영되고 있으나 아직 미설치 지역이 많아 계속적인 시설 신축 필요성이 대두되고 있다. 2005년부터는 노인복지관 지원사업이 지방이양사업으로 분류된 이후 안전행정부에서 매년 13개 지역에 노인복지관 신축에 필요한 예산의 일부를 분권교부세 형태로 지원하고 있다. 노인복지관은 다양한 계층의 노인들이 이용하는 만큼 각각의 특성에 적합한 프로그램을 마련하여 운영함으로써 앞으로도 더욱 많은 노인들이 이용할 것으로 기대된다. 노인교실은 일반적으로 “노인대학”, “노인교실”, “노인학교” 등의 다양한 명칭으로 통용되고 있으며, 2013년말 현재 전국적으로 1,413개소가 설치 운영되고 있다. 다음의 〈표 6-2〉은 노인복지관, 경로당, 노인교실 등 노인여가복지시설의 전국적인 운영현황을 보여주고 있다.

〈표 6-2〉 노인여가복지시설의 현황

(단위: 개소)

구분	경로당	노인복지관	노인교실	노인휴양소
시설수	63,252	319	1,413	9

자료: 노인휴양소는 2011년 “노인복지법” 개정으로 6개월간 경과기한을 거쳐 2011년 12월 이후는 신규설치가 불가하게 되었음(보건복지부,2014:336).

또한, 경로효친사상 앙양 및 경로우대제도를 운영하고 있다. 정부는 매련 5월 8일을 어버이날로 정하여 어버이 은혜에 감사하고 웃어른을 공경하는 기풍을 조성하며, 우리의 전통적 미풍양속인 경로효친사상을 계승 및 발전시키기 위해 시.도, 시.군.구 그리고 민간단체별로 자체실정에 맞는 행사를 실시하고 있다. 1997년부터는 어버이날과 별도로 매년 10월 2일을 "노인의 날", 10월을 "경로의 달"로 지정하고 경로포상과 노인체육대회, 학술세미나 등 다양한 행사를 전개하여 노인에 대한 사회적인 관심제고와 경로효친사상을 지속적으로 계승 및 발전시켜 나가고 있다. 이와 함께 부모를 극진히 봉양하고 웃어른을 공경하여 다른 사람의 모범이 되는 전국의 효행자와 노인복지사업에 업적이 많은 모범노인 및 단체 그리고 노인복지기여자를 발굴하여 2013년까지 총 1만 534명을 포상하였으며, 지방자치단체의 노인복지 우수프로그램에 대하여도 대통령표창 등을 실시하였다. 이 중 효행자 등은 어버이날, 노인복지 기여자는 노인의 날에 포상을 실시하고 있다. 2007년 "효행 장려 및 지원에 관한 법률"이 제정되어, 2008년 8월에 발효됨으로써 효행장려 및 지원을 보다 적극적으로 추진할 수 있는 기반이 구축되었다.

한편, 2013년에 정부는 "사회보장기본법"의 개정을 통하여 "사회서비스의 개념을 법제화하였다. 개정된 사회보장기본법 제3조 제4항에 의하면, 사회서비스란 "국가 · 지방자치단체 및 민간부문의 도움이 필요한 모든 국민에게 복지, 보건의료, 교육, 고용, 주거, 문화, 환경 등의 분야에서 인간다운 생활을 보장하고 상담, 재활, 돌봄, 정보의 제공, 관련시설의 이용, 역량개발, 사회참여 지원 등을 통하여 국민의 삶의 질이 향상되도록 지원하는 제도"로 정의해 과거의 사회복지서비스를 대상별, 기능별로 확장하였다(보건복지부,2014;208). 저출산 · 고령사회로의 급격한 진행은 핵가족화 등 가족구조의 변화, 여성의 경제활동 참여증가로 사회서비스에 대한 수요는 지속적으로 증가해 왔다. 가족, 특히 여성에 과도하게 의존하는 비공식돌봄은 한계에 도달하여 돌봄의 시장화 내지 사회화가 불가피하였으며, 사회경제 전반의 경쟁 가속에 따른 양극화의 심화, 확산은 상대적 취약계층의 증가로 이어져 사회서비스 수요의 가속화로 나타났다. 돌봄서비스를 주축으로 하는 사회서비스는 일자리 창출 잠재력이 매우 큰 분야로써, 여성 등 저소득층 고용취약계층에게 적합한 일자리를 제공하여 서민생활 안정 및 경제활동 참여기회를 확대시켜 능동적 복지

구현에 기여할 것으로 전망되어 이명박정부에서는 적극적으로 추진된 바 있다.

그동안의 사회서비스의 추진과정을 살펴보면, 좋은 일자리 정책의 일환으로서 정부는 2006년 7월 기회계산처에 정부합동 TF인 "사회서비스 향상 기획단"을 구성한 이래 2007년 1월에는 사회서비스 확충을 위한 실행전략으로서 "지역사회 수요에 기반한 서비스 확충, 수요자 중심의 시장형성, 투명하고 효율적인 시장관리"를 발표하였다. 사회서비스 확충을 위한 정부의 노력은 지속되어 "사회서비스 확충을 통한 국민 삶의 질 제고"를 이명박정부 국정과제 중 하나로 채택하였다. 2008년 9월에는 사회서비스 확충 및 선진화 전략을 발표하였으며, 2009년 4월에는 "사회서비스 전자바우처사업 선진화 방안"이 마련되었다. 이러한 사회서비스 전자바우처 사업은 기존에 공급자(서비스 제공기관) 지원방식의 사회복지서비스를 2007년 국내최초로 전자이용권(바우처 카드)을 이용자에게 직접 지원하는 방식으로 도입한 제도이다. 보건복지부는 이용자 중심의 사회서비스 제공을 위한 사회서비스 이용권 사업의 체계적 운영 및 관리를 강화함과 동시에 사회서비스 시장 활성화 기반을 구축하기 위하여 2011년 8월 "사회서비스 이용 및 이용권 관리에 관한 법률"을 제정, 공포하였다.

5) 시설복지서비스와 재가복지서비스

고령자에 대한 서비스를 유형화하는 경우에 가장 기본적으르 분류하는 것이 소위 시설입소를 통한 시설내 생활서비스를 제공하는 것과 자기의 생활공간을 유지하면서 필요한 서비스를 지원받는 재가복지서비스 등으로 대별할 수 있다. 특히, 정부는 도시화, 핵가족화, 여성의 사회참여 증가토 전통적인 가정의 노인부양 기능이 약화되게 됨에 따라서 노인의 문제를 전통적인 방식으로 가족에 의한 노인부양으로 해결할 수 없다는 점을 인식하고, 앞에서 정리한 바와 같이 2008년부터 노인장기요양서비스를 제공하게 되었다. 이러한 노인장기요양보험제도 도입은 "노인복지법"의 개정을 초래하였으며, 노인복지법의 2007년 개정으로 기존의 노인 시설복지서비스의 유형을 새롭게 정리되게 되었다. 다음의 〈표 6-3〉은 새로운 노인복지시설의 종류를 보여주고 있다.

〈표 6-3〉 노인복지시설의 종류

분류	시설 종류
노인주거복지시설	• 양로시설 • 노인공동생활가정 • 노인복지주택
노인의료복지시설	• 노인요양시설 • 노인요양공동생활가정
노인여가복지시설	• 노인복지관 • 경로당 • 노인교실
재가노인복지시설	• 방문요양서비스 • 주 · 야간보호서비스 • 단기보호서비스 • 방문목욕서비스 • 재가지원서비스

자료: 보건복지부, 2014: 354

상기의 〈표 6-3〉에서 보듯이 주거 및 의료복지시설의 무료, 실비, 유료의 구분을 없애고, 노인주거복지시설의 노인공동생활가정과 노인의료복지시설의 노인요양공동생활가정을 신설하여 2008년부터 시행되고 있다. 2013년말 현재 435개소의 노인주거복지시설이 운영되고 있으며, 시럴을 이요아고 있는 노인들이 13,567명이다. 향후, 경제적으로 여유가 있어 자녀에게 의존하지 않으려는 베이비붐 세대가 은퇴하므로 기존의 기초수급자 위주의 보호시설인 양로시설, 노인공동생활가정에서 중산층을 위한 다양한 공급방안을 모색하여야 할 것이다.

한편, 우리 사회는 여성의 경제활동 증가 등으로 정신적, 신체적인 이유로 혼자서 일상생활을 수행하기 어려운 노인을 가정에서 가족이 보살피기 어려운 환경이 됨에 노인부양가정에 대한 지원이 필요하게 되었다. 이에 정부는 1980년대 중반부터 노인에 대한 시설보호 중심에서 가정에 있는 노인에 대한 보호와 지원으로 전환할 필요성을 인식하고, 가정봉사원 파견사업을 시작으로 1991년부터 가정간호사업, 1992년 주간보호사업, 단기보호사업 등 여러형태의 재가노인복지사업이 시작되었으며, 2005년부터 재가노인복지사업 운영을 지방이양사업으로 추진 중이며, 2006년에는 가정봉사원 파견사업 및 주.단기사업을 종합적으로 할 수 있는 농어촌 재가노인 복지시설 16개소의 신축을 지원하였다. 2007년에는 재가시설이 부족한 도시지역 위주로 치매, 중풍 등 노인성 질환으로 장기요양을 필요로 하는 자에게 지역사회내에서 가정봉사원 파견사업, 주가보호, 단기보호 서비스를 종합적으로 제공하는 재가노인지원센터를 49개소의 신축을 지원하였다. 이상과 같이 정부는 노인이 가정내에서 가족 및 친지와 더불어 건강하고 안정된 노후 생활을 영위할 수 있도록 함과 동시에 노인부양으로 인한 가족의 부담을 덜어주기 위하여 재가노인복지사업을 지속적으로 확대해 하여 왔다. 특히, 2008년 7월 노인장기요양보험제도의 시행 이후 민간참여로 인하여 재가시설 인프라가 대폭 확충됨으로써, 양적 팽창 보다는 방문요양 설치기준 강화, 단기보호제도 개편, 요양보호사 처우개선 등 서비스의 질 제고를 위한 노력이 필요하다.

6) 고령친화 산업육성 정책

2005년 "저출산고령사회기본법", 2006년 "고령친화산업진흥법"의 제정으로 고령화에 따른 사회·경제적 변화에 적극적으로 대응하고, 노인의 삶의 질의 향상과 국민경제의 건전한 발전을 위한 고령친화산업 지원 및 육성의 근거가 마련된 바 있다. 이에 따라 정부는 2008년 고령친화산업지원센터를 지정하여 고령친화산업의 핵심영역인 노인보건의료, 요양, 복지분야를 중심으로 고령친화 우수제품(사업자) 지정제도 운영, 고령친화 산업홍보 및 정보교류 활성화, 고령친화산업 육성기반 강화 등 다양한 지원을 통해 고령친화산업 육성 정책을 지속적으로 추진하고 있다(보건복지부,2012:153).

생각해 볼 문제

1. 노인복지정책의 개념과 정책과정을 설명하면?

2. 노인복지정책의 대상이 되는 노인문제를 유형화하면?

3. 노인의 외로움에 대한 정부대책은 무엇인가?

참고문헌

박광덕(1998). 현대사회복지정책론. 서울: 박영사.

안홍순(2013). 노인복지론. 경기도: 도서출판 공동체.

양옥남외 3인공저(2014). 노인복지론, 경기도: 도서출판 공동체.

원석조(2013). 노인복지론. 경기도: 도서출판 공동체.

장인협 · 최성재(2003). 노인복지학. 서울대학교 출판부.

보건복지부(2012). 2011 보건복지백서.서울: 보건복지부.

--------(2014). 2013 보건복지백서.세종시: 보건복지부.

제7장 노인복지의 조직과 환경

1. 노인복지에 대한 정부의 책임성

노인복지에 대한 기본적인 정부의 책임성은 영국의 구빈법에서 시작되었으며, 이들 법률의 급여에 의한 구제는 지방정부의 문제르서 규정되었는데, 급여는 정착민들의 요구가 법률적으로 논쟁이 될 수 없는 것만 확장되었으며, 전문화된 욕구들에 대한 것으로만 제한되었다. 현금급여의 잔여적인 요소들, 자산조사 접근방법, 특정한 욕구만을 위한 공적 책임, 직업과 거주의 요건, 그리고 식민주의적인 구제의 특징들은 다양한 서비스와 급여지원에서 여전히 주정부와 지방정부 수준에서 찾아 볼 수 있다. 이들 많은 입법조치들이 서비스의 사용을 제한하고 억압적인 것임에도 불구하고, 그럼에도 불구하고 서비스를 받으려는 구성원들은 정부책임의 원리를 주장하였다.

복지에 대한 중앙정부의 책임은 1785년에 의회가 학교에 대한 공공부지를 보조금으로 제공하던 때로부터 공적으로 시작되었다. 다른 책임은 자신들이 선거에서 선택한 의회의원들을 통하여 사람들이 연방교육청, 아동국, 그리고 직업재활국 등과 같은 부서들을 추가하였다. 그러나, 소득위험에 대한 시민들의 보호를 위한 광범위한 계획은 1935년에 사회보장법의 통과가 되고서야 시작되었다. 이러한 원칙의 강조는 의회의 의하여 제정된 법률들에 대하여 많은 수정을 가져오는 결과를 초래하였다.

우리나라에서도 1948년의 제헌헌법에서 생활무능력자에 대한 보호를 천명할 이래, 1961년의 제3공화국 헌법에서 생존권에 관한 구정을 삽입함으로써 국가는 국민에 대한 사회복지책임을 지게 되었으며, 국민은 사회보장을 받을 권리를 갖게되었다. 특히, 1961년에 생활보호법이 제정됨에 따라서 저소득 고령자에 대한 보호가 이루어졌으며, 1981년에 노인복지법이 제정됨으로써 노인복지에 대한 국가와 지방자치단체의 책임을 구체화하게 되었다. 이후 고도경제성장에 힘입어 정부는 보다 본편적인 노인복지의 행정을 구현하기 위하여 1989년에 보편적 서비스를 규정한 노닝복지법 개정이 이루어졌으며, 이에 따라 1991년에는 정부부처에 노인복지과가 신설되는 등 본격적인 노인복지행정의 시대를 열게 되었던 것이다. 이상과 같이 사회복지행정에 있어서 중앙정부의 역할은 매우 중요하다. 사회정책을 입안하고, 예산을 배정하고, 인력을 투입하여 국민의 삶의 질을 보다 한 차원 높게 확보하려는 노력을 게을리 하지 않아야 한다. 이상과 같이 정부가 사회복지행정을 하여야 하는 법적 근거로는 헌법 제34조의 국가책임과 헌법 제117조의 규정에 의한 지방자치단체의 사회복지증진에 대한 책임, 그리고 사회복지사업법 제2조의 "국가와 지방자치단체는 사회복지를 증진할 책임을 진다"고 규정 등으로 찾을 수 있다.

2. 노인복지행정과 조직

1) 노인복지행정과 조직의 특성

노인복지행정은 노인복지정책을 현장에서 실현하는 작업이다. 이 작업을 하는 조직은 노인복지정책을 구현하기 위하여 그 조직의 인적·물적 자원을 적절힌 활용하고 사회환경이 수렴하는 바에 따라 인간서비스를 현장에서 집행한다. 이러한 체계를 사회복지전달체계라고 하며, 이러한 체계가 행정적인 묘를 기하지 않고서는 국가사회의 복지정책을 효과적으로 수행할 수 없다. 노인복지행정을 포함하는 사회복지행정은 정치, 경제, 사회라는 넓고 높은 차원을 종합적으로 고려해서 사업방향을 유추해내는 정책차원이나 문제가 있는 개개인의 내면세계를 파악하고 치료에 전념하는 사회복지사가 다루지는 못하는 영역이다(박광덕, 2002: 233).

사회복지행정은 사회복지의 이념이나 목적을 달성하기 위한 수단으로서의 행정적 방법, 즉 현대사회의 복잡성과 사회복지적 기능의 전체 사회로의 확산에 따라서 사회복지기능을 실현하기 위한 공식적이고 체계적인 조직들을 통해 이루어지는 실천적 활동이다(김영종, 2010: 30). Patti에 의하면, 사회복지행정을 "조직목표를 달성하기 위하여 관리자가 수행하는 상호의존적인 과정, 기능, 활동 등의 체계적이고 개입적인 과정으로서 사회복지실천의 한 방법이라고 규정한 바 있다. 따라서, 조직화된 사회복지는 그 과정과 운영을 위해 조직에 대한 이해를 필요로 한다. 어떤 사회가 사회복지에 대해 아무리 고상한 목적과 가치를 설정해 놓았다 해도, 그것을 실천에 옮기는 조직적 과정에 대한 이해가 없이는 적절한 결과를 기대할 수 없다. 현대사회처럼 복잡한 사회에서는 사회적 목적이 설정되고, 그 목표들이 구체화되어, 개인들에게 서비스의 형태로 전달되기까지 복잡한 과정이 존재한다. 그리고 이 과정의 대부분은 조직적 맥락을 통해 수행된다. 그 결과 조직적 활동을 기획하고, 실행, 평가, 수정해 갈 수 있는 체계적 지식에 대한 요구가 사회복지에 필수적인 것이다. 수많은 사회복지조직들은 각기 추구하는 활동이 다르고 세분화된 목표들을 실현하기 위하여 노력한다. 다양한 조직들의 목표의 다양한 추구는 과연 그렇게 분화된 활동들이 과연 애당초 의도했던 거시적 사회목적을 정확하게 지향하고 있는가라는 점이 문제될 수 있다. 이러한 문제로 인하여 개별 서비스 조직들의 활동에 대한 통합과 제어의 필요성이 제기된다. 사회복지에서 행정이 필요한 것은 바로 여기에 있는 데, 이는 영국의 Titmuss도 강조한 바 있다. Titmuss는 20세기초에 영국에서 나타났던 다양한 사회적 목적과 실천방법들간에 나나났던 상반된 목표의 추구로부터 영국의 사회서비스의 구조와 기능들이 심각한 저해를 받았다는 분석을 통하여 사회정책을 실천에 옮기는 운반체 및 서비스 대상에 대한 이해 등을 포괄적으로 연구하는 사회행정이 절실히 필요하다는 점을 지적하였던 것이다(김영종, 2010:34-35).

노인복지행정은 사회복지행정의 특수한 형태라고 볼 수 있으므로, 노인복지행정은 사회복지조직을 중심으로 노인복지정책이 노인복지서비스로 전환되는 과정이며, 노인복지조직의 목표를 달성하기 위하여 인적·물적 자원을 관리하는 과정이고, 관리자를 포함한 모든 조직구성원들의 역동적인 협력활동이며, 조직을 변화시키고 발전시키는 사회복지실천의 개입방법이라고 규정할 수 있다. Hasenfeld는 노인복지조직을 포함하는 포괄적인 사회복지조직의 특징을 다음과 같이 제시한 바 있다(Hasenfeld,2010:9-29).

첫째, 사회복지조직의 원료는 인간이다. 이것은 사회복지조직에 의하여 서비스를 받는 사람들이 단지 생기없는 대상물로서 다루어진다는 것을 의미하는 것이 아니며, 깊은 동정없이 일이 이루어지고 있다는 것을 의미하는 것도 아니다. 이는 개인적인 태도를 재형성시키고 대체하는 것을 목표로 하는 이들 조직들과 업무의 관할권에 대한 은유를 말한다. 예를 들어, 병원이 사람들을 환자로서 인정하는 경우에, 이는 의사들에 의하여 그들의 질병이 치료될 것이라는 것을 나타내는 것이다. 어린이들을 학생으로 설정하는 것은 학교가 선생님의 권위로서 그들을 교육받은 사람들로 되게 하기 위하여 선생님이 가르킨다는 것을 증명하는 것이다. 또한 노인이 금전적 급여의 복지수혜자 자격을 가질 때에, 사회복지사는 복지대상자들을 임금노동자로 변형시키는 권위를 부여받는 것이다. 이와 같이 사람들을 조직의 원료로서 규정하는 것으로 변형과정(transformation process)인 것이며 그리고 복지조직(human service organization)을 다른 관료제와 구별하는 분명한 차이가 되는 것이다(Hasenfeld, 2010:11).

둘째, 사회복지조직은 클라이언트의 가치에 대해 도덕적 판단을 한다. 고객의 사적생활에 개입할 수 있는 조직에 대한 허가는 제도화된 도덕적 규칙에 집착한 것에 근거함으로써 정당성을 얻게 되는 데, 제도화된 도덕적 규칙은 처리하고 업무를 해야 할, 그리고 목적과 방법에 있어서 고객의 특성이 무엇인가를 규정하는 것이다, 또한, 고객은 자신들의 도덕적·사회적 자원을 필요로 하는 서비스를 위하여 접근하기 위하여 그리고 사회복지사와의 관계를 협상하기 위하여 사용한다. 이와 같이, 낮은 사회적 지위의 당뇨병 환자와 높은 사회적 지위의 환자가 받는 처치를 비교하는 경우, Lutfey and Freese(2005)는 커다란 차이를 발견하였는데, 그것은 환자의 장기적 생존에 영향을 미친다는 것이다. 높은 사회적 지위의 환자는 전문의가 있는 병원에 접근할 수 있었으며, 계속적인 돌봄을 받을 수 있고, 그리고 진료내에서 교육적 자원을 제공받음에 받고 있었는 데, 이러한 모든 것들은 당뇨병원의 관리를 보다 효과적으로 할 수 있게 해주는 것이며, 낮은 사회적 지위의 환자가 접근할 수 있는 병원과 서비스와는 대조를 이루어는 것이다. 이러한 차이의 결과는 이번에는 고객의 다른 도덕적 가치를 내부적일 뿐만 아니라 외부적으로도 확인하고 재생산하게 된다는 것이다. 고객은 사회복지사의 반응과 부여된 라벨의 도덕적 의미를 흡수하여야만 한다. 그리고 이러한 사회복지사의 반응과 부여된 라벨은 바로 개인적 가치의 일단의 의미를 환기시킬 수 있는 것으로 고객들 자신의 자기 정체성(self-identity)의 반응인 것이다. 이상과 같은 사회복지조직이 도덕적 작업을 한다는 사실은 당연히 우리의 관심은 사회복지조직이 제공하는 실제적인 서비스에 있게 되었다. 게다가 대부분의 이들 도덕적 선택은 거의 분명하기 않은 것이다. 왜냐하면, 이들 도덕적 선택은 조직적인 일상에 투영되어 있으며, 도덕적 선택은 보이지 않는 손(invisible hand)의 일부분이 되어서 사회복지사의 행태와 행동을 통제하기 때문이다.

셋째로, 사회복지조직의 주된 환경은 제도적 환경(institutional environments)이라는 것이다. 사회복지조직이 도덕적 작업을 한다는 인식은 사회복지조직은 그들이 업무를 하는 데 있어서 정당성(legitimacy)을 계속적으로 추구하고 유지하여야만 한다는 것을 의미한다. 사회복지조직들은 참조할 수 있는 것을 형성함으로써 자신들의 환경속에서 제도화된 도덕적 체제를 형성하는 것이다. 즉, 사회복지조직들은 의회, 정부부처, 규제기관, 전문가협회, 다른 사회복지조직, 다양한 시민정치협회, 그리고 고객들과 같은 그들의 중요한 청중들에 더하여 잘 반응하는 도덕적 체제와 문화적 구조를 채택하고 유지한다. 이러한 의미에서 사회복지조직은 전형적으로 "제도화된 조직"(institutionalized organization)이라는 것이다. 즉, 사회복지조직의 성장과 생존은 그들의 업무의 기술적인 능력에 달려 있기 보다는 제도적 규칙인 우월한 문화적 상징과 신념체계 에 대한 동조에 보다 종속된다는 것이다. 사회복지조직에 있어서 이러한 제도적 환경의 주된 것은 일반적으로 정부와 전문직업 집단이다. 정부정책과 규제에 순응한다는 것은 조직의 존재를 위한 법적인 기초이며, 공적 자금의 획득을 위한 전제조건인 것이다. 또한 전문직업 집단은 조직에 의하여 사용되는 서비스 기술에 대하여 구속력을 가진다. 이상과 같이 사회복지조직은 정당성을 위하여 그들의 제도적 환경에 높기 종속되어 있으며, 정당성은 다른 자원을 획득하는 데 있어서 중요한 열쇠가 된다.

넷째로, 사회복지조직의 특성은 실천에 있어서 불확실성을 관리한다(managing indeterminancy)는 것이다. 여기서 불확실성을 관리한다는 것은 두가지 측면으로,

상황을 통제할 수 있다는 것과 고객의 순응을 관리한다는 것의 두가지이다. 그리고 이러한 것들을 위하여 의사가 환자에게 하는 것과 같이 전문성을 가진 과학적인 진단이 필수적인 요소가 되며, 이를 위하여 고객을 통제하고 구분이 가능해야 한다.

이상과 같은 특징외에도 사회복지조직은 감정적인 업무로서 감정노동의 범주에 속하며, 사회복지조직은 인적 자원으로서 여성이 대부분을 차지하는 성별적 업무로서의 특징을 가진다. 그런데 이러한 특징을 가지는 사회복지조직의 관리자들은 조직성과를 달성하기 위하여 어떻게 하여야 하는가를 Patti(2000)는 몇가지 제언하고 있다(Patti, 2000:3-23). 첫째, 사회복지조직의 관리자는 윤리적으로 옹호적인 결정(ethically defensible decision)을 내리게 되는 도덕적 딜레마(moral dilemmas)에 직면하게 된다. 둘째, 사회복지조직의 관리는 외부적 구성원들의 선호와 기대를 중재하고, 화해시키며, 그리고 영향을 미치게 것을 요구하게 된다. 셋째, 사회복지관리자는 낙인받고 가치를 낮게 부여하는 집단들을 위하여 공적인 감정과 자원을 동원하기 위하여 옹호하여야 한다. 넷째로, 사회복지조직의 관리자는 전문화되고 개선된 협력의 보다 확대된 집합을 형성하기 위하여 보통의 고객에 대하여 자원을 동원하고 초점을 두기 위하여 다른 기관들과 협력하여야 한다. 다섯째, 사회복지조직의 관리자는 조직의 지지자와 직원, 그리고 자원봉사자들의 도덕적 몰입을 고무시키기 위하여 가치와 목표를 표명하여야 한다. 여섯째, 사회복지조직의 관리자는 조직성과를 측정하기 위하여 노력하여야 하는 데, 여기서 조직성과란 정부기관이나 기금제공자에 의하여 부과된 책임성의 기준에 대한 대응을 의미한다. 일곱째, 사회복지조직의 관리자는 심리적 육체적 건강을 위한 분위기를 유지하도록 하여야 하며, 조직몰입과 주인의식의 형성을 위하여 조직내에서 지지적이고 능력을 부여하는 과정을 개발하도록 추구하여야 한다. 여덟째, 사회복지조직의 관리자는 조직의 프로그램의 일단의 통제를 유지하어야 한다. 그리고 끝으로, 사회복지조직의 관리자는 고객들을 서비스 전달체계의 수단과 성과를 선택하는 데 직접적으로 참여할 수 있도록 하여야 한다.

2) 사회복지조직이론과 리더십

(1) 사회복지조직의 이론

사회복지조직이론은 고전적 조직이론과 신고전적 조직이론, 그리고 현대조직이론 등으로 구별할 수 있다. 우선, 고전적 조직이론에는 관료제 이론과 과학적 관리론을 들 수 있다. 관료제 이론은 막스 베버(Max Weber)에 의하여 발달된 이론이라고 할 수 있으며, 과학적 관리론은 테일러에 의하여 발달되었다. 고전적 조직이론을 오늘날의 사회복지조직에 적용하여 보면, 사회복지조직에서는 다양한 욕구를 지닌 클라이언트를 대상으로 개별화된 서비스를 제공하기 때문에 획일적이고 일률적인 업무를 강조하는 관료제 이론과 괴리를 보일 수 있다. 또한, 과학적 관리론은 사회복지조직 외부환경으로부터 받는 다양한 외적 영향과 조직과 사람들의 관계를 중요시 하지 않는다. 앞에서 사회복지행정의 특징에서 언급하였듯이 사회복지조직은 복잡하고 도덕적인 인간을 대상으로 하므로, 다양한 집단들의 이익과 규범, 가치체계 등에 의하여 목표가 달라질 수 있다는 점에서 과학적 관리론의 사회복지조직에의 적용을 비판받을 수 있다.

한편, 신고전적 조직이론인 인간관계이론은 구성원의 사기와 생산성, 동기와 만족, 리더십, 그리고 조직내의 비공식적 집단의 역등성 등에 주목한다. 이러한 신고전적 조직이론의 사회복지조직에의 적용은 비교적 바람직하지만, 인간관계를 지나치게 강조하여 조직문제의 실체와 괴리된 결과를 도출할 수도 있게 한다.

이후 현대조직이론을 보면, 체제론을 들 수 있으며, 거기에는 개방체계와 폐쇄체계의 논쟁이 있다. 하나의 체제는 경계와 하위체계와 체계들간의 상호작용 등을 가지는 데, 서비스 전달체계의 연계성과 복잡성을 생각하면, 폐쇄체제적 관점은 명백한 한계를 갖는다. 그리고 현대조직이론의 핵심이론으로는 목표관리제를 들 수 있겠다. 이는 전체 구성원의 참여를 전제로 명확한 목표를 설정하고 참여를 통하여 모든 구성원들이 단기적으로 달성하고자 하는 단기목표를 설정하여, 그에 따라 생산활동을 수행하고, 최종적으로 그 활동의 결과를 평가 및 환류시키는 관리체계의 방식을 말한다. 또한, 총체적 품질관리(TQM: Total Quality Management)은 전통적인 관리기법과 구별되는 것으로, 고객의 욕구와 필요에 따라서 조직의 목표가 설정되고 이를 위한 조직운영을 추구해 나가는 관리방식이다. 사회복지행정에서도 서비스의 질은 서비스의 우수성, 프로그램 및 구성요소, 서비스 제공과정 및 비용효과성 측면 등에 초점을 둔다. 그러나, 사회복지조직에서는 사회복지서비스의 효과성과 질을 객관적이고 타당하게 측정할 수 있는 척도가 부족하다.

(2) 리더십

① 리더십의 개념

리더십에 대한 개념규정은 리더십을 연구하는 학자들의 수 만큼이나 다양하다고 말할 수 있다. 그러나, Bass(1990)에 의하면, 지금까지의 리더십의 연구를 세가지로 대별할 수 있는 데, 하나는 리더십을 집단과정에 초점을 두는 접근방법인 데, 이것은 리더는 집단변화와 활동의 중심(the center of group change and activities)이며, 집단의사(the will of the group)를 구성한다는 것이다. 반면에 다른 하나의 접근방법은 리더십을 개성적인 관점으로부터 개념규정하는 것으로, 여기서는 리더십이란 개인들이 소유하고 있고 다른 사람들을 업무를 달성하도록 이끌어 주는 특별한 자질과 특성의 조합이라는 것이다. 세 번째의 리더십에 대한 접근방법은 리더십을 리더가 집단내의 변화를 추구하는 행동 또는 행태로 개념규정한다. 여기서는 리더십을 리더와 구성원간에 존재하는 권력관계로서 개념규정한다. 리더는 권력을 가지며, 그것을 다른 사람을 효과적으로 변화시키는 데에 사용한다는 것이다.

우리는 이상과 같은 다양한 리더십의 개념규정으로부터 몇가지 공통적인 요소로서 리더십의 핵심적 현상을 규명할 수 있다. 따라서, 리더십의 구성요소로는 첫째, 하나의 일련의 과정(a process)이며, 둘째, 영향력(influence)을 의미하며, 셋째, 집단 상황속에서 이루어어지며(within a group context), 넷째, 목표달성(goal attainment) 등의 요소를 포함한다. 결국, 이상의 구성요소들을 조합하여 개념규정을 하여보면, 리더십이란 “공통의 목표달성을 위하여 한명의 개인이 개인의 집단에게 영향을 미치는 일련의 과정이다”라고 개념규정할 수 있겠다. 이와 같이 리더십을 일련의 하나의 과정으로서 개념규정하게 되면, 하나의 자질이나 특성이 아니라 리더와 구성원간에 일어나는 계약적인 것으로 보는 관점에 서게 된다. 왜냐하면, 여기서 과정이란 리더가 조직 구성원에게 영향을 주거나 받는 것을 함축하기 때문이다. 앞에서 언급한 바와 같이 리더십에 대한 이론은 매우 다양하지만, 대체로 구분하여 보면, 4가지 정도로 나눌 수 있다. 첫째는 자질론, 둘째는 행태론, 셋째는 상황론, 그리고 넷째는 최근의 다양한 리더십 이론들 등으로 구별할 수 있다. 이 중에서 본서에서는 상황적 리더십론과 최근의 다양한 리더십 이론만을 개략적으로 정리하고자 한다.

② 상황적 리더십론 (contingency theories)

리더십에 대한 상황이론은 리더십 유형은 특별한 상황에 적절하여야만 한다는 신념에 입각해 있다. 본질적으로 상황이론은 "조건과 결과"(if-then) 이론이다. 가령 만일에 상황이 A라면, 적절한 리더십 행동은 A' 이라는 것이다. 일반적으로 상황이론에는 4가지 정도를 포함시키는데, Fiedler's contingency theory, path-goal theory, normative decision theory, 그리고 situational leadership theory 등인 데, 여기서는 Hersey and Blanchard's situational leadership theory만을 구체적으로 설명하고자 한다.

Hersey and Blanchard는 리더십 유형의 효과성은 상황에 따라서 달라진다는 것을 제안하였다. 이들의 모형은 부하직원의 준비성, 주로 성숙도의 수준이라는 변수에 집중함으로써 당시 매우 독특한 모형을 제시하였는데, 여기서는 부하직원의 준비성을 가장 중요한 상황적 요인으로 보았다. 다음의 [그림 7-1]은 Hersey and Blanchard의 리더십 모형을 잘 보여주고 있다(Lewis et. al., 2007:160).

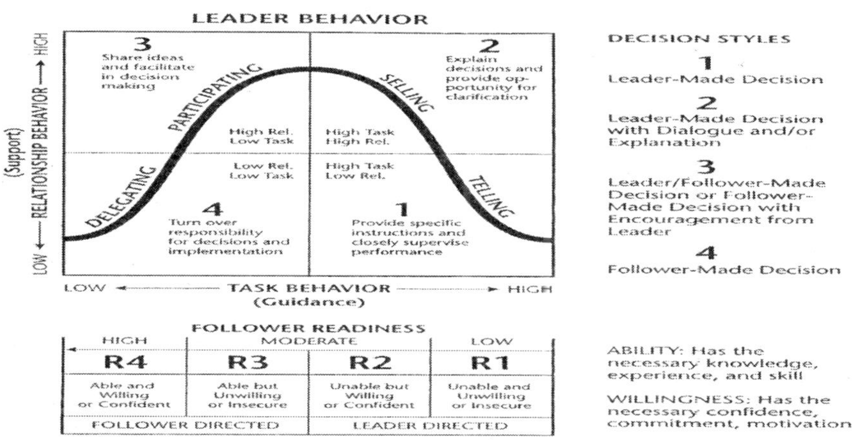

[그림 7-1] situation leadership model

이들의 모형은 리더의 역할을 업무행태(task behavior)와 관계성 행태(relationship behavior)라는 두가지로 구별하였다. 그리고 높은 관계성이나 또는 높은 업무지향성이 적절할 수 있는 데, 이것은 부하직원의 준비성의 수준, 즉 구체적인 업무를 수행하기 위한 능력과 의지(ability and willingness)에 따라서 좌우된다는 것이다. 여기서 능력은 사람들이 상황에 관련하여 보여주는 적절한 지식, 경험, 그리고 기술과 관련되는 것이며, 의지는 자신감, 몰입, 그리고 동기부여와 관련된다. 그리고 부하직원의 준비성은 수행된 특정한 업무로서 측정되는 데, 어떤 상황에서는 잘 준비될 수 있는 사람이 다른 상황에서는 그렇지 않을 수 있다는 것이다.

③ 카리스마 리더십과 거래적 리더십, 그리고 변혁적 리더십

학자들은 20세기말에 개발된 3가지 리더십 모델인 카리스마 리더십, 거래적 리더십, 그리고 변혁적 리더십 등에 주목한다. 우선, 카리스마 리더십이란 리더가 부하직원에 대하여 심오하고도 특별한 효과를 갖는 개인적인 능력과 재능을 사용하고 보여주는 것이다. 현재 리더십의 이론과 모델은 매우 다양하여서 여기서 제시하고 있는 변혁적 리더십과 거래적 리더십도 많은 이론들 중의 하나이지만, 오늘날 가장 대중적으로 리더의 효과성을 이해하는 수단이다(Humphrey,2012:247). Burn의 주된 연구개념들인 변혁적 리더십과 거래적 리더십을 크게 발전시킨 사람이 Bass(1998)이다. Bass and Avolio는 거래적 리더십은 개인들간의 교환에 근거하는 데, 이들 교환에서 리더가 교환의 요구사항들을 논의하여 구성하며, 부하직원들의 성과에 근거하여 상을 주거나 벌을 주는 것으로 구성된다는 것에 동의한다. 거래적 리더십(transactional leadership)은 두 가지의 구성요소로 되어 있는데, 하나는 상황적 보상(Contingent reward: CR)이고, 다른 하나는 예외에 의한 관리(Management by Exception:MBE)이다. 여기서 CR은 리더가 보상을 동의하거나 또는 만족스런 성과에 근거하여 다른 사람들을 보상하는 경우에 나타나는 일종의 적극적인 계약이다. MBE는 부정적인 계약으로 수동적인 MBE와 능동적인 MBE 형태로 구성된다. 예외에 의한 관리는 일종의 교정적인 수단을 의미하는 데, 구성원이 실수를 하거나 성과가 떨어지거나 하는 경우, 그 때 그 상황을 교정하기 위하여 이루어지는 행동을 의미한다. 수동적인 MBE의 리더들은 대체로 종업원들이 성과에서 떨어지는 경우까지 기다린다. 이와 대조적으로 적극적인 예외적 관리의 리더들은 적극적으로 성과를 모니터링하고 필요하다고 생각되는 경우에는 행동을 취한다(Bass,1998). 다음의 〈표 7-1〉은 거래적 리더십의 특성을 설명한다.

〈표 7-1〉 거래적 리더십의 특성

구분	거래적 리더십 (transactional leadership)	
transactional leaders	조건적 보상 (contingent rewards)	노력에 대한 보상을 약속하며, 또한 좋은 성과에 대한 보상을 약속함(성과중심)
	예외에 의한 관리 (management by exception): 적극성	규칙과 기준의 일탈자에 관심을 갖고 교정적 행동을 함

자료: Bass and Avolio,1995;1997;2000;Bass,1998.

리더십의 연구는 대체로 세 가지의 큰 패러다임을 거쳐 왔다. 소위 자질론(trait), 행태론(behavior), 그리고 상황론적 관점(contingency perspective)이 그것이다. 그리고 1980년대 이후에는 이들 세 가지의 리더십 접근방법을 하나로 통합하는 새로운 접근방법들이 나타났다. 게다가 이들 혼합적 접근방법들은 그동안 리더십 이론의 기본이 되어 온 리더와 구성원간의 교환을 의미하는 교환의 생각(notion of exchange)을 넘어서는 것이다. 이들 새로운 접근방법을 일단의 학자들은 "카리스마(charisma)"라고 불렀으며, 다른 사람들은 "변혁적 리더십(transformational leadership)"으로 보았다. Sashkin에 의하면, 이들 모든 접근방법들은 극단적으로 말하면 어느 한사람의 연구업적에 근거한다고까지 말한다(Antonakis, et al.,2004:172). 그가 말한 한사람이란 정치학자이며 사회 역사가인 James McGregor Burns이다. Burns(1978)는 독일 사회학자인 Max Weber에 의하여 제기된 권위의 원천(souces of authority)을 경제적과 비경제적간의 차이점에 대하여 처음으로 재음미하였다. Burns는 리더십의 사례로 모하마드 간디(Mohandas Gandhi)와 루즈벨트 대통령(Franklin D. Roosevelt)을 예로 들어 리더와 관리자간의 특징을 구체화하였다. Burns(1978)는 오늘날 많은 사람들이 변혁적 리더십으로 나아가도록 새로운 연구들을 발전시켰다. 거래적 접근방법은 리더와 추종자간에 경제적 거래를 중심으로 한다. 이와 대조적으로 새롭게 그가 제기한 변혁적 리더십은 Weber가 권위의 비경제적 원천이라고 불렀던 것들을 포함한다. 여기에 또 다른 특징은 기존의 세 가지 고전적인 리더십 연구의 범주인, 자질론, 행태론, 그리고 상황적 리더십론을 모두 통합한다는 점에서 찾을 수 있다.

이후, Bass(1985)는 Burns의 연구를 보다 발전시켰다. Burns의 접근방법에 대한 수정이 Bass에 의하여 이루어졌는데, 그는 거래적 리더십과 변혁적 리더십은 양극단의 상반되는 개념이 아니라고 주장했다. 그 보다는 각각 독립적으로 가령 업무지향적(task orientation)과 관계지향적(relationship orientation)이라는 관계처럼 독립적인 행태적 차원으로 나타난다는 것이다. Bass(1985)는 Burns(1978)의 이론을 비판하면서, 그는 변혁적 리더십의 개념과 도덕적 기초를 분명하게 하였지만, 어떤 유형의 행동 또는 어떤 유형의 전략을 변혁적 리더가 사용하는가를 설명하지 않았음을 지적한다. 또한, 구체적인 리더의 자질에 초점을 두지 않았을 뿐만 아니라 리더가 변혁을 시도하는 사회적·조직적 상황의 구체적인 측면에 대하여도 초점을 두지 않았다는 것이다(Antonakis et al.,2004:174).

변혁적 리더십(transformatonal leadership)은 가장 높은 수준의 리더십인 데, 집단이나 조직을 위하여 표준적인 요구를 넘어서서 종업원들의 헌신을 요청한다. 다음의 〈표 7-2〉는 변혁적 리더십의 하위요인들을 잘 설명해 주고 있다.

〈표 7-2〉 변혁적 리더십의 하위요인

변혁적 리더십(transformational leadership)의 하위요인	특성 설명
charisma leadership: idealized influence(behavior vs attributed)	직원들의 리더에 대한 동일화 노력을 통해 동기를 유발하는 리더의 자질과 행동
영감(inspiration)	높은 수준의 의사소통을 하며, 단순한 방식으로 목표를 표현한다.
지적인 자극 (intellectual stimulation)	지능과 합리성, 그리고 신중한 문제해결 방법을 증진시킨다.
개인적인 고려 (individualized consideration)	개인적인 관심을 제공하며, 각 종업원을 개별적으로 다루며 지도하고 조언한다.

자료: Bass and Avolio,1995;1997;2000;Bass,1998.

변혁적 리더십은 부하직원들이 최소한의 요구기준 보다 더 높은 성과를 내도록 동기부여하고 격려를 한다. Bass(1998)는 변혁적 리더십의 요소들로 4개를 들었다. 카리스마 리더십,(charismatic leadership) 영감적인 등기부여(inspirational motivation), 지적인 자극(intellectual stimulation), 그리 고 개별적인 배려(individualized consideration) 등이다. Bass는 변혁적 리더십의 리더들은 카리스마를 가진 행동을 하며, 부하직원들로부터 신뢰를 받고 존경을 받을 뿐만 아니라 그들의 역할모델로서 보여진다는 것이다. 그러나 이들은 또한 능력이 있으며 결정적이다. 이들은 위험을 감수하며 높은 윤리의식과 도덕적 기준을 갖고 있다는 것이다.

변혁적 리더들은 고무적인 동기부여를 사용함으로써 부하직원들을 동기부여시키고 고무함으로써 이들이 도덕적이 되고 기대에 더한 이해와 의미를 부여하도록 한다는 것이다. 또한, 변혁적 리더들은 지적인 자극을 통하여 부하직원들이 혁신과 창의성을 발휘하도록 고무시킴으로써 부하직원들의 능력을 개발하도록 한다는 것이다. 또한, 이들 변혁적 리더십이 강한 리더들은 부하직원들을 개인적으로 다루는 데, 부하직원들의 개인적인 욕구에 초점을 맞추어서 잘 듣고 멘토로서 행동을 한다. 그리고 개인적 차이를 수용하고 부하직원들에게 개인적인 학습의 기회를 제공한다(Humphrey,2012:249). 지금까지의 연구들은 변혁적 리더십은 거래적 리더십에 비하여 효과성을 위한 동기부여에서 보다 바람직함을 보여주었다. 선행연구들을 보면 유사한 현상이 복지조직에서도 확인된다(Arches, 1997; Fisher, 2005; Mary, 2005).

3) 리더십과 수퍼비전 (leadership and supervision)

다른 직원의 업무를 감독하는 수퍼바이저는 조직의 기대와 서비스 제공간의 연계에서 핵심적인 열쇠이다. 대부분의 전문가들은 자신들의 경력에서 적어도 제한된 수퍼바이저의 역할을 하는 자신을 발견할 수 있다. 일부는 다른 수퍼바이저의 업무를 감독하기 위하여 권한과 책임을 가진 관리자로서의 수퍼바이저로서 행동을 하지만, 대부분의 수퍼바이저는 직접적으로 서비스를 제공하는 직원들과 함께 일을 한다. 관리자로서의 수버비전과 전문가로서의 수퍼비전간의 차이는 수퍼비전의 효과성이라는 측면보다는 수퍼바이저 개인이 창조해 내는 관계성의 질 이라는 측면에서는 보다 중요하다. 수퍼비전을 위한 모델은 수퍼비전의 관계성속에서 미묘한 역할차이를 수용할 수 있을 정도로 충분히 광범위해야 한다. 수퍼바이지의 동기부여, 수퍼바이저의 리더십 유형, 권력과 권한의 적절성, 그리고 사회복지환경에 본질적으로 내재하는 특수한 문제들 등과 관련된 이슈들을 고려할 수 있을 정도로 모든 것을 포함하는 모델이어야 한다. 다시 말하면, 상황적 관점이 사용되어져야 한다. 즉, 사회복지사에 대한 수퍼비전에서는 최선의 접근방법이란 없는 것이다.

오늘날 사회복지조직의 수퍼바이저의 역할은 고객에 대하여 능률적이며 효과적인 서비스를 확실히 할 수 있을 정도로 몇가지의 역할과 기능을 충족하여야만 한다. 첫 번째로 가장 중요한 것은 지위에 의한 수퍼바이저로서의 역할로 조직의 리더로서의 역할인 것이다. 수퍼바이저는 개인적인 권한을 통하여 조직의 목표달성을 위하여 수퍼바이지의 동기부여와 행동을 지시하고 동원하는 데에 권력의 정당한 사용을 할 수 있다는 것이다. 이러한 수퍼비전의 일반적인 목적은 3가지의 필연적인 역할과 기능의 수퍼바이저라는 가정에 통하여 이루어지게 된다. 여기서 3가지란 관리자, 중재자, 그리고 멘토(manager, mediator, and mentor)로서의 역할과 기능을 말한다. 다음의 [그림 7-2]에서 볼 수 있는 이들 수퍼비전의 세가지 요소는 리더십의 구성요소들과 관련되는 데, 각각을 간략히 정리하면 다음과 같다(Lewis, et.al., 2007:141-157)

[그림 7-2] 사회복지 수퍼비전의 모델

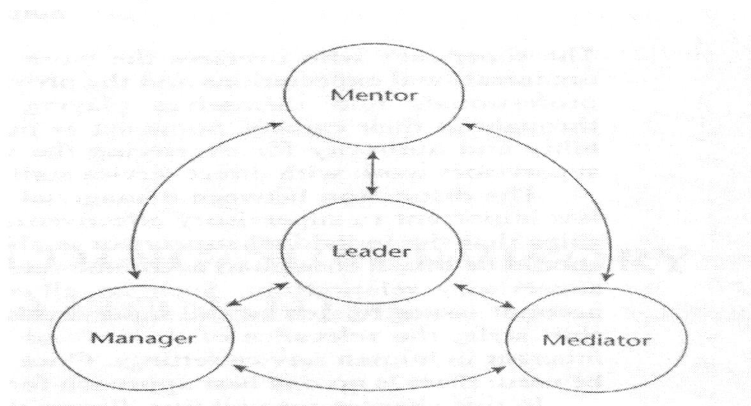

우선, 관리자로서의 사회복지 수퍼바이저는 기획영역, 예산, 조직, 인적자원개발, 그리고 프로그램의 평가영역에서 필요로 하는 지식과 기술을 개발하여야만 한다. 오늘날 조직의 책임성이란 측면에서 보면, 관리적·행정적, 기능적 수퍼비전은 매우 중요하다. 수퍼바이저는 자신의 성과에 대한 책임뿐만 아니라 궁극적으로 수퍼바이지의 성공도 또한 책임을 져야 한다. 사실 수퍼비전적 성과란 수퍼바이저의 성과 또는 수퍼바이저 팀의 성과로서 측정되는 경향이다. 게다가 수퍼바이저는 사회복지조직의 운영에 대한 책임이 있을 뿐만 아니라 기관의 고객들을 위한 긍정적인 성과를 유지하는 데 중요한 역할을 하여야만 한다.

둘째로, 중재자로서의 사회복지 수퍼바이저는 사회복지조직에서 발견되는 두가지 기본적인 기술, 즉 행정적 기술과 직접적 실천기술 사이의 관련성(the nexus between technologies of administration and direct practice)에 있다. 이러한 두가지 기술은 서비스 목표가 기능적 서비스 목표로서 구체화되는 단계에서 충족되어야 한다. 수퍼바이저의 책임성은 서비스의 능률적 효과적인 전달이라는 두가지 모두를 충족시키는 요건을 만족시키게 하기 위하여 두가지 기술을 중재하고 표명하는 것에 있다. 중재자로서의 수퍼바이저는 행정과 직접적 서비스 실천을 연계하는 것이며, 정책형성과 정책집행을 연계하는 것이다. 중재자의 역할 중에서 핵심적인 기능은 수퍼바이저와 수직적·수평적 수준간의 통합성과 다른 단위들간의 상호의존성를 포함한다. 또한, 필연적으로 수퍼바이저는 수퍼바이지와 다른 서비스 공급자와 고객들로 구성되는 조직환경간의 중재자의 역할도 하게 된다. 이러한 역할은 의사결정과 갈등관리에 있어서 상당한 기술을 요구하는 데, 고객과 직원, 그리고 조직의 필요성에 대한 민감성이 요구된다.

리더와 중재자로서의 기능을 집행하고 그 역할을 충족하기 위하여는 추가하여 사회복지조직의 수퍼바이저는 또한 자신의 수퍼바이지에 대한 멘토로서의 역할과 기능을 하여야 한다. 리더로서의 수퍼바이저는 기관의 목표와 기관의 임무를 구체화하고 통합하는 데에 필요한 도덕성, 생산성, 그리고 부하직원들의 직무만족 등에 관심을 가져야 한다. 관리자로서의 수퍼바이저는 기획, 조정, 그리고 평가의 행정적 업무를 일상적으로 다루어야만 한다. 중재자로서의 수퍼바이저는 직원들간 그리고 직원과 다른 내부적·외부적 조직 단위들간의 관계성의 협상에 힘을 기울여야 한다. 멘토로서의 수퍼바이저의 주된 책임은 수퍼바이지의 전문적 성장과 개발에 있는 것이다. 멘토로서의 역할이란 수퍼바이저가 부하직원들에게 개인적인 감정적 · 심리적 지지를 제공하는 최선의 기회를 가져야 하는 것처럼 수퍼바이지가 서비스 전달을 강화하기 위하여 자신의 기술을 개발하도록 도와야 하며 지식을 나누어 주어야 하는 것이다. 이들 역할과 기능은 고객에 대한 그리고 수퍼바이지의 서비스 실천에 있어서의 전문적인 가치와 윤리를 확실히 하고 몰입하도록 하는 것을 반영하여야 한다.

이상과 같이 사회복지조직의 수퍼비전에 있어서 수퍼바이저의 역할은 리더십과 매우 밀접한 관련성을 가질 수 밖에 없으며, 수퍼비전에 있어서 리더십은 핵심적인 열쇠인 것이다.

3. 노인복지조직의 환경

노인복지조직은 노인복지서비스를 제공하기 위하여 정부조직이나 민간 비영리조직, 그리고 협회의 형태를 구성하게 된다. 이러한 노인복지조직들은 노인복지서비스가 갖는 특징과 복지서비스의 특징, 그리고 비영리 공공조직이라는 특성을 가지게 된다. 여기서는 이들 조직들을 둘러싸고 있는 조직의 환경들에 관하여 살펴보고자 한다. 조직의 환경이란 거시적 환경 흐름과 미시적 행정적 경향 등으로 구분할 수 있다(Patti, 2000:55-65). 우선, 거시적 환경 흐름에는 세계경제의 상황, 국가의 정치권력, 사회복지정책의 지방정부로의 이양, 고령화, 지역사회의 재발견, 책임성의 강화, 그리고 정보기술의 발전 등을 생각해 볼 수 있다. 다음으로 미시적 행정적 경향을 보면, 보다 경쟁적인 행태를 추구하며, 보다 민연화를 추진하며, 보다 재구조화를 추구하며, 보다 마케팅을 추구하고, 보다 기업가적 관리방식을 도입하며, 보다 서비스 질을 추구하고, 보다 성과를 지향하며, 보다 전략적 기획을 추구하고, 보다 옹호적이고, 끝으로 보다 고객지향적인 경향을 띠는 것으로 생각된다. 이와 같은 노인복지조직의 환경을 여기서는 거시적 외부조건에 초점을 두는 일반환경과 하나의 조직과 직접적으로 상호작용하는 외부조직, 집단, 그리고 사상적 흐름 등을 의미하는 업무환경으로 구분하여 정리하고자 한다.

1) 일반환경

일반환경이란 조직의 거시적 외부조건으로 조직이 속한 일반 사회의 정치와 법, 경제, 문화, 인구, 기술적 상황 등으로 특정조직이 아닌 사회의 모든 조직들에 영향을 미친다고 하겠다(김영종, 2010: 158).

(1) 세계경제와 우리나라의 경제상황

우선 세계경제의 상황과 국내경제의 영향을 들 수 있겠다. 세계경제가 불황인 2014말 지금 우리경제도 불황을 벗어나지 못하고 있으며, 이로 인한 국가재정의 압박은 복지재정으로 연계되어 복지지출의 삭감 등 다양한 복지행정의 제약요인으로 작용한다. 선진경제와 미국경제가 신흥개발도상국들의 발전에 따라서 제조업에서 근무하는 근로자들의 일자리가 계속 줄어들게 됨에 따라서 임금은 상승하고, 근로조건을 악화되고 있다. 따라서, 미국과 선진제국에서는 제조업의 일자리가 줄어드는 것에 비하여 제조업의 생산성 보다는 IT기술과 서비스 산업의 생산성에 주목하는 변화가 일어났다. Peter Drucker(1992)가 말한 바와 같이, 미래의 주요한 경제적 도전은 기술의 생산성, 컴퓨터, 그리고 사회복지 전문가를 포함하는 지식노동자들의 생산성에서 일어날 것이라는 점이다. 이와 같은 세계경제의 변화가 초래하는 사회복지행정에서의 도전은 사회복지사들의 교육적, 지식적, 그리고 기술적 수준을 향상과 보다 서비스의 질과 향상시키기 위한 창조적인 방식을 찾는 데 있다.

(2) 국가의 정치권력

미국은 지난 60여년간 지역간의 정치권력의 변하를 심하게 보여왔다. 보다 진보적인 성향의 북동부 주로부터 보다 보수적인 남부의 주들에 있어서 나타났으며, 대체적으로 보수화의 움직임으로 나타났다. 이러한 의회의 보수주의적 성향은 복지개혁의 움직임을 만들어낸다. 전국적인 보수주의화의 경향은 사회복지행정에도 영향을 미치게 되는 것이다. 이러한 정치권력의 변화는 사회복지행정에 정부의 비용, 규모, 범위를 통제하게 되며, 민간부문과 시장화를 선호하는 경향으로 나타났던 것이다. 또한, 사회복지정책의 분권화로도 나타났다.

우리나라에서도 민주화가 이루어진 후에는 정치권력의 사상적 특징에 따라서 복지가 확대되기도(김대중정권과 노무현정권), 축소되기도(이명박정권) 하는 좌우 이데올로기의 정치적 특징을 보여주고 있다. 또한 2000년대 들어서 신자유주의적 정치성향, 분권교부세의 도입과 같은 지방분권화, 사회서비스 바우처 도입 등의 사회복지의 시장화, 그리고 신공공관리론에 입각한 성과관리 방식의 통제정책의 도입 등은 사회복지조직의 행정에 커다란 영향을 미치고 있다(김영종, 2010:160).

(3) 고령화의 영향

우리나라에서는 한국전쟁이후 출생한 베이비 부머 세대로 인한 다양한 방면에 걸친 개혁이 요구되고 있다. 인구의 고령화는 정치, 경제, 사회, 그리고 과학기술 등 모든 면에서 변화를 요구하고 있다. 무엇보다도 고령하는 생산가능인구의 감소를 초래하여 노동력의 고령화라는 문제를 발생시킬 것이다. 이에 따라서 노인에 대한 부양부담이 급증할 것이다. 이에 따라서 세대간 갈등이라는 새로운 문제에 직면하고 있다. 따라서 경제성장률도 생산가능인구의 감소 등의 영향으로 점진적으로 감소할 전망이며 향후 우리 경제가 정상상태에 근접해 감에 따라 자본축적 속도가 둔화되고, 이로 인해 한계노동생산성 증가율도 일정수준으로 수렴하면서 임금상승률이 둔화될 것이다. 또한, 인구의 고령화는 국민연금에도 영향을 미쳐서 현재 예상되는 것은 2044년 이후부터는 국민연금의 수지가 적자로 됨에 따라서 2060년에 이르면 결국은 적립기금이 고갈될 전망이다. 아울러 사회보장지출은 향후 급격한 증가가 예상되며, 국민연금과 건강보험 등 인구구조의 영향을 받는 사회보험지출이 사회보장지출의 대부분을 차지할 것으로 전망된다.

노인의 삶의 연장은 노인에게 공동생산, 즉 서비스 수급자가 동시에 서비스 전달에 참여하는 역할 등과 같은 것들이 나타나게 되었으며, 더 많은 전통적인 자원봉사활동의 기회를 낳게 되었다. 그리고 이러한 현상은 단지 사회복지현장이 늙어간다는 점만이 아니라, 사회복지행정에서 점점 중요성이 커지에 되었다. 연금과 사회보장, 건강보험, 장기요양보험, 기타 사회적·지지적 서비스들의 비용은 노인의 수가 많아짐에 따라서 점점 증가하게 되었으며, 앞으로의 모든 사회복지행정은 모든 측면에서 노인인구에 관심을 갖어야만 하게 된 것이다.

(4) 지역사회의 재발견

사회는 지역사회의 편익과 가치를 재발견해 나간다. 지역사회는 본질적으로 지리적인 특성을 가지며, 공통의 문화적 정체성이나 공유된 이익을 갖는 개인들의 집단일 수 있다. 지역사회의 재발견과 관련된 다양한 이유가 있는 데, 그 중에서 3가지가 분명하고도 중요한 데, 즉 사회복지에 대한 공적자금의 감축, 사회복지전문직들에 대한 재평가, 그리고 영성에 대한 재탄생을 들 수 있다.

우선, 사회복지를 위한 공적 재원의 감축은 지역사회에 대한 증가된 관심을 이끌어 냈으며, 사회문제를 해결하는 데 비공공적 접근에 대한 증가된 관심으로 나타났다. 그러나 지역사회의 재발견이 이들의 영향만이라는 확신은 실수가 될 것이다. 사회복지전문직이 도움을 주는 시스템의 핵심에 놓여 있지 않으며, 돌봄과 지지가 가족, 교회, 학교, 클럽, 그리고 다른 유형의 조직과 집단에 의하여 이루어진다는 증가된 인식화도 동일하게 중요하다. 현대사회복지 장면의 한 관찰자가 비평한 것과 같이, 시계추는 주된 돌봄과 예방, 그리고 자연적인 지지의 모델로서 지역사회와 집단으로 돌아가는 것이다.

지역사회의 재발견에 따라서 지역사회가 사회적 문제와 병리현상의 단순한 모음 이상으로 그 무엇인가가 있다는 것을 인식하게 되었지만, 지역사회는 인간, 가정, 그리고 시민들의 삶을 개선하기 위한 자조방식에서 사용될 수 있는 사회적 자본에 대한 것을 깨닫게 되었다. 지역사회, 주정부, 시정부, 그리고 지역정부의 재발견의 일부가 지역사회의 집단에 대하여 양육서비스, 건강보호, 상담 등을 제공하기 위하여 보다 의존적이게 되었으며, 지역사회에 대한 다른 사회복지서비스를 제공함에 의존하게 된 것이다. 복지개혁 그 자체로 사회복지고객을 독립적인 삶의 지위로 나아가도록 노력하는 데 있어서 지역사회의 협동에 크게 의존하게 된 것이다. 또한 지역사회의 재발견은 “영성의 재탄생”(rebirth of spirituality)에 의하여 이루어진다. 대부분의 서구문명 국가와 같이 미국도 “밀레니엄 특수”(millennium pull)의 적어도 일부분으로 인하여 영성의 재탄생을 경험한 바 있다. 유사한 영성의 재발견이 역사상 첫 번째 밀레니엄에도 기록으로 남아 있다. 많은 지리적인 지역사회에 있어서 신념에 근거한 집단들이 사회적 자본의 중요한 구성요소를 구성하고 있으며, 사회복지서비스 실질적인 전달과 사회변화를 주도하는 데에 점차적으로 관련되어 왔음을 오고 있다. 또한, 신념에 근거한 집단들은 사회복지 서비스 전달과 다른 지역사회서비스를 주로 자원봉사자에게 의존하였으며, 이와 같이 노인을 위한 서비스의 공동생산과 자원봉사자의 기회를 제공하였던 것이다.

지역사회의 재발견은 사회복지행정가들이 소위 자신들의 지역사회조직화 기술과 지역사회 개발기술을 보여주려는 것이 증가할 것이라는 점을 의미한다. 협력적 지역사회 주도성의 개발과 육성을 지원한다는 것은 많은 사회복지지관들을 위하여 중요한 활동을 증가시키게 될 것이라는 점이다. 사회복지행정간들은 지역사회의 지지체계내에서 자신들의 새로운 지지적 역할을 이해하여야만 한다는 것이 될 것이다. 이러한 새로운 방향성을 잡게 될 것이라는 관용구는 바로 "사회복지 사회"(social welfare society)라는 것이다.

(5) 책임성의 강화

미래에 있어서 사회복지행정은 고객 결과의 성과에 주된 초점을 맞추는 사회복지프로그램의 성과, 즉 산출, 서비스 질, 그리고 성과 등을 보여주고 서류화하는 것과 점차적으로 관련될 것이다. 보다 큰 성과책임에 대한 계속적인 부담은 다양한 원천으로부터 나오는 데, 즉 여기에는 정부, 관리되는 돌봄, 그리고 사적 재단 등을 말한다.

성과측정 운동은 1990년대부터 나타나기 시작하였으며, 정부성과관리법으로 법률화되었으며, 모두 50개 주에서 법률, 정책, 그리고 행정적 절차를 갖게 되었다. 서비스의 질적인 규정된 수준을 유지하기 위하여 서비스 전달을 통제하려는 다양한 접근방법의 범주속에 있는 관리요양 제도(managed care)는 보건과 정신보건의 영역에서 책임성 운동의 통합적 산물인 것이다. 관리요양제도는 아동주간보호, 거주자보호, 입양서비스, 기타 등과 같은 사회복지서비스로 넓혀가게 되었다. 또한 사적재단은 점차적으로 성과책임, 즉 산출, 서비스 질, 그리고 성과 등에 관심을 갖게 되었으며, 자신들의 재원에 대하여 보다 더 요구조건을 붙이게 되었다.

이러한 성과관리운동이 일반적으로 정부에서 관심을 가졌음에도 불구하고, 그것의 효과는 사회복지제도의 성숙으로 인하여 사회복지의 영역에서 강하게 느낄 수 있었다. 오늘날 사회복지는 거대한 산업이다. 오늘날 사회복지 프로그램에 지출하는 세수준의 정부, 즉 연방정부, 주정부, 그리고 지방정부를 통합하여 추정하여 보면, 1년에 약 2000억달러를 초과하고 있다. 오늘날 보건과 사회복지분야의 지출은 연방정부의 지출과 대응을 이루고 있다. 정부예산지출의 비율에서 사회복지의 크기와 책임성 운동으로 인하여, 성과라는 언어는 현재 사회복지행정의 용어에서 필수적인 것이 되었다.

(6) 정보기술의 발달

정보기술의 이용가능성과 적용의 증가는 계속적으로 사회복지와 사회복지행정에 다양한 방식으로 영향을 미칠 것이다. 예를 들어, 고객이 서비스에 어떻게 접근하는지, 사회복지전문가가 기능을 어떻게 수행하는지, 그리고 고객과 사회복지전문가가 어떻게 상호작용하는지 등을 포함한다. 가령 정보가 힘이 있다면, 정보기술은 사회복지를 민주화하고 고객을 능력발전시키기 위하여 잠재적인 가능성을 가진다. 정보기술 때문에, 시민들은 기관과 사회복지서비스에 대하여 배우게 되는데, 우리는 가정과 기관, 도서관, 서비스센터, 학교, 그리고 다른 장소에서 가능하게 하는 인터넷을 통하여 하게 된다. 그리 멀지 않은 미래에 사회복지고객은 재정적 지원과 인터넷을 통한 서비스를 적용할 수 있게 될 것인 데, 구체적으로 전자적으로 수행되는 인증서와 유가격자 결정 등이 있으며, 결국, 이들 서비스는 ATM기를 통하여 그들의 은행의 계좌로 자동 입금되는 것과 데빗카드를 통한 서비스의 구매와 같은 지원적 급여를 갖게 된다. 가정내의 고객들은 인터넷을 통하여 다른 가정의 고객들이나 세계의 어디와도 연계할 수 있으며, 가상의 우애방문의 시대를 생각할 수 있게 될 것이다.

정보시스템은 사회복지행정의 척추가 될 것이다. 그리고 정보기술은 사회복지전문가들이 고객과 면담을 하고 사례기획과 상담, 가정방문을 하며 그리고 전화와 이메일, 팩스, 화상회의, 그리고 인터넷을 통한 사정과 평가활동을 하게 될 것이다. 통합된 지역사회정보시스템과 데이터 뱅크는 사회복지행정이 즉시적으로 욕구사정, 자원의 이용가능성, 그리고 기획과 마케팅, 그리고 평가를 목적으로 하는 고객성과자료를 제공하게 될 것이다. 또한, 정보기술은 사회복지기술을 공유함에 있어서 시간간격을 크게 감소시길 것이다. 국가의 한지역에서의 사회복지기관에 의하여 학습되는 새로운 과업, 새로운 사상, 그리고 새로운 프로그램은 곧 바로 다른 지역의 사회복지기관에게로 공유되게 될 것이다. 사회복지에서 정보기술 사용의 증가에 대한 추론은 사회복지기관과 민간영역간의 파트너십 관계를 증가시키게 될 것이다. 적어도 얼마되지 않은 미래에 정부와 사회복지기관(공적이든 민간이든 모두)들은 컴퓨터와 정보기술 전문가에 대하여 민간영역의 기업에 비교하여 경쟁력있는 급여를 제공할 수 없게 될 것이다. 전자급여와 다른 정보기술 집약적 서비스의 전달처럼 비영리 사회복지기관과 정부에서의 복잡한 정보기술 체계의 유지는 점차적으로 계약에 의하여 이루어질 것이며, 민간회사와의 파트너십의 관계성이 증가될 것이다. 이미 현금급여와 식품구매권 수혜자들에 위한 전자적 급여체계을 운영하기 위하여 은행과 남부의 많은 주들은 은행과 계약을 맺었다.

2) 업무환경

앞에서 언급한 것과 같이 조직환경에는 거시적인 외부환경으로서의 일반환경과 직접적으로 노인복지조직이 업무를 추진함에 있어서 관계를 맺게 되는 다양한 서비스 관련 활동조직들을 말한다. 이들은 대개 해당 노인복지조직과 특정한 이해관계를 형성하여, 조직이 어떻게 운영되는지에 대해 자신들의 이해득실을 걸게 된다. 여기서는 김영종(2010)과 유사하게 업무환경을 재정자원의 공급자, 정당성의 제공자, 서비스 제공자, 경쟁조직, 그리고 클라이언트 등으로 구분하여 정리한다(김영종, 2010: 162-165).

(1) 재정자원의 공급자

사회복지조직에 재정자원을 제공해 주는 외부환경요소를 말한다. 대부분의 사회복지조직은 중앙정부와 지자체, 그리고 한국사회복지공동모금회 등이 주요 재정자원 공급자이다. 이들은 보조금의 형태로 개별 노인복지조직에 재정자원을 제공한다. 과거에는 보조금 하면, 중앙정부와 지방자치단체의 의한 것이 주를 이루었지만, 근래에는 민간차원의 재정자원 공급자들로 늘어나고 있는 추세이다. 사회복지공동모금회와 같은 공익재단이나 삼성복지재단과 같은 기업재단 등을 들 수 있다.

또한, 최근에는 이용자들에게 주어지는 바우처에 대한 변제 형태를 보이는 간접지원방식도 있다. 그리고 여기에 사회복지서비스의 시장화에 따라서 시장에서 서비스를 직접 구매하는 경우도 있으므로, 노인복지서비스의 고객이 직접 재정공급자가 될 수도 있다. 이와 같이 다양화되는 사회복지 재정자원 공급자의 구성은 다양한 이해를 요구하게 되고 해당 노인복지조직은 이들을 통합, 조정하려는 노력이 중시된다.

(2) 정당성의 제공자

노인복지조직이 활동함에 있어서 정당성을 인정받고 권위적인 결정을 내릴 있도록 하여 주는 업무환경을 말한다. 일반적으로 제도적 환경이라고 할 수 있는 데, 여기에는 정부, 법규, 그리고 전문가협회 등을 들 수 있다. 보건복지부의 노인복지과를 비롯하여 지자체의 노인복지관련 부서, 그리고 노인복지서비스와 관련된 서비스를 제공하고 규제하는 정부조직들을 망라한다 예로서, 연금, 보건, 의료, 그리고 장기요양 등이 모두 관련된다. 다음으로, 노인복지서비스와 관련된 제도적 환경으로 사회복지사업법과 노인복지법, 그리고 노인장기요양보험법 등을 들 수 있다. 정부조직들은 이러한 법규들에 근거하여 노인복지기관의 설치를 허가하고, 감독하고, 평가함으로써 해당 노인복지조직들에게 정당성을 부여한다.

사회복지 분야에서는 전문적 서비스를 제공하는 전문가조직, 민간협회 등이 주요한 정당성의 근원이 된다. 여기에는 한국사회복지사협회, 한국노인종합복지관협회, 한국노인복지시설협회, 한국치매협회, 그리고 사회복지공동모금회, 한국노인인력개발원, 국민건강보험공단 등을 들 수 있다. 예를 들어, 사회복지공동모금회는 프로그램 공모사업을 통하여 선정된 기관들에게 "사랑의 열매" 현판을 걸 수 있도록 해서, 사회복지공동모금회의 이미지에 수반된 합법성과 권위부여하며, 그리고 클라이언트 옹호집단이 표시하는 인정수준 등을 제공시키고 있다.

(3) 노인복지조직의 대상집단

일반적으로 노인복지조직의 대상집단은 노인복지문제를 갖고 있는 개인, 노인이 포함된 가족, 그리고 노인들이 거주하는 지역사회 등을 생각할 수 있다. 이러한 노인복지조직의 고객으로서의 대상집단이 모두 노인복지조직의 업무환경이 될 것이다. 전통적인 사회복지실천에서는 직접적인 서비스 실천, 집단사회복지, 그리고 지역사회조직화 등과 함께 사회복지행정과 조사를 필수적 과정으로 포함시킨다. 오늘날 일반적인 서비스 실천에서는 이들 과정들을 모두 포함시켜서 동시에 이루어지는 통합적 실천 접근방법이 우세하다. 따라서, 일반적인 서비스 실천에서도 최근에는 자원을 촉진하고 활용하는 데 있어서 기술만큼이나 행정적 과정에서의 지식을 필요로 한다. 왜냐하면, 모든 각 기관의 프로그램들은 효과적으로 집행하기 위하여는 능력있는 행정가를 필요로 하기 때문이다(Farley and Smith, and Boyle,2009: 129). 행정적 훈련을 받는 사회복지사에 대한 수요는 급증하고 있다.

이러한 노인복지조직의 서비스 대상자들은 조직으로부터 서비스를 직접 받거나, 서비스로 인해 결과적으로 혜택을 받는 외부자들을 모두 포함한다. 따라서, 노인복지조직의 핵심은 서비스를 제공해 주는 시설서비스 조직과 재가서비스 조직을 들 수 있겠다. 우리나라의 노인복지시설은 1981년 노인복지법이 제정되면서 제도화되었다. 1981년의 노인복지법에 의한 시설유형은 양로시설, 노인요양시설, 유료양로시설, 그리고 노인복지회관 등이었다. 그리고 1989년에 실비양로시설과 유료노인요양시설, 실비 및 유료노인복지주택이 시설서비스에 추가되었다. 이후 1997년의 노인복지법의 전면개정으로 인하여 시설서비스는 노인주거복지시설, 노인의료복지시설, 재가노인복지시설, 그리고 노인여가복지시설로 구체화하였다. 여기에 노인학대의 예방과 해결을 모도하기 위하여 노인보호전문기관이 시설서비스에 추가되었다.

(4) 노인복지서비스의 경쟁조직

여기서는 노인복지서비스와 관련하여 노인복지조직이 수행하는 과업과 관련하여 그 일부분을 수행하거나 관련된 서비스를 제공하는 조직들을 생각해 볼 수 있다. 지역의 종합사회복지관은 주로 저소득층 노인들과 관련된 서비스를 제공하고 있으며, 이는 노인종합사회복지관의 재가서비스와 충돌 내지는 경쟁하게 된다. 이 경우에는 서비스 제공의 경쟁이 바로 서비스 제공과 관련된 자원의 획득과정에서의 경쟁부터 시작됨을 알 수 있다. 노인복지서비스의 경쟁조직으로는 지역에 산재하여 있는 다양한 노인복지서비스 기관인 노인종합복지관, 경로당, 노인장기요양기관, 노인요양병원, 종합사회복지관, 의료기관 등을 들 수 있다.

4. 앞으로의 노인복지조직의 환경변화

(1) 보다 경쟁적인 행태

전통적인 사회복지기관들간의 관계는 경쟁적이기 보다는 협력적인 관계였지만, 미래에는 보다 경쟁적인 행태로의 변화를 보일 것으로 생각된다.

(2) 보다 민영화의 추진

보수적이며 반정부적인 환경이 주어짐에 따라서 사회복지행정가들은 보다 민영화의 기법들인 계약, 보조금, 바우처, 공동생산, 자원봉사 등을 선택하게 될 것이다.

(3) 보다 구조조정의 추진

보다 경쟁적인 환경이 조성되고, 보다 민영화를 추진하며, 그리고 보다 정보기술의 사용이 확대됨에 따라서, 미래에는 공공과 비영리 사회복지조직들은 점증적으로 자신들의 조직구조를 바꾸게 될 것이다. 많은 사회복지조직들이 조직을 축소하게 될 것인 데, 물론 일부는 더 커질 것이지만, 대부분은 전문화될 것이다. 사회복지기관은 학습자가 되어 정보기술을 획득함으로써 사회복지행정가가 자신들의 관리통솔의 범위를 증가시키는 능력을 가질 것이다. Drucker(1995)가 지적한 바와 같이, 정보와 정보기술을 둘러싼 조직화, 소위 오늘날 우리들이 말하는 구조조정은 일반적으로 조직에서 보다 적은 관리 수준과 보다 적은 중간관리자를 의미한다는 것이다. 다양한 새로운 동맹과 협력이 사회복지기관들간에 일어날 것이다. 또한 공공과 민간 사회복지영역간의 차이가 계속하여 희미해질 것이다.

(4) 보다 시장지향적

사회복지행정가들은 전통적인 사회기획과 욕구사정 기법이 자신들 스스로 장래에 자신들의 기관과 프로그램의 생존을 확실하게 하는 데 불충분하다는 것을 알게 될 것이다. 누가 비용을 지불하고, 서비스를 어떻게 최선으로 만들 것인가, 그리고 고객들에게 최적으로 생각되는 서비스를 제공할 것인가 그리고 자금원은 점차적으로 중요해 질 것이다 등은 주요한 이슈들이다. 이러한 문제에 있어서 사회복지행정가들은 필수적으로 마케팅 기법의 보다 많은 사용에 의지하여야만 할 것이다.

(5) 보다 기업가적 관리

분권화되고 위임된 사회복지정책에 있어서는 소수의 연방정부의 세부범주형 보조금 프로그램(categorical federal grant programs)과 보다 많은 통합적 범주형 보조금(block grants)으로 특성화할 수 있는 데, 앞으로 사회복지행정은 필수적으로 보다 기업가적이 되어야만 한다. 사회복지행정의 기본적인 본질은 집행에의 초점으로부터 기업가주의에의 초점으로 변화가 이루어질 것이다. 특정한 연방 또는 주정부의 사회복지프로그램을 집행함에 있어서 전문가가 된다는 것은 점차적으로 중요성이 떨어지고 있으며, 반면에 새로운 정책, 프로그램, 협력 등의 개발에서는 창의성과 기업가성이 필요하며, 사회문제를 해결하기 위한 자금흐름은 보다 중요해 질 것이다.

(6) 보다 질적 측면의 중시

사회복지서비스에서 서비스 질을 확보하기 위한 전통적인 접근방법은 질보증 접근방법이어 왔다. 예를 들어, 전문가들이 서비스 질을 결정한다는 것을 말한다. 헌데 미래에 사회복지기관은 고객이 서비스 질을 결정한다는 것에 대하여 보다 많은 관심을 갖게 될 것이다. 질적관리에 보다 강조점을 둔다는 것은 필수적으로 서비스 질관리 팀을 보다 많이 사용하는 것을 포함하며, 고객만족도 조사와 다른 기법들을 활용하여 고객의 환류를 요청하는 것을 포함하게 될 것이다.

(7) 보다 성과에 대한 강조

1997년의 사회복지사업법의 개정으로 인하여 평가를 강조하게 되었는 데, 이에 따라서 정부와 시설과 기관들은 목표의 달성도를 중시하는 성과평가를 도입하게 되었다. 이로 인하여 행정관리의 능률성을 보다 추구하게 되었으며 앞으로 보다 성과를 강조하는 경향이 확대되고 강화될 것으로 생각된다.

생각해 볼 문제

1. 사회복지행정의 특징은?

2. 사회복지조직이론 중에서 현대적 조직이론은?

3. 미래의 노인복지조직의 환경변화에 대한 설명하라.

참고문헌

김영종(2010). 사회복지행정.서울:학지사.

박광덕(1998). 현대사회복지정책론. 서울: 박영사.

----------(2002). 사회복지개론.서울: 삼영사.

Patti, R.J.(1983). Social welfare administration: Managing social programs in a developmental context.NJ: Prentice-Hall.

Hasenfeld, Yeheskel(2010). Human Services as Complex Organizations.CA: Sage Publication, Ltd.

Farley, O.William, Smith, Larry Lorenzo, and Boyle, Scott, W.(2009). Introduction to Social Work. CA: Sanfrancisco, Pearson Education, Inc.

제8장 고령친화사회와 노인복지서비스

1. 노인복지서비스 개념

노인복지서비스는 사회서비스의 한 분야로 학자에 따라서 그리고 시간적으로나 공간적으로 다양하게 이해될 뿐만 아니라, 그 적용대상과 범위도 차이가 있어서 모두가 인정하는 개념을 정의하기는 어렵다.

노인복지서비스는 노인을 대상으로 국가가 노인복지정책 및 관련 제도를 수립하고 민간 분야에서는 이러한 정책이나 제도를 바탕으로 노인복지 증진을 위한 여러 가지 복지서비스를 제공하고, 노인들의 욕구나 문제를 충족 또는 해결함으로써 삶의 질을 증진시키는 대인적 사회서비스(Personal Social Service)이며, 노인들의 사회·경제적 욕구에 대응하기 위한 사회복지적 체계라고 정의하였다(최창무 외, 2002).

박미석(2005)은 노인들의 건강, 가사, 요양보호 등 노인들의 일상생활에 필요한 여러 가지 욕구와 문제를 충족시켜 주기 위해 노인복지전문가들이 체계적이고 전문적인 서비스를 제공하는 것을 의미하는 것이며 노인들의 경제, 의료, 주택, 환경, 복지서비스 등을 국가에서 정책 및 제도를 활용해서 노인들의 전반적인 생활을 보장해 주는 고령화 대책이다. 이를 위해 노인들의 수요에 부합하는 다양한 서비스나 프로그램을 개발 및 제공하기 위해 객관화, 전문화, 표준화 등을 통하여 노인들에게 실질적으로 필요한 소득·의료·보건·여가 등에 필요한 서비스를 제공하는 것이라고 하였다(조석주 외, 2011).

이처럼, 노인복지서비스는 넓은 의미에서 노인복지 증진을 위해 사회적으로 지원하는 소득, 의료, 고용, 주거 등과 관련된 제반 서비스로 정의하기도 하고, 좁은 의미에서 지역사회에서 노인의 '대인관계나 사회관계에 있어 최대능력을 발휘할 수 있도록 도와주는 한편, 생활과 건강에서 만족할 만한 수준에 도달할 수 있도록 도와주기 위한 활동과 제도의 조직적인 체계'로 정의하기도 한다(최성재 · 장인협, 2010).

한편 보건복지부는 노인복지서비스를 '정신적 · 신체적인 이유로 일상생활을 독립적으로 수행하기 어려운 노인들과 노인을 부양하고 있는 가정에 필요한 다양한 서비스를 제공함으로써, 노인이 가족 및 지역에서 편안하고 건강한 노후생활을 보낼 수 있도록 하고 더불어 가족들에게는 부양으로 인한 부담 및 스트레스를 줄여주기 위한 사회서비스'라고 정의하고 있다(보건복지부, 2014).

이상의 노인복지서비스에 대한 개념을 정리해보면, 노인복지서비스는 사회복지서비스의 한 종류로써 노인들에게 필요한 다양한 복지서비스를 개인에게 적합하도록 정부나 민간에서 제공하는 서비스라고 할 수 있다. 또한 노인들에게 필요한 다양한 서비스들을 체계적이고 통합적으로 지원하고 제공하는 것이라고 정리할 수 있다(신승만, 2012).

2. 노인의 욕구와 노인복지서비스

1) 노인의 욕구

사회복지의 궁극적인 목적은 대상자들의 욕구나 문제를 해결하는 것에 있기 때문에 사회복지에서 욕구(need)는 대단히 중요한 개념이다. 욕구는 탄력적이고 상대적이며, 정치 · 사회적 환경변화에 따라 달라지고, 자원의 정도나 기술발전에 의해서도 변화한다고 하였다.

한편, 노인들의 욕구도 다른 연령층과 비슷한 성향의 욕구를 지니고 있지만, 노인의 특성을 고려한 노인들만의 욕구 파악이 필요하다. 즉, 신체구조(내부 및 외부)의 변화를 통한 건강의 쇠약, 심리적 변화(적응력 감퇴, 건강상태의 결함, 정서적 불안정 등), 성격의 변화(수동적, 내부지향적, 조심성 증가, 회상, 사용한 물건에 대한 애착심), 사회적 역할 및 지위의 상실 등 신체적 · 정서적 · 정신적 · 사회적 · 심리적 · 경제적으로 부족한 상태에 있다는 것을 알 수 있다.

노인들을 위한 사회복지서비스의 실천목표는 모든 다른 연령층의 사람들과 마찬가지로 그들의 욕구, 강점과 가족의 취약점을 감안하면서 노인들 스스로의 힘을 활용하고 자율성을 고양시키는데 초점을 맞추어야 한다. 결국, 욕구란 개인에게 필요한 것 또는 필수적인 것이 결핍된 상태를 말하는 것으로 이러한 결핍된 것을 충족시키거나 필요한 것을 본질적으로 구하는 현상이라고 말할 수 있다. 이는 내가 처한 현재의 상황과 내가 바라고 원하는 것과의 차이 및 격차라고 말할 수 있다.

이에 따라 노인복지 항목을 토대로 노인복지 욕구를 정의해 보면 노인들이 일상생활에서 느끼는 가족, 건강, 의료, 경제, 주택, 여가, 교육, 자원봉사, 노인장기요양서비스, 성, 죽음 · 호스피스 등에서 노인들이 바라고 원하는 것들이 충족되거나 필요로 하는 욕구 등으로 정의할 수 있다.

2) 노인의 복지욕구 특성

학자들은 노인문제를 토대로 노인의 욕구를 다양하게 분류하여 정리하고 있다. 많은 학자들이 노인의 욕구를 경제적 욕구, 건강관련 욕구, 정서적 욕구, 주거 및 여가환경관련 욕구, 가족관련 욕구 등으로 정리하고 있다. 현외성 외(2006)는 노인의 욕구를 식품 욕구, 주거 욕구, 보건의료 욕구, 노동 욕구, 금융 욕구, 교양 · 레저 욕구로 구분하여 정리하고 있다.

이와 같이 여러 학자들이 말한 노인 욕구에 대한 개념을 정리해 보면, 노인의 복지욕구는 크게 경제적 욕구, 보건의료 욕구, 여가 및 사회서비스 욕구, 가족에 대한 욕구 등 4가지로 구분할 수 있다. 이러한 분류에 따라 각각의 노인 욕구 특성을 살펴보면 다음과 같다.

(1) 경제적 욕구

우리나라는 급속한 경제성장과 함께 국민들이 안정되고 행복한 생활을 영위하고 있다. 우리는 전통적으로 지역과 이웃을 돌아보며 힘들고 어려운 사람들에게 나누고 베푸는 아름다운 미풍양속을 가지고 있지만 산업사회로 접어들면서 이러한 미풍양속은 사라지고 오직 성장과 발전만을 강조하며, 소득의 재분배 및 형평성 있는 분배 보다는 빈익빈 부익부 현상을 더욱 초래하게 되었다. 특히 노인들은 현재의 우리나라를 있게 한 장본인임에도 불구하고 사회적으로 약자의 입장에서 불필요한 존재로 인식되고 있다. 노인들은 현재 가족으로부터 부양을 받기 어려운 시대적인 상황에 있으며, 중앙정부나 지방자치단체의 사회적인 부양도 미흡한 실정이며 개인 및 국가 모두에게 도움을 받지 못하는 노인이 많은 것이 현실이다. 또한 노후준비를 충분히 하지 못한 상태에서 노후를 맞이하였기 때문에 경제적으로 매우 어려운 상황에 놓여있다.

노인들의 경제적 빈곤은 다양한 노인문제 중에서 가장 심각하면서도 중요한 문제이다. 노인의 경제적 빈곤은 상대적이라기보다는 절대적 빈곤이 압도적으로 높게 나타나며, 이는 사회가 발전하면 할수록 가정과 사회에서 노인들의 지위하락이 함께 진행되고 있기 때문에 더욱 심각한 사회문제가 될 것이다.

대부분의 노인들은 일할 의지를 가지고 있으며 신체적·정신적으로 그만한 능력을 가지고 있음에도 불구하고 정년퇴직이라는 사회구조적인 제도로 인해 어쩔 수 없이 직장을 그만두고 있다. 이처럼 노인들은 특별한 노후준비 없이 직장에서의 조기퇴직, 노인복지서비스의 부족, 공공부조 제도의 미흡, 사회보험제도의 결여, 재취업의 어려움 등 다양한 이유로 인하여 노인들의 경제적 빈곤이 더욱 심각해지고 있다.

우리나라는 노인들을 위한 연금제도나 사회보장제도가 매우 미흡한 상태이기 때문에 많은 노인들이 지금도 단순노무직에서 힘들게 일을 하고 있는 실정이며, 자녀들에게 경제적으로 도움을 받으며 생활하는 노인들은 자녀들에게 부양부담을 가중시켜, 부모와 자녀 간의 갈등을 야기하기도 한다. 또한 경제적 빈곤은 사회관계에도 제한이 있기 때문에 사회적 소외 및 고립을 가져오기에 노인들의 성공적인 노화 및 생활만족도 증진을 위해 경제력을 확보하는 문제는 매우 중요하다. 따라서 노인들의 경제적 빈곤 문제를 해결하고 편안한 노후생활을 보내기 위해 정부는 노인들의 경제적 빈곤에 대한 책임을 노인 개인이나 가족에게 전가하기 보다는 국가의 책임을 인식하고 노인들의 욕구와 특성에 부합하는 다양한 소득보장 프로그램 및 사회적 일자리 확대 정책을 시급히 마련하여야 한다.

(2) 보건 · 의료 욕구

노인들은 생물학적인 원인과 함께 신체적인 활동 감퇴 등으로 인하여 건강이 약화되는 것은 자연적인 현상이다. 그러나 노인은 성인병, 퇴행성 질환, 만성질환 등 여러 가지 질병으로 인하여 힘든 노후생활을 보내고 있다. 그리고 이러한 질병들은 유병률이 매우 높다는 점이다.

노인들의 건강은 점진적 생리적인 쇠약, 충분치 못한 영양 섭취, 중복 질병, 외로움, 배우자 · 가족 · 친구의 죽음, 역할과 지위상실, 경제적 소득감소 등으로 인한 스트레스 등이 노인 유병률을 높이고 있으며, 유병률의 증가는 노인 의료비 지출을 높이는 결과로 나타난다.

특히 노인 단독가구의 증가는 장애노인들에게는 장애로 인해 스스로 일상생활기능을 수행하지 못하게 되며, 배우자의 사망으로 혼자서 생활할 때, 노인의 생계유지나 질병치료와 간병과 관련하여 많은 문제가 발생하게 된다. 이와 같이 신체 · 정신 · 사회적 기능이 떨어지는 노인 또는 노인이면서 장애를 함께 지니고 있는 장애노인의 수는 점점 증가하고 있다.

반면, 이러한 노인들이 적합한 시기에 의료서비스를 받거나 치료를 받는다는 것은 매우 어려운 일이다. 적절한 시기에 질병을 치료하지 않으면 질병이 더 악화되어 심각한 건강상의 문제를 야기하게 된다. 노인들의 질병은 갑자기 나타나는 급성기의 질환이 아니라 오래 전부터 장기적으로 지니고 있던 만성적인 질환이 많다. 이러한 노인들의 질병 특성을 고려한 의료서비스는 아직도 매우 부족한 상태이다.

또한 우리나라는 의료비에 대한 자부담율이 높기 때문에 노인들은 많은 부담을 느끼고 있으며, 이러한 부담은 고스란히 노인의 가족책임으로 전가되기 때문에 가족들이 많이 힘들어하고 있다. 이러한 상황 하에서도 노인인구는 점점증가하고 있기에 질병 치료를 요하는 노인 및 요양보호, 간병보호, 재가보호 등 노인들의 상황에 맞은 적합한 의료적 서비스에 대한 욕구는 증가 추세에 있기에 이러한 욕구를 충족할 수 있는 의료서비스 정책이 확대되어야 할 것이다.

(3) 여가 및 사회서비스 욕구

노인들은 사회적 · 경제적 활동이 급격히 감소하기 때문에 사회적 역할과 지위가 감소하게 된다. 그리고 가족 내에서는 가장의로서의 역할이나 책임이 함께 감소하게 된다. 이처럼 노인들은 가정에서나 사회에서의 역할은 줄어들고, 반면 노인들에게 주어진 여가시간은 증가하게 된다. 젊었을 때는 직장생활과 사회생활 등 많은 활동으로 인해 여가시간이 부족하였지만, 노인들에게는 하루 24시간이 여가시간이다. 여가시간은 인간의 삶의 질과 직결된다. 따라서 노인들에게도 여가 시간을 어떻게 보내느냐에 따라 삶의 질에 많은 차이가 있기에 노인 여가활동에 대한 욕구와 관심이 점차 증가하고 있다.

노인에게도 우리 사회의 구성원으로서 가치 있고 여유 있는 삶을 추구할 권리를 가지고 있으며, 즐거운 여가활동을 통해 신체적 · 정신적 · 심리적 · 사회적 욕구를 충족시킬 수 있는 시간이 필요하다. 또한 노인들도 무료하게 시간을 보내기 보다는 본인이 자발적으로 여가활동을 즐김으로써 신체적 · 정신적 건강은 물론 고독과 외로움 등의 정서적인 문제를 극복하여 삶의 활력과 만족도를 높일 수 있는 역할을 한다. 아울러 노인의 여가활동은 노인의 부정적 인식을 긍정적으로 변화시킬 수 있어 노인의 자아존중감, 자기효능감, 자아정체성 등을 향상시키는데 많은 도움이 된다.

이처럼 노인들의 여가활동은 매우 중요한데, 우리나라 노인들의 여가활동은 대부분 TV시청, 라디오청취, 신문보기, 이야기하기 등 소극적인 여가활동을 보이고 있고, 노인 여가활동에 대한 인프라가 구성되어 있지 않아서 노인들이 여가활동을 하는데 많은 제약이 있는 것이 사실이다. 이에 노인들도 여가활동에 대한 인식을 새롭게 할 필요가 있으며, 단순하고 소극적인 여가활동에서 벗어나 교육, 문화, 예술, 운동 등 적극적인 여가활동 참여가 필요하다. 정부에서는 노인들의 여가활동에 대한 중요성을 인식하고 노인 여가활동에 대한 시설 확충, 프로그램의 개발 및 보급 등이 필요하다.

(4) 가족에 대한 욕구

가족에 대한 욕구는 노인들의 삶의 질을 결정하고 평가하는 중요한 척도로 활용되고 있다. 고령화가 진행될수록 가족구조 및 가구형태가 변화하면서 과거 장남 혹은 아들부부와 동거하던 전통적인 가족에서 현대사회에는 딸 부부와 동거, 노부부, 독거노인, 기타 친한 친구나 이웃과 함께 혹은 노인복지시설 거주 등 다양한 형태를 보이고 있다. 전반적으로 자녀와 함께 생활하는 노인은 점점 감소 추세에 있으며, 노인이 혼자 생활하는 단독가구는 점점 증가하고 있는 상황이다.

노인들이 가족들의 사랑과 보살핌을 받으면서 노인의 애정과 소속감의 욕구가 충족된다면 노년기 삶의 만족도는 더욱 높아질 것이다. 가족들과의 관계정도, 심리적 · 정서적지지정도, 경제적지원정도, 부양이나 보호정도, 가족 내에서 노인의 지위와 역할 정도 등은 노인들의 삶의 질에 중요한 요소가 된다. 따라서 노인들이 가지고 있는 여러 가지 다양한 욕구와 문제를 충족하고 해결하기 위해서는 가족과 지역의 문화나 특수성을 고려하여 일반적이고 획일화된 서비스를 지양하고 노인여가활동에 대한 현황을 조사해서 노인들의 욕구에 부합하는 적합하고 효과적인 방법을 모색하는 것이 중요하다(김형민, 2012).

3. 노인복지서비스의 원칙

노인복지서비스는 정형화된 원칙을 가지고 있지 않으며, 국가나 지역에 따라 다양한 서비스 원칙 및 내용을 포함하고 있다. 그러나 노인복지서비스 내용 중에서 중복적으로 사용하는 공통된 특징을 찾아서 몇 가지 원칙을 강조하고 있다. Gates는 서비스 전달체계에 대한 효과성 및 효율성에 대한 목표 달성여부와 상관없이 노인복지서비스 전달체계에 대한 중요한 원칙이 있다(Gates, 1980)고 하였다. 조성환(2006)은 국가와 사회의 정치 · 경제 · 사회 · 문화적인 특성 등에 따라 노인복지서비스가 매우 복잡하고도 다양한 형태를 보인다고 하였다.

노인복지서비스의 원칙은 학자들 마다 다양하지만, 본 장에서는 노인복지서비스의 기본 원칙을 전문성, 접근성, 통합성, 지속성, 책임성, 포괄성, 공평성, 적절성, 지역성 등 9가지 원칙으로 정리하고 그 내용을 살펴보면 다음과 같다.

1) 전문성의 원칙

전문성의 원칙은 노인복지서비스가 전문적인 가치와 윤리, 지식과 기술, 경험을 갖춘 노인복지 전문가에 의해 제공되어야 한다는 것이다. 물론 단순 업무나 일부 행정업무 등은 전문가가 아닌 비전문가가 업무를 수행할 수도 있다. 그러나 노인복지서비스 전달체계 측면에서 노인복지서비스 실천영역에서는 반드시 전문가들이 업무를 수행하여야 한다는 것이다.

장동일(2008)은 노인복지서비스는 누구나 하는 것이 아니라 서비스에 대한 가치와 윤리, 기술과 지식을 겸비한 전문가에 의해 수행되어야 한다는 것이다. 이는 노인복지서비스를 계획, 실천, 평가 등의 핵심 업무는 반드시 전문가가 전담해야 한다는 것이다(장동일, 2008). 여기서 전문가란 전문 지식과 기술 등의 자격을 객관적으로 인정받은 사람을 말한다. 따라서 노인복지서비스의 기본 원칙 중 전문성은 노인들의 욕구를 충족하기 위해 전문적인 교육, 지식, 기술, 경험을 가지고 있는 전문가에 의해 노인복지서비스의 전 과정이 진행되어야 한다는 것이다.

2) 접근성(Accessibility)의 원칙

접근성의 원칙은 노인의 신체적·정신적 특성을 인식하여 노인들에게 적합한 노인복지서비스를 필요한 시간과 장소에서 보다 쉽고 편하게 접근하도록 하는 것이다. Friedlander 등은 접근성에 대해 원활한 노인복지서비스 이용을 위해서 접근성은 매우 중요하며, 서비스를 이용하는 노인들이 생활하는 곳에서 너무 멀리 떨어져서는 안 되며, 교통 또한 불편함이 없어야 한다고 말했다(Friedlander & Apte, 1980).

물론 접근성은 거리적인 접근성도 중요하지만, 심리적인 접근성도 중요하다. 심리적인 접근성이라 노인복지업무를 담당하는 사회복지사들을 심리적으로 편안하게 느끼고 필요한 것이 있거나 불편한 점이 있을 때 언제라도 편하게 찾아가 도움을 받을 수 있도록 하는 것을 의미한다. 노인복지서비스 제공에 있어 노인들이 필요로 하는 서비스를 원하는 시기에 제공받지 못하면 노인중심의 서비스 전달체계라고 할 수 없다. 즉, 서비스 제공 및 전달체계가 노인들이 거리적, 심리적으로 접근이 용이하게 제공되어야 한다는 것이다.

따라서 노인복지서비스를 이용하는 노인들에게 발생되는 접근성을 저해하는 물리적·심리적 장애요소들을 찾아서 해결할 수 있다면 노인복지서비스의 효과성과 효율성을 더 증진시킬 수 있을 것이다. 다시 말해, 노인복지서비스에 있어 물리적·거리적 접근 이외 심리적, 정보적, 제도적, 법적, 경제적서비스 전문가 등 종합적인 요인들이 서로 상호작용이 이루어 질 때 노인복지서비스의 만족도가 높아질 것이다.

3) 통합성(Service Integration)의 원칙

통합성의 원칙은 공공 및 민간에서 노인복지서비스를 담당하는 부서 또는 서비스 전달체계를 하나로 단일화하여 노인복지서비스를 제공받는 노인들이 필요한 서비스를 위해 여러 기관을 옮겨 다니는 것이 아니라 한 기관에서 노인들이 원하는 다양한 서비스를 제공받는 것을 의미한다. 즉, 노인들이 가지고 있는 문제나 욕구는 어느 한 부분에 의해서 발생하기 보다는 통합적이고 복합적으로 서로 관련이 있기 때문에 제공되는 노인복지서비스도 서로 유기적으로 연결되어 제공되어야 한다는 원칙이다. 또한 노인복지서비스 기관들이 다양한 서비스나 프로그램을 동시에 제공하게 되면 서비스의 효과성이 떨어지고, 중복적인 서비스가 이루어져 예산낭비가 발생하기 때문에 효율성 또한 떨어지게 된다. 이러한 예산낭비가 없도록 서비스 제공기관, 사회복지사, 노인복지계획, 예산분배 등의 통합 조정이 잘 진행될 수 있도록 새로운 노인복지서비스 전달체계가 구축되어야 한다.

예를 들어, 아동, 장애인, 청소년, 여성, 노인문제 등은 단순히 서비스 대상자들만의 문제가 아니라 가족문제, 지역문제, 사회문제 등에 많은 영향을 미치게 된다. 따라서, 노인복지서비스 기관, 단체, 시설 간의 정보교환, 업무연계, 네트워크 구축 등이 필요하다.

4) 책임성(Accountability)의 원칙

책임성의 원칙은 노인복지서비스가 노인들에게 법적근거나 규정에 의거하여, 적합한 전달체계에 의해, 효과적·효율적으로 전달되었는지에 대한 것과 노인복지서비스 전달과정에서 노인들의 욕구, 현황, 만족도, 평가 등을 수립할 수 있는 구조나 체계가 구비되어 있는지를 보는 것이다. 노인들에게 적합한 절차에 의거하여 노인복지서비스가 전달되었는지에 대한 책임성에 관한 원칙이다. 이러한 책임성은 국가나 지방자치단체의 책임, 서비스를 이용하는 노인에 대한 책임, 사회나 지역에 대한 책임, 서비스를 제공하는 전문기관 및 전문가에 대한 책임 등으로 구분할 수 있다.

책임성에 대한 내용을 몇 가지 살펴보면, 국가 및 지방자치단체에 대한 책임은 운영 실적 평가, 전반적인 업무진행에 관련된 내용, 점검 및 평가결과 등에 관한 책임을 말한다. 서비스를 이용하는 노인들에 대한 책임은 서비스가 노인들의 욕구에 맞게 적합하게 진행되었는지, 서비스 전달체계가 적합한지, 서비스가 효과적·효율적으로 전달되었는지, 서비스의 전달과정에서 노인들의 의견이나 불만을 청취할 수 있는 체계를 갖추고 있는지 등이다. 예를 들어, 서비스의 내용이나 질을 결정하고자 할 때 포괄성 차원에서는 다양한 접근방법 있다.

앞으로 노인복지서비스는 책임성에 대한 요구가 더 요구되어질 것이며, 노인복지서비스를 수행하는 기관에서는 사업의 효과성·효율성을 제대로 입증하지 못하게 되면 생존하기 어려울 것이다. 이에 보다 효과적·효율적인 기관 운영을 위해 행정과 경영적인 부분에 대한 책임성 있는 운영이 요구된다.

5) 포괄성(Comprehensiveness)의 원칙

포괄성의 원칙은 노인의 다양한 욕구에 부합하는 서비스가 제공될 수 있는지에 대한 다양한 접근방법을 의미한다. 포괄성에 대하여 Gates는 지역사회의 노인복지 문제와 서비스에 대한 양과 질, 만족도, 전문성 등을 확보하려면 포괄적인 서비스 전달체계가 이루어져야 한다(Gates, 1980). 즉, 지역사회의 인적·물적 자원을 기반으로 하여 지역사회 노인들의 욕구나 문제를 해결하기 위해서는 지역주민 및 노인들의 의지와 참여가 중요하다.

Friedlander는 포괄적인 서비스가 제공되기 위해서는 효과적이고 효율적인 부분이 필요하다. 예를 들어, 단순히 노인을 주거시설에서 생활하게 하는 것만으로 만족해서는 안 된다. 주거시설은 노인들의 편안한 생활과 서비스의 내용을 보장하기 위해 정부나 지방자치단체의 점검과 평가를 받을 필요가 있다. 노인과 노인들의 가족이 노인복지시설을 이용하는 것에 대해 부정적으로 생각하지 말고, 노인 서비스의 포괄성을 위해 의료서비스가 전문적이고 체계적으로 이루어져야 한다(Friedlander & Apte, 1980)고 보았다. 즉, 노인복지서비스에 대해서 공공과 민간이 협동하여 체계적인 서비스를 제공하는 포괄적 차원의 시스템이 마련되어야 한다.

따라서 이상적인 노인복지서비스가 이루어지려면 노인들의 욕구와 문제를 해결할 수 있도록 서비스 제공에 대한 다양한 접근이 필요하다. 다시 말해, 노인복지서비스 접근방법에 있어서 서비스 수요자와 공급자 차원의 포괄적인 전달시스템 및 문제 해결방법이 이루어져야 한다.

6) 지속성(Continuity)의 원칙

지속성의 원칙은 노인복지서비스가 노인들이 살아 계시는 동안에는 변함없이 지속적으로 제공되도록 한다는 것이다. 노인복지서비스의 목표를 이루기 위해서는 많은 시간과 노력이 필요하다. 노인문제의 특성상 단시간에 해결되기보다는 많은 시간을 투자해야 결실을 볼 수 있는 것들이 많다.

윤철수 등은 서비스 대상자인 노인의 문제가 해결 될 수 있도록 욕구나 개개인의 특성에 부합할 수 있도록 서비스가 정기적이고 지속적으로 제공되어야 효과를 볼 수 있다고 하였다(윤철수 외, 2008). 만약 서비스를 제공하는 중간에 서비스 제공자가 바뀌는 경우에도 서비스를 중단하지 말고 지속적으로 서비스가 전달될 수 있도록 하여야 한다. 즉, 노인복지서비스의 궁극적인 목표가 이루어질 때까지 모든 노인복지서비스는 독립적인 생활 즉 자활이라는 목표를 중심으로 지속적인 서비스를 제공하여야 한다. 따라서 지속성은 포괄성, 통합성, 적절성과도 밀접하게 관련된다고 볼 수 있다.

7) 공평성(Equity)의 원칙

공평성의 원칙은 노인복지서비스를 제공받는 모든 노인들은 차별 없이 누구나 동일한 형태의 동일한 서비스를 평등하게 제공받는다는 의미이다. 서비스 이용자인 노인이 국민기초생활수급자인지 아닌지에 따라 정부 및 지방자치단체 또는 노인복지기관에서는 노인에게 적합한 차별적인 서비스에 대해 신경을 써야 한다. 경제적인 능력이 있는 노인들에게 특별한 서비스를 제공해서는 안 되며, 빈부격차로 인한 차별화된 서비스는 평등에도 위반된다.

모든 노인들은 노인복지서비스를 신청할 수 있고 이용할 수 있는 권리를 가지고 있다. 즉, 성별, 신분, 지위, 종교, 연령, 경제력 등에 관계없이 모든 노인들은 노인복지서비스를 동등하고 평등하게 제공받아야 한다는 것이다.

8) 적절성(Appropriateness)의 원칙

적절성의 원칙은 노인들이 원하는 노인복지서비스가 원하는 만큼 충분하게 전달되었는가를 보는 것이다. Friedlander(1980)는 노인복지서비스는 서비스를 제공하는 전문가 및 봉사자들이 서비스 제공의 원칙을 준수하는 것이 매우 중요하다고 하였다. 예를 들어 지역에 다양한 민족들이 살고 있다면 노인복지 전문가는 최소한 그들 나라의 문화를 이해하고 그들의 언어를 사용할 수 있는 능력을 갖추어야 한다. 이러한 능력을 갖추어야 그들의 욕구와 문제를 해결할 수 있고 적합한 서비스를 제공할 수 있기 때문이다.

적절성의 원칙은 노인복지에 대한 예산과 깊은 관계가 있다. 예산이 부족한 상태에서는 적절성의 원칙을 지키는 것이 어렵기 때문이다. 특히 노인복지서비스에서 공공전달체계는 공급자 위주로 진행하는 경우가 많기 때문에 노인들의 욕구를 충분히 고려하여 제공하는 것이 어렵기 때문에 적절성의 원칙이 잘 지켜지지 않는다. 따라서 서비스 전달체계를 구축하는 데 있어서 노인들의 입장에서, 노인들의 다양한 욕구를 충족시킬 수 있는 적절성의 원칙이 반영될 수 있도록 하여야 한다. 이를 위해 노인복지서비스에 대한 욕구분석, 계획 및 평가의 역할이 중요하다.

9) 지역성(Community)의 원칙

지역성의 원칙은 노인복지서비스는 노인의 생활권역을 중심으로 전개되어야 한다는 것이다. 노인의 생활권역은 '노인들이 생활하는 곳' '생활의 장'과 동시에 '노인들의 참가의 장'이므로 지역성을 배제해서는 안 되는 것이다. 노인들의 기초적인 생활권역을 구분하는 기준은 다양하다. 가장 기본적으로 물리적인 것뿐만 아니라 정서 · 심리적인 것을 포함하여 지역성을 고려한다. 노인복지서비스 이용이라는 측면에서 보면, 지역적 권역은 큰 지역보다는 작은 지역이 더 좋다. 그러나 서비스 제공체계의 효과성과 효율성을 고려하는 것이 중요하기에 노인들의 수요와 공급이 균형을 이룰 수 있도록 적합한 체계를 고려하여 생활권역을 설정하는 것이 중요하다.

4. 노인복지서비스의 내용

1) 노인복지서비스에 대한 관련법 내용

노인복지관련법에 규정되어 있는 현재 우리나라의 노인복지서비스 내용은 대략 네가지 정도로 볼 수 있다. 즉, 사회복지사업법을 기준으로 하서, 국민기초생활보장법, 의료법, 노인복지법 등이다. 노인복지와 관련된 우리나라 최초의 법은 1970년에 만들어진 '사회복지사업법'이다. 당시의 사회복지사업법은 노인복지와 관련된 내용만으로 이루어진 것이 아니라 여성복지, 아동복지, 장애인복지 등 사회복지서비스에 대한 전반적인 내용을 포함한 일반적인 법으로써 노인복지에 관해서는 일반적이고 기초적인 부분만을 명시하고 있다.

그러다가 노인복지서비스에 대한 법률적인 기초를 마련한 것은 1981년에 제정된 '노인복지법'이다. 노인복지법이 제정된 후에 IMF를 겪으면서 경제적으로 어려운 사람들을 '생활보호법'을 기준으로 해서는 서비스 제공에 어려움이 많았기 때문에 1999년에 '국민기초생활보장법'이 제정되어 2000년 10월에 시행되었다. '생활보호법'에서는 대상자의 범위가 매우 제한되어 있었고, 국가에 의해 시혜적이고 낙인감이 많았기에, '국민기초생활보장법'에서는 대상자의 범위를 확대하고 시혜적인 서비스가 아닌 권리로서 대상자들의 기본적인 생계보장과 함께 대상자 스스로 홀로서기를 할 수 있는 자활부분에 많은 비중을 두고 있다. 이 밖에 '의료법'에서는 노인들의 보건 및 의료에 관한 서비스 내용이 포함되어 있지만, 노인복지에 관한 서비스 내용이 구체적으로 규정되어 있지 않기 때문에 노인복지들의 서비스 증진에 많은 도움을 주지 못하고 있는 실정이다. 노인복지서비스와 관련한 5가지 관련법을 살펴보면 다음과 같다.

(1) 사회복지사업법과 노인복지서비스

사회복지사업법은 사회복지서비스 전반에 대한 내용, 범위, 대상자의 자격기준과 조건, 노인복지시설을 포함한 전체적인 사회복지시설에 대한 운영조건과 기준 등을 규정하고 있다. 노인복지서비스에 대해서는 노인복지 분야의 전문가들이 실천현장에서 서비스를 제공할 수 있도록 전반적이고 실질적인 내용을 제시하고 있다. 구체적으로는 사회복지시설이나 법인에서 사회복지를 담당하기 위해서는 국가시험을 통해 자격증을 취득하여야 하며(사회복지사업법 제11조), 사회복지사들은 사회복지서비스 욕구를 가진 대상자들을 발굴하고 실태를 조사하여 대상자들에게 적합한 서비스를 제공하기 위한 노력을 하도록 동법 제14조에 규정하고 있다.

또한, 이러한 서비스의 원활한 제공을 위하여 공공기관에서는 사회복지사들의 업무를 지원하고 협조하도록 서비스 비용을 지원하며, 그들의 처우를 보장해 주도록 동법 제14조 제4항과 5항에 규정하고 있다. 사회복지사업법이 1993년에 처음 개정될 당시에는 사회복지사업법상에 필요한 하나의 사회복지서비스로 재가복지가 규정되었다. 우선 재가노인복지서비스의 범위는 방문요양서비스와 주간·단기보호시설에서 보호, 급식, 상담 등의 서비스를 받는 주간· 단기보호서비스 등으로 규정하고 있다. 그리고 보호대상자들을 돌보는 사람에게는 중앙정부 및 지방자치단체에서는 노인복지서비스를 제공하는 대상자들에게 금전적인 지원을 하도록 동법 제41조 3항에 규정하고 있다.

(2) 노인복지법과 노인복지서비스

노인복지법은 우리나라에서는 처음으로 노인과 직접적으로 관련한 법률로 제정되었다. 노인복지법에서는 노인들의 신체적, 정신적, 사회적, 문화적, 의료적인 활동을 포함한 전반적인 서비스 내용이 포함되어 있다. 또한 65세 이상의 일정소득이하의 생활이 곤란한 노인들은 국민기초생활보장법에 의해 수급자로 지정이 되면 다양한 복지서비스를 제공받을 수 있으며, 수급자로 지정되지 않은 저소득층 노인들에게는 기초연금 대상자로 지정을 하여 연금을 받을 수 있도록 하고 있다. 단 노인복지법 제9조 제1항 제2호와 제15조에 의거 특수연금 및 타 연금을 지원받고 있는 노인은 제외한다는 조항이 있다.

노인복지법과 관련된 노인복지서비스(노인복지시설)를 중심으로 살펴보면 다음과 같다(윤경아 외, 2013).

① 노인주거복지시설

노인주거복지시설은 양로시설, 노인공동생활 가정, 노인복지주택 등으로 입소할 수 있는 대상은 일상생활에 불편이 없는 노인을 대상으로 하고 있다. 2008년 7월 1일부터 양로시설과 노인공동생활가정의 경우 무료, 실비, 유료의 기준은 없어졌으나 기존의 운영 기준에 따라 시설의 유형과 입소대상자의 경제력 및 그 부양자의 경제력과 부양능력에 따라 운영비가 지원된다.

65세 이상 국민기초생활보장 수급노인과 수급노인이 아닌 노인 가운데, 부양의무자는 있지만 부양을 받지 못하는 노인들은 무료입소 대상자로 중앙정부와 지방자치단체가 입소비용을 전액 지원한다. 실비입소 대상자는 65세 이상 노인으로 본인과 그 배우자 및 생계를 같이하는 부양의무자의 월 소득 합산액을 가구원수로 나눈 월평균 소득액이 통계청장이 고시하는 당해 연도 평균 가구원수로 나눈 1인당 월평균 소득액 이하인 노인이 해당된다.

노인복지법에서 양로시설은 노인을 입소시켜 급식과 그밖에 일상생활에 필요한 편의를 제공함을 목적으로 하며, 노인공동생활가정은 노인들에게 가정과 같은 주거여건과 급식, 그밖에 일상생활에 필요한 편의를 제공함을 목적으로 한다. 노인복지주택은 노인에게 주거시설을 분양 또는 임대하여 주거의 편의·생활지도·상담 및 안전관리 등 일상생활에 필요한 편의를 제공함을 목적으로 한다.

② 노인의료복지시설

노인의료복지시설은 노인요양시설, 노인요양공동생활가정, 노인전문병원 등으로 치매나 중풍 및 기타 노인성질환으로 인해 스스로 생활하기가 어려워 타인의 보호가 필요한 노인을 대상으로 입소를 하여 일상생활 및 요양과 보호에 필요한 서비스를 제공하는 시설을 말한다.

우리나라에서는 2008년부터 노인장기요양보험이 실시되어 노인의료복지시설 가운데 노인전문병원을 제외한 소규모 요양시설을 포함한 노인요양시설과 노인요양공동생활가정의 입소대상자는 65세 이상 장기요양 대상자 중에서 장기요양 1~2등급을 받으면 시설에 입소할 수 있으며, 65세 미만이라도 노인성 질환(치매, 뇌혈관질환, 파킨슨병 등)이 있는 경우는 서비스 대상자에 포함이 된다. 또한 장기요양 3등을 받은 노인이라도 부양의무자가 없는 등 특별한 이유가 있을 경우에는 노인장기요양 등급판정위원회의 심의 결과에 의거하여 장기요양시설에 입소할 수 있으며, 65세 이상으로 국민기초생활수급자로 선정되었거나 60세 이상으로 긴급조치 대상자로서 스스로 일상생활이 어렵거나 부양의무자의 보호를 잘 받을 수 없는 경우에도 입소대상이 될 수 있다.

노인복지법에 의하면 노인요양시설은 치매 · 중풍 등 노인성 질환으로 심신에 상당한 장애가 발생하여 도움을 필요로 하는 노인을 입소시켜 급식 · 요양과 그밖에 일상생활에 필요한 편의를 제공함을 목적으로 한다. 노인요양공동생활가정은 치매 · 중풍 등 노인성 질환으로 심신에 상당한 장애가 발생하여 도움을 필요로 하는 노인에게 가정과 같은 주거여건과 급식 · 요양, 그밖에 일상생활에 필요한 편의를 제공함을 목적으로 한다. 노인전문병원은 주로 노인을 대상으로 의료를 행하는 시설 · 의료법에 의한 의료기관을 개설할 수 있는 자(치과의사 및 조산사 제외)에 한하여 시 · 도지사의 허가를 받아 설치가 가능하다.

③ 노인여가복지시설

노인여가복지시설은 노인복지관, 경로당, 노인교실, 노인휴양소 등으로 노인주거복지시설과 노인의료복지시설은 신체적 · 정신적 기능 정도에 따라 노인을 입소시켜 급식과 요양서비스 및 각종 프로그램을 제공하는 주거시설이지만, 노인여가복지시설은 비교적 건강한 노인을 대상으로 노후생활을 보람 있게 보낼 수 있도록 각종 여가와 취미활동 서비스를 제공하는 이용시설이다. 특히 오늘날 노인들의 대부분은 생활수준의 향상, 의료기술의 발달 및 정년퇴직제도의 도입으로 선대의 노인들보다 건강하게 더 많은 시간을 노후에 보내기 때문에 노후생활을 보람 있게 보내는 일은 노인들 개개인은 물론이고 사회전체를 위해서도 매우 바람직한 일이다. 노인여가복지시설을 살펴보면 다음과 같다.

가. 노인복지관

노인복지관은 '노인의 교양 · 취미생활 및 사회참여활동 등에 대한 각종 정보와 서비스를 제공하고, 건강증진 및 질병예방과 소득보장, 재가복지 그밖에 노인의 복지증진에 필요한 서비스를 제공함을 목적으로 하는 시설'로 정의된다(노인복지법 제36조). 지역사회에 거주하는 노인들에게 오락 및 여가 프로그램을 포함하여 의료, 보건, 생활상담, 식사제공, 교양강좌, 취업상담 및 알선, 재가노인복지사업에 이르기까지 다양하고 전문적인 서비스를 제공하고 있어서 노인복지관은 노인여가복지서설 가운데 노인들의 종합복지센터로서의 중추적인 역할을 수행하고 있다.

나. 경로당

경로당은 '지역노인들이 자율적으로 친목도모, 취미활동, 공동작업장 운영 및 각종 정보교환과 기타 여가활동을 할 수 있도록 하는 장소를 제공함을 목적으로 하는 시설'로 정의된다(노인복지법 제36조). 즉, 경로당은 65세 이상 지역사회노인들의 참여를 통한 소득증진과 친목 및 여가활동의 제공을 주요 목적으로 하고 있다.

다. 노인교실

노인교실은 노인들의 여가 및 취미활동과 더불어 학습 프로그램을 제공하고 있는 곳이다. 노인복지법상 노인교실은 여가 · 취미활동과 학습프로그램 외에 노인건강유지, 소득보장과 관련된 프로그램을 제공하는 시설로 정의되고 있으나 주로 학습프로그램의 제공에 국한하여 운영되고 있는 실정이다. 노인교실은 노인대학, 노인학교, 경로대학 등의 명칭과 같은 의미로 사용되고 있다.

④ 재가노인복지시설

재가노인복지시설은 1980년대 이후 노인의 서비스 제공과 관련된 정책의 방향이 시설보호 중심에서 지역사회보호로 전환됨에 따라 등장한 시설이다. 이는 가능하면 노인과 노인을 부양하는 가족이 필요로 하는 서비스를 현재 살고 있는 가정과 지역사회 내에서 해결하여 안정된 노후생활과 가족의 부양부담을 경감시키는 것을 목적으로 운영되고 있다. 재가노인복지시설은 2008년부터 시행되고 있는 노인장기요양보험 제도에 따라 노인의료복지시설과 함께 향후 가장 활성화될 시설이라고 볼 수 있다. 재가노인복지서비스를 살펴보면 다음과 같다.

가. 방문요양서비스

방문요양서비스는 가정에서 일상생활을 영위하고 있는 노인으로서 신체적 · 정신적 장애로 어려움을 겪고 있는 노인에게 지역사회 내에서 건전하고 안정된 노후를 영위하도록 요양보호사가 가정을 방문하여 신체활동 및 가사활동 등 필요한 각종 서비스를 제공함을 목적으로 한다. 서비스 내용은 신체활동 · 가사활동 · 개인활동 · 정서지원서비스 등이 있다.

나. 주 · 야간보호서비스

주 · 야간보호서비스는 부득이한 사유로 가족의 보호를 받을 수 없는 심신이 허약한 노인과 장애노인을 주간 또는 야간 동안 보호시설에 입소시켜 필요한 각종 편의를 제공하여 이들의 생활안정과 심신기능의 유지 · 향상을 도모하고 그 가족의 신체적 · 정신적 부담의 경감을 목적으로 한다. 서비스 내용은 일상생활지원, 급식 및 목욕서비스, 노인 가족에 대한 교육 및 상담 서비스 등이 있다.

다. 단기보호서비스

단기보호서비스는 부득이한 사유로 가족의 보호를 받을 수 없어 일시적으로 보호가 필요한 심신이 허약한 노인이나 장애노인을 보호시설에 단기간 입소시켜 보호함으로써 노인 및 노인가정의 복지증진을 도모하기 위하여 서비스를 제공함을 목적으로 한다. 서비스 내용은 급식, 치료, 그밖의 일상생활에 필요한 편의를 제공하는 서비스와 노인요양시설 또는 노인요양공동생활가정의 사업에 준하는 서비스가 포함된다.

라. 방문목욕서비스

방문목욕서비스는 목욕 장비를 갖추고 재가노인을 방문하여 목욕서비스를 제공함을 목적으로 한다. 서비스 내용은 목욕준비, 입욕 시 이동보조, 몸 씻기, 머리 말리기, 옷 갈아입히기 등이며, 목욕 후 주변정리까지 포함된다.

마. 재가노인지원서비스

재가노인지원서비스는 방문요양, 방문목욕, 주야간보호, 단기보호서비스 이외의 서비스로서 재가노인에게 노인생활 및 신상에 관한 상담을 제공하고, 재가노인 및 가족 등 보호자를 교육하며 각종 편의를 제공하여 지역사회 안에서 건전하고 안정된 노후생활을 영위하도록 하는 서비스로(노인복지법 제26조), 2010년 3월 1일부터 시행되고 있다. 서비스 내용은 방문요양서비스 내용과 중복되지 않는 서비스로 일상생활지원 · 주거환경개선 · 정서지원 · 상담 · 지역사회자원개발 · 연계지원 · 교육지원 · 긴급지원서비스 등이 포함된다.

⑤ 노인보호전문기관

2004년 1월 노인복지법이 개정되면서 설치된 노인보호전문기관은 노인복지법 제39조의 5항에 의거 노인학대의 예방 및 방지를 위한 홍보, 학대받은 노인의 발견 · 상담 · 보호와 의료기관에 치료의뢰 및 노인복지시설에 입소의뢰, 노인학대행위자, 노인학대행위자로 신고 된 자 및 그 가정 또는 업무 · 고용 등의 관계로 사실상 노인을 보호 · 감독하는 기관이나 시설 등에 대한 조사, 노인학대행위자에 대한 상담 및 교육, 그밖에 학대받은 노인의 보호를 위하여 필요한 사항의 업무를 수행한다.

(3) 국민기초생활보장법과 노인복지서비스

국민기초생활보장법은 생활이 어려운 노인들의 최저생활을 보장하기 위하여 이들에게 필요한 급여를 지급하는 서비스(국민기초생활보장법 제1조)이다. 생계, 주거, 의료, 장제, 자활급여 등이 있다(동법 제7조 제1항). 이 중에서 노인복지서비스와 관련이 깊은 것은 생계급여와 의료급여 등이다. 이러한 급여를 받기 위해서는 수급자 본인과 그 친족 및 기타 관계인이 지방자치단체장에게 신청을 해야 한다. 각 지방자치단체의 사회복지전담공무원이 직권으로 신청할 수 있도록 함으로써 신청방법을 몰라 급여수혜서비스를 받지 못하는 사례를 방지하도록 하고 있다(동법 제21조).

(4) 의료법과 노인복지서비스

의료법상의 노인복지서비스에 관한 법률적 근거는 명확하게 나타나지 않고 있다. 단지, 노인전문요양기관과 같은 의료기관의 설치와 관련해서는 의료법에 의해 영향을 받는다. 현재 장기적으로 요양을 필요로 하는 노인의 경우에 노인전문요양원을 통해 서비스를 받을 수 있다.

이곳에서는 노인들의 의료를 담당하기 때문에 의료기관을 개설할 수 있는 사람은 면허를 의사나 한의사만이 가능하다(의료법 제30조 제2항). 또한 노인들에게 필요한 전담진료서비스의 운영과 인력에 관련된 내용은 의료법에 의해 규정되고 있다(동법 제2조제1항).

(5) 치매관리법과 노인복지서비스

치매관리법은 치매관리 정책을 종합적으로 수립·시행함으로써 치매로 인한 개인적 고통과 피해 및 사회적 부담을 줄이고 국민건강증진에 이바지함을 목적으로 2012년 2월 3일 제정되었다. 제2장 제6조는 치매관리종합계획 수립 등을 명시하였고, 제3장 제10조, 제11조, 제12조에는 치매연구사업의 범위 및 검진과 지원 등에 대한 내용을 명시하였다. 제17조 제1항에는 치매예방센터 설치 등에 대하여 명시하였다.

이와 같이 각 법률에서 노인복지서비스를 위한 종사자의 자격범위, 노인복지전문가 및 복지시설의 설치와 규정, 노인복지와 관련된 서비스, 의료기관과의 연계 등을 통해 서비스를 할 수 있도록 되어 있다.

〈표 8-1〉 현행 법 체계상의 노인복지서비스

법 구분	노인복지서비스 관련 내용	법률근거
사회복지 사업법	• 노인복지관련서비스 내용과 범위 • 서비스전달 제공의 조건과 자격 • 사회복지시설의 기준과 운영방식 기준 • 노인복지서비스 관련 사회복지사들의 자격과 법적보호 규정 • 재가복지서비스의 범위	- 사회복지사업법

노인 복지법	• 노인복지서비스제공 주체의 역할에 관한 규정 • 경로연금에 관한 규정 • 노인일자리 및 사회활동지원사업 • 노인복지전문가의 역할규정 • 노인복지사업, 치매관리사업, 노인재활요양사업 • 노인복지시설 관련 규정 • 재가노인복지사업	- 노인복지법 - 기초노령연금법 - 노인복지법
국민기초 생활 보장법	• 최저생활보장 급여지급서비스로서 노인복지서비스 관련(생계, 의료, 자활급여 등)	- 국민기초생활보장법
의료법	• 노인전문요양원의 의료기관 설치 관련규정 • 진료서비스 관련 전담인력 규정에 근거	- 의료법
치매 관리법	• 치매관리종합계획 수립 등 • 치매연구사업의 범위 및 검진과 지원 • 치매예방 상담센터 설치	- 치매관리법

5. 노인복지서비스의 과제

우리나라는 급속한 고령화와 더불어 노인들의 복지수요에 대한 욕구는 점점 양적으로나 질적으로 다양하게 증가하고 있다. 이에 노인복지서비스는 노인들의 욕구에 기초하여 계획되고 제공되어야 한다. 노인문제는 단순한 개인 및 가족의 문제만이 아니라 정치 · 경제 · 사회 · 문화적인 요소들이 복합적으로 일어나는 문제이다. 이러한 다양하고 복합적인 문제들을 정부의 정책으로만 해결하는 것은 불가능하다.

노인복지서비스가 제대로 이루어지려면 정부의 노인복지에 대한 정책과 예산이 뒷받침 되어야 하며, 노인들에게 직접적인 서비스가 이루어지고 있는 민간 노인복지기관에서의 노력이 함께 이루어져야 할 것이다. 민간기관의 노인복지서비스는 대부분 지역사회를 기반으로 이루어지고 있기 때문에 예산, 프로그램, 전문성 등

해결해야 할 문제점을 많이 가지고 있다. 따라서 민간기관의 노인복지서비스에 대한 효과성·효율성을 높이기 위해서는 중앙정부 특히 지방자치단체의 노인복지서비스에 대한 정책과 지원이 매우 중요하다.

우리나라는 1995년 지방자치제도가 시행되면서 사회복지 예산지원을 많은 부분 중앙정부에서 지방정부로 이양하게 되었고, 로컬거버넌스(Local Governance)로 연계되어 지방자치단체·시민단체·민간단체의 연계가 중요하게 되었다. 또한 중앙정부 단위의 노인복지사업도 지역자치단체의 지역주민의 욕구를 반영하여 정책을 수립하는 노인복지서비스 전달체계에 많은 변화가 있었다.

이처럼 지방자치제도는 지역사회의 인구 고령화에 따른 노인문제 또한 지역에서 찾아서 지역에서 해결해야 한다는 것이다. 그러나 지방자치단체는 재정자립도가 낮아 노인복지서비스에 대한 노인들의 다양한 욕구와 급증하는 복지수요에 적절하게 대처하지 못하고 있다. 따라서 이러한 노인문제를 해결하기 위해서는 지방자치단체와 여러 민간 노인복지서비스 기관과의 협력과 연계적인 서비스가 중요하다. 향후 지역노인들은 보다 인간다운 생활을 영위하기 위한 욕구는 더욱 강하게 나타날 것이다.

중앙정부와 지방자치단체에서는 노인인구의 변화와 다양한 욕구의 새로운 패러다임에 기초하여 노인복지정책과 서비스의 방향을 새롭게 수립하여야 할 것이다. 노인들이 생활하는 가정과 지역사회에 잘 적응하고 행복한 삶을 누릴 수 있도록 노인복지서비스를 현실에 맞게 시행해야 할 것이다. 고령화 문제는 심각함을 떠나 인류의 재앙으로 다가오는 현 시점에서 노인복지에 대한 새로운 인식변화의 필요성과 급변하는 노인복지환경에서 노인욕구에 부합하는 체계적이고 다양한 프로그램을 개발하여야 할 것이다. 또한 민간 노인복지서비스에 대한 전달체계 구축, 노인일자리 증대, 사회적기업과의 접목, 노인의 특성과 연령에 맞은 맞춤형 노인복지서비스를 개발·지원하여야 한다.

이러한 노인문제의 효과적인 해결방법은 지금까지의 중앙정부나 지방자치단체에서의 일방적이고 획일적인 공급자 중심의 노인복지서비스에서 노인 개개인의 욕구와 특성에 맞는 수요자 중심의 노인복지서비스가 제공되어야 할 것이다.

생각해 볼 문제

1. 변화하는 노인의 욕구를 반영할 수 있는 노인복지서비스의 변화 추이에 대해 생각해 보자.

2. 노인복지서비스의 지역적 불균형 현상과 해결방법에 대해 생각해 보자.

3. 새롭게 추가되어야 할 노인복지서비스에 대해 생각해 보자.

참고문헌

김상균 외(2008), 사회복지개론. 서울: 나남출판.

김형민(2012). 지방정부의 노인복지서비스 공급 실태 및 개선 방안에 관한 연구. 우석대학교 경영행정문화대학원 석사학위논문.

박미석(2005). 우리나라 노인복지서비스 기반 구축을 위한 기초연구. 한국가정관리학회지. 제23권 제4호 통권 제76호. pp.1-15

보건복지부(2014). 2014 노인보건복지 사업안내.

성규탁(1992), 사회복지서비스 전달체계의 개념 틀과 분석방법의 예. 한국사회복지협의회.

신승만(2012). 노인복지서비스 전달체계의 역량 · 과정과 성과에 관한 연구. 한국외국어대학교대학원 석사학위논문.

윤경아 · 김형수 · 모선희 · 유성호(2013). 현대 노인복지론. 서울: 학지사.

윤철수 외(2008). 사회복지개론. 서울: 학지사.

장동일(2008). 사회복지행정론. 서울: 동문사.

조석주 외(2011). 지방지자체의 노인복지서비스. 서울: 박영사.

조성한 외(2006). 사회복지정책론. 법문사.

최성재 · 장인협(2010). 노인복지학. 서울: 서울대학교출판부.

최창무·고수현(2002). 문민정부시기의 노인복지서비스에 관한 연구. 복지행정논총 제12집 제1호. 한국복지행정학회.

현외성 · 조추용 · 윤은경 · 김양이(2006). 한국노인복지학강론. 서울: 유풍출판사.

Friedlander, W. & R. Apte(1980). introduction to social Welfare, N.J.: Prentice-Hall.

Gates, B(1980). Social Program Administration : The Implementation of Social Policy. Englewood Cliffs, N.J. : Prentice-Hall.

제9장 고령친화사회와 고령친화산업

1. 고령친화산업의 개념

우리사회에 "고령친화산업"이란 용어가 등장한 것이 2005년 2월 「고령화 및 미래사회위원회」가 '고령친화산업 활성화 전략'에 관한 연구에서 고령친화산업이란 단어를 사용한 이후 널리 보편화되기 시작하였다(고승환, 2007). 우리나라에서는 1980년대 중반부터 근래까지 실버산업(Silver Industry)이란 용어로 통용되어 왔다.

실버(silver)란 '은빛'이란 의미로 노인들의 흰 머리카락을 가리키는 노인에 대한 상징적 용어로 사용되고 있다. 실버산업은 늙었다는 말과 어두운 이미지를 싫어하는 노인들의 심리를 겨냥하여 '백발'을 은백의 기쁨에 비유한 일본식 상술이 만들어낸 용어이다(김혜정 외, 2010). 우리나라의 노인복지정책 및 서비스는 일본의 영향을 많이 받았기 때문에 일본에서 사용된 실버산업이란 용어를 우리나라에서도 그대로 사용하게 된 것이다.

2005년 2월 이후 고령친화라는 개념은 '노인이 편리하면 모든 사람도 편리하다'는 취지로 편리성과 안정성에 입각하여 노인의 선호를 우선적으로 고려하는 의미이다(고승환, 2007). 따라서 고령친화산업은 고령친화와 산업이라는 합성용어로 기존의 실버산업을 대체하는 용어로 고령친화산업을 사용하게 되었다(김혜정 외, 2010). 우리나라는 지금까지 노인과 관련된 산업을 일반적으로 실버산업이라는 용어를 사용하였으나, 앞으로는 고령친화산업이란 용어로 활용되어지는 것이 바람직하다고 본다.

고령친화산업의 개념을 학문적 측면과 실천적인 측면에서의 정의를 살펴보면 다음과 같다(김혜정 외, 2010).

① 민간의 기업에서 노인 및 노후준비를 하는 예비 노인들을 대상으로 하여, 그들의 욕구에 부합하는 제품과 사회서비스를 판매 또는 공급하는 활동이다.

② 퇴직한 노인들을 대상으로 생활의 안정과 보호, 편의를 민간 기업에 의해 제품 및 다양한 서비스를 제공하는 산업이다.
③ 노인들의 신체적 · 정신적 · 사회적 기능을 증진하거나 유지시키고, 노인들의 편안하고 활발한 사회활동을 위하여 민간 기업이 본인들의 영리를 위해 제품이나 사회서비스를 공급하는 활동이다.
④ 노인복지분야와 기업분야에서 노인복지서비스의 일부분을 자유로운 시장경제 속에서 수요와 공급이 이루어지는 것이다.
⑤ 제공대상자를 연령으로 구분한 것으로 고령친화산업은 고령층 즉, 대략 60세 이상을 대상으로 민간 기업이 자유로운 시장경제 체계에 입각하여 제품이나 사회서비스를 제공하는 산업이다.

위의 이러한 정의들을 보면 첫째, 고령친화산업은 노인층을 대상으로 하고 있다는 것이며, 보다 넓게 보면 노후준비를 하는 예비 노인층을 대상으로 하고 있다는 점, 둘째, 노인들에게 제공하는 서비스는 그들의 욕구나 문제를 해결하기 위해 다양하게 개발될 수 있다는 점이다. 즉 고령친화산업은 노인들이 본인의 노후를 스스로 살아갈 수 있도록 하거나 또는 가족 · 친척 · 이웃 등으로부터 경제적 지원을 받는 것을 기본으로 하고 있다는 생각에서 노인복지적 의미를 가지는 한편, 관리 운영자의 측면에서는 영리를 목적으로 한다는 점에서 경제활동으로서의 의미도 동시에 가지고 있다고 본다(김혜정 외, 2010).

고령친화산업진흥법 제2조에 따르면, 고령친화산업은 '고령친화제품 등을 연구 · 개발 · 제조 · 건축 · 제공 · 유통 또는 판매하는 산업'으로 정의되고 있다(고령친화산업 진흥법, 2013). 또한 2005년에 「고령화 및 미래사회위원회」는 고령친화산업을 '고령자의 생물학적 노화 및 사회 · 경제적 능력 저하로 발생할 수요를 충족시키기 위한 산업'으로 인식하였다. 이와 더불어, 보건복지부에서는 고령친화산업을 '노인(또는 중 · 장년층)을 대상으로 민간의 자율적인 시장경쟁 논리에 의해 건강 · 편익 · 안전을 도모하기 위한 제품과 서비스를 제공하는 산업'으로 인식하였다(고승한, 2012).

이와 같이 고령친화산업은 '고령자들과 노후준비를 하는 예비 노인층을 대상으로 민간의 기업에서 고령자들의 욕구를 충족하고 불편하고 어려운 문제를 해결하기 위해 제품이나 다양한 사회서비스를 지속적으로 공급하는 산업'이라고 할 수 있다.

따라서 고령친화산업에 대한 정의는 학자들 마다 다르게 정의하고 있지만, 실버산업과 동일한 개념으로 사용되고 있으며, 공급주체의 주류가 민간 기업이나 개인이며, 시장경제의 메커니즘에 의하여 수요와 공급이 이루어지는 경제활동이라는 사실이다. 물론 고령친화산업은 이 산업이 민간시장에서 활발하게 진전되기 이전에 정부주도로 계획, 육성, 발전되는 측면이 우리나라에서는 강하다는 것이다(현외성 외, 2011).

2. 고령친화산업의 등장배경

고령친화산업은 어느 날 갑자기 등장한 것은 아니다. 고령친화산업은 고령자들의 노후생활과 관련된 분야에서 새롭게 변화되는 사회 환경과 고령인구의 증가 등 다양한 요인에 따라 발생하게 되었다. 고령친화산업은 고령자의 인구가 늘어나고, 고령자들의 경제적인 소비가 이루어 질 수 있는 환경이 조성되어야 활성화 될 수 있다. 미국이나 일본 등 선진국의 사례를 보면 소득수준 1만 달러 수준에서 산업화되기 시작하였으며, 2만 달러 수준에서 비약적으로 발전하였다. 우리나라는 인구 고령화 속도가 매우 빠르게 진행되었고 국민들의 생활수준의 향상과 함께 2010년부터 꾸준히 발전하고 있다.

고령친화산업은 크게 두 가지 관점에서 성장·발전해 오고 있다. 하나는 고령친화산업이 순수한 이론적·학문적 연구에 의해 등장한 것이고, 다른 하나는 현실적·경제적 관심에서 고령친화산업이 미래의 유망산업으로 인식되면서 발전해 온 것이다. 전자의 경우는 노인복지 분야를 비롯하여 보건의료학, 인구학, 노년학 특히 노인과 관련된 생활, 주거, 심리, 경영, 경제학, 여가학 등에서 노후생활에 관심을 가지는 과정에서 고령친화산업이 등장할 수 있는 토대가 마련되었고, 후자는 고령친화산업을 현대사회의 욕구에 부응한 새로운 블루오션 산업으로 발전하게 되었다(현외성 외, 2011).

고령친화산업을 배경요인으로 노인인구의 증가와 의식변화, 여성의 사회진출 확대, 보편주의의 진전, 정상화(normalization)의 확대, 재가복지서비스의 증가, 보건·의료복지의 연계 심화, 민영화 확대 등에 의한 복지관련 수요와 공급패턴의 변화를 지적하고 있으며(원융희·윤기열, 2001), 박차상 외(2012)는 고령화사회 도래와 노인의 경제적 능력의 향상, 핵가족화와 노인단독세대의 증가를 들고 있다.

정윤모(2007)는 고령화와 노인문제, 노인장기요양보험 제도 도입에 따른 노인복지시스템의 변화, 부양의식의 변화, 경제력 있는 노인의 증가, 노인의 복지욕구 증대, 노인복지정책 및 서비스의 변화가 노인복지서비스 공급주체의 다양화, 세대간 불평등의 심화와 세대 간 소득재분배의 필요성 증대로 고령친화산업이 등장하였다고 한다. 또한, 인구구조의 변화, 인구고령화와 소비지출 형태의 변화, 인구고령화 복지 보건 및 의료, 노인장기보험제도의 도입이 등장 원인으로 보고 있다(최동선 외, 2007).

이들의 견해를 종합해보면, 첫째, 노령인구의 증가, 둘째, 고령자의 경제력 증진, 셋째, 사회복지정책 변화에 따른 노인복지서비스 공급주체의 다양화, 넷째, 국민의 삶의 질 향상과 노인생활의 양질화 현상으로 구분할 수 있다. 이를 구체적으로 살펴보면 다음과 같다.

1) 고령인구의 증가

고령인구의 증가는 본인 자신과 노인을 부양하는 가족들의 입장에서 본다면 행복한 노후를 위해서는 그들의 욕구와 특성에 맞는 다양한 서비스 및 생활용품이 요구된다. 이러한 서비스 및 생활용품은 노인들의 양적이고 질적인 부분에서 노인들의 욕구에 부합하는 새로운 산업으로 발전하게 된 것이다. 노인인구 증가 중에서 빈곤이나 국민기초생활수급자도 증가하지만, 보다 많은 노인은 일반노인들로서 그들이 필요로 하는 각종 상품과 서비스가 요청되었던 것이다. 결국 이러한 요구는 업체들의 생산을 증대하여 고령친화산업을 발전하게 하였다(현외성 외, 2011).

또한 핵가족화 현상 혹은 단신가족이나 노인 가구 수의 증가 현상이다. 선진국에서는 핵가족 및 단일가구로 생활하는 것이 일반적인 상황에서 노인들은 자녀들과 떨어져 독립적으로 사는 것이 일반화 되어 있다. 이러한 경우 노인들의 부양은 가족보다는 노인요양·양로시설 등 노인복지시설 등에서 부양하는 서비스 제도가 잘 구축되어 있다. 노인들은 본인이 생활하던 가정과 지역에서 복지서비스의 도움을 받으며 계속 독립적인 생활을 유지할 수도 있고, 더 이상 혼자서 생활하기가 어렵게 되면 노인복지시설이나 병원 등에서 생활할 수 있는 체계가 구축되어 있으며, 어떤 서비스를 선택하더라도 노인들이 편안하고 행복한 생활을 영위할 수 있는 다양한 서비스가 마련되어 있다.

그리고 요보호대상 노인인구의 증가이다. 급속한 고령화 진행에 따른 노인인구의 증가는 중풍, 치매 등 장기요양서비스를 필요로 하는 고령자의 수가 급격하게 증가하여 전체 65세 이상 노인 가운데 대표적인 노인질환인 치매의 경우 2000년 27만 8,000명(8.2%), 2005년 36만 4,000명(8.3%), 2020년에는 70만 3,890명(9.0%)으로 급증할 것으로 전망된다.

이러한 요양을 필요로 하는 노인들의 증가는 요양 서비스 지출 비용의 증가로 인해 노인을 부양하는 가족의 부양비용 증가와 부양을 위한 생산인구의 조세 및 사회보장비용의 증가로 세대 간의 갈등을 야기할 수 있으며, 본인이나 가족에게 만성질환 노인에 대한 요양부담도 사회적 위험으로 잠재하고 있어 향후 사회적 위기를 초래할 가능성이 있는 것이다.

이러한 배경에 의하여 2008년 7월부터 시행되고 있는 노인장기요양보험 제도는 사회적 책임에 대한 부분을 강조함으로써 국민의 편안한 노후생활과 불안감을 줄여 줄 수 있으며 노인복지 인프라 확충에 따른 지역경제의 활성화, 노인요양보호사 등의 고용창출 효과, 그리고 이러한 제도를 토대로 하는 새로운 고령친화산업이 발전될 것이다(최동선 외, 2007).

2) 고령자의 경제력 증진

국민소득의 증대와 사회보장제도의 성숙으로 노인의 경제력이 강화되는 현상이다. 독거노인 및 저소득층 노인들이 생활하기에 어려움이 있을 경우는 정부에서 이들 노인을 위한 공공부조(국민기초생활보장제도), 기초연금 등 여러가지 노인복지서비스를 제공하는 사회보장제도를 시행하고 있다.

또한 편안한 노후생활을 위하여 젊은 시절에 연금이나 퇴직보험 등을 준비하기도 한다. 따라서 노인들이 퇴직 후 충분하지는 못하지만 일반적인 생활을 유지할 수 있는 정도의 기초연금이나 퇴직금 등을 수령하여 노후생활을 할 수 있도록 하는 것이 일반적이다. 이처럼 노인들이 어느 정도의 경제력을 가지고 있으면, 본인에게 필요한 서비스나 편안한 노후생활을 위해 서비스나 상품을 요구하는 것은 당연한 논리이다. 노인들이 필요로 하는 것이 있으면 그에 부합하는 공급이 자연스럽게 이루어져 고령친화산업이 등장하게 되었다(현외성 외, 2011).

이런 경제력 있는 노인들이 향후 고령친화산업에 주도적 역할을 할 것으로 예상되고 있다. 또한 이러한 노인들은 자녀들과 함께 살기보다는, 혼자 독립해서 살아가거나 배우자와 함께 사는 통크족(TONK)노인[8]들이 점점 늘어나고 있다. 예전에 노인들은 자녀와 함께 살면서 집안의 소일거리와 손자·손녀들을 돌보며 노후를 보냈는데, 요즘의 노인들은 배우자 또는 친구·동료와 함께 남은 인생을 즐기면서 보내겠다는 것이다. 통크족 노인들은 사회활동을 포함하여 모든 활동에 적극적이다. 이러한 욕구를 충족시켜 줄 수 있는 다양한 상품 및 서비스가 요청된다.

3) 노인복지서비스 공급주체의 다양화

선진국에서는 노인의 욕구나 문제가 다양화되고 물질적인 것보다는 비물질적인 것으로 발전하게 됨에 따라 국가의 재정에 의한 서비스만으로는 이러한 욕구나 문제를 해결 할 수 없게 되었다(이원형, 2002).

특히 노인들의 경제력과 결부하여 욕구가 다양해짐에 따라 노인들의 취향과 수준에 부합하는 서비스나 상품을 요구하기 때문에 중앙정부나 지방자치단체에서 시행되는 일반적인 노인복지서비스로는 노인들의 욕구를 충족시킬 수 없기 때문에 본인의 욕구와 의지대로 시장경제에서 구매할 수밖에 없다.

즉, 국가가 국민의 공통적 욕구나 문제를 만족시키는데 민간부문의 영리단체가 개인으로 하여금 필요한 서비스를 공급 하도록 할 수밖에 없게 되었다. 이는 영리추구의 단체나 개인도 넓은 의미에서 사회복지서비스 공급주체로 등장하게 된 것이다.

---

8) 통크족(TONK)노인 : 자녀에게 부양받기를 거부하고 부부끼리 독립적으로 생활하는 노인세대.

우리나라의 노인복지에서는 저소득층 노인에 대한 경제적 욕구나 문제해결이 시급한 과제이지만 경제적 문제를 제외한 다양한 욕구가 저소득층 노인을 포함한 중산층 이상의 노인들에게 공통적으로 나타나고 있으며, 이들의 욕구나 문제해결을 위한 서비스 욕구도 무시할 수 없을 정도로 점점 더 증가하고 있는 점에 유의해야 한다. 따라서 중산층 이상 노인의 다양한 비경제적(비화폐적, 비물질적) 욕구의 충족을 위해 반드시 영리적 민간공급체계도 점진적으로 확대되어야 할 것이다(김혜정 외, 2010).

4) 국민 삶의 질 향상과 노인생활의 양질화 현상

국민들의 경제적 수준 향상으로 중산층 이상의 경제적 소득이 있는 노인수가 증가하고 이들의 욕구에 적합한 유료 노인복지서비스 개발이 필요하다. 저소득 노인계층이나 기본적인 생활이하의 국가적 도움을 받아야 하는 노인들은 정부나 지방자치단체에서 기본적인 생활을 유지할 수 있는 서비스를 무료로 제공하고, 경제적 소득 있는 중·상류층의 노인들에게는 본인의 욕구에 따라 자유롭게 선택할 수 있는 다양한 노인복지서비스와 프로그램이 개발되어야 한다.

대체로 이러한 요소는 선진 복지국가의 경우에는 이미 1970년대 후반 이후 활발하게 고령친화산업이 발달하게 된 배경이 되었다. 우리나라의 경우는 1990년대에 들어오면서 고령친화산업에 대한 관심이 높아지고 있다. 이처럼 고령친화산업에 대한 관심과 수요는 많이 증가하였지만 시장에서 이루어지고 있는 고령친화산업에 대한 경기현황은 아직도 매우 낮은 수준이다. 이는 당사자인 노인과 가족 그리고 국민들이 아직까지 고령친화산업에 대한 인식이 부족하고, 정부의 고령친화산업에 대한 정책 및 예산지원의 미흡, 낮은 수익률로 인한 민간 기업의 참여 저조 등으로 인해 아직까지 고령친화산업은 낮은 성장률을 보이고 있다. 그러나 현재는 큰 경제적인 이익은 없지만 미래의 성장 잠재력을 보고 고령친화산업에 지속적으로 관심을 가지고 투자 및 생산성 향상을 위해 노력하는 민간 기관들이 증가하고 있다.

〈표 9-1〉 고령친화산업의 등장배경

배 경	내 용
고령인구의 증가	노인서비스나 노인용 소비재 수요 등 청·장년층과 차별화된 노인대상 수요가 증가
노인계층의 경제력 향상	노후준비가 충분히 된, 공적연금 수급노인, 즉 경제적으로 여유 있는 노인계층이 증가, 이는 노인 구매력의 향상을 의미
공급주체의 다양화	노인들의 욕구가 다양해짐에 이러한 욕구를 충족시켜 줄 수 있는 공공서비스 및 다양한 민간 서비스 기업·기관이 발생
국민의 삶의 질 향상과 노인생활의 양질화	저소득 노인들은 중앙정부나 지방자치단체로 부터 기본적인 생활을 유지할 수 있는 서비스를 무료로 제공받고, 경제적 소득 있는 중·상류층의 노인들에게는 본인의 욕구에 따라 자유롭게 선택할 수 있는 다양한 노인복지서비스와 프로그램이 개발

3. 고령친화산업의 필요성

고령친화산업은 이미 선진국에서는 고령화의 속도에 견주어 매우 급속한 발전을 보이고 있으며, 고령화가 심각한 국가 및 개발도상국가를 중심으로 고령친환산업이 국가 및 지역의 경제발전과 미래의 성장동력에 대한 잠재력을 알고 있기에 그에 맞는 정책과 제도를 준비하고 있다.

고령친화산업에 대한 필요성을 많은 학자들이 이야기 하였지만, 인구사회학적인 특성과 사회·문화·경제적인 측면에서의 필요성을 살펴보면 다음과 같다(김혜정 외. 2010; 고승한 외. 2007; 고승한, 2012).

첫째, 세계 총 인구 중 65세 이상 고령자의 비중은 2005년 7.4%에서 2050년에 16.1%로 늘어날 것으로 전망되고 있다. 특히 선진국은 2050년에 전체 인구의 1/4이 65세 이상 고령자가 될 것이다. 우리나라도 2050년에는 일본처럼 세계에서 가장 고령화가 심각한 나라가 될 것으로 예상하고 있다. 그래서 우리사회에서 65세 이상의 노인 1명을 부양하는데 필요한 생산가능 인구는 2000년에 9.9명에서 2020년 4.7명, 그리고 2050년에 1.5명 수준으로 낮아질 것으로 예상되고 있다. 이러한 고령화 추세는 어느 한 지역, 한 국가만의 문제가 아니라 전 세계적인 현상이라는 것을 인식하고 있기 때문에 민관에서 고령친화산업에 대한 산업으로의 경제적인 성장 잠재력을 알고 있다는 것이다.

둘째, 고령친화산업이 빠른 속도로 발전하게 된 것은 현대사회의 발전과 함께 전통적인 가족문화, 가족구조 및 형태, 부양에 대한 인식, 경로효친의 문화, 핵가족화 등 사회문화적인 인식에 많은 변화가 있었다는 것이다. 이러한 변화를 모두 개인과 가족의 책임으로 떠넘기는 것은 한계가 있다. 따라서 정부나 지방자치단체에서도 노인복지서비스 차원에서 고령친화산업에 대한 필요성을 인식하게 되었다.

셋째, 고령화 사회에 따른 사회경제적으로 어려움에 처한 노인들도 많겠지만, 경제적인 안정과 부를 소유하고 있는 노인들도 많이 있기 때문에 이러한 노인들의 소비성향에 맞추어 새로운 고령친화산업이 더 발전하게 될 것이다. 왜냐하면 과거와는 달리 베이비부머 세대들과 많은 노인들은 편안하고 안정된 노후생활을 준비하기 위해서 퇴직제도 및 개인연금에 가입 하는 등 노후생활에 대한 준비를 하고 관심도 높다는 것이다. 앞으로는 노인들이 노후생활을 위해 경제적인 분야(재테크, 퇴직연금, 부동산, 금융자산)에 관심이 높게 나타 날 것이고, 이와 함께 건강, 의료, 생활, 주택, 여가분야 등 다양한 고령친화 서비스 산업이 더욱 발전하게 될 것이다.

넷째, 현대의 노인들은 과거 전통적인 노인들과는 전혀 다른 다양한 라이프스타일을 가지고 생활하고 있다. 전통적인 사회에서의 노인들은 모든 것을 자녀의 교육과 보호를 위해 투자하고, 본인의 재산도 모두 자녀에게 상속하고, 노년에는 자녀에 의존하여 부양을 받으며 생활하는 것이 관례였다. 또한 노인들은 내향적이고 수동적이며 보수적인 가치관과 소비를 잘 하지 않고 근검절약하며 생활하였다. 그러나 현대 및 미래의 노인들은 행복한 노후생활을 위해 자녀에게 의존하지 않으며, 본인의 재산은 본인들을 위해 사용하고, 여가생활과 문화생활을 즐기면서 편안한 노후생활을 보내려는 생각과 태도를 가지고 있다.

따라서 노인들은 자녀에 의존하지 않고 독립적인 생활을 하면서, 본인이 하고 싶은 일을 하면서 노후생활을 행복하고 건강하게 보내려는 욕구를 가지고 있기 때문에 경제적 소비생활에 대한 관심이 더욱 높게 나타날 것이다. 이와 함께 집에서만 생활하던 전통적인 노인들과는 달리 고독과 소외감을 줄이고 삶의 질 향상을 위해 적극적으로 사회활동에 참여하게 될 것이다.

다섯째, 인구 고령화에 따른 노인인구의 증가는 의료적인 서비스 수요가 더욱 증가할 것이다. 노화에 따른 다양한 만성질환(고혈압, 관절염, 신경통, 당뇨병, 골다공증, 위·십이지장 궤양, 위염, 협심증, 심근경색, 백내장, 뇌졸중 등)으로 인하여 치료를 요하는 노인환자가 증가할 것이다. 이처럼 노인들은 만성질환을 가지고 있고, 또한 만성질환이 올 확률이 높기 때문에 노인들의 질병 예방 및 치료, 그리고 수발, 부양 및 요양보호를 위한 보건의료서비스 산업 발전이 요구되고 동시에 번창할 잠재력을 지니고 있다.

끝으로, 현재 우리나라의 고령친화산업 시장은 작고 시작단계에 있지만, 이러한 필요성에 의거하여 다양한 노인복지서비스를 공급하여 영리를 추구하고자 하는 민간 기업들이 점점 증가하고 있는 추세이다. 이는 개정된 노인복지법에 근거하여 재가노인복지시설, 노인여가복지시설, 노인의료복지시설, 노인주거복지시설 등과 관련된 사업들이 더욱 발전할 것으로 사료된다. 이런 측면에서 노인복지서비스 사업 발전이 바로 고령친화산업으로서 성격을 갖게 된다.

4. 고령친화산업의 특성

고령친화산업은 대부분 노인들을 대상으로 수요와 공급이 이루어지고 있으며, 사회·문화·경제적 특성을 포함하고, 아울러 노인의 가족, 이웃, 친척, 지역사회뿐만 아니라 정부나 지방자치단체에서 이루어지는 노인복지서비스나 프로그램, 민간 기업에서 제공하는 상품이나 서비스 산업 등으로 크게 구분할 수 있다.

고령친화산업의 주요 특성을 살펴보면 다음과 같다(김혜정 외, 2010; 고승한, 2012).

첫째, 고령친화산업은 민간시장에서 단순히 상품이나 서비스를 생산·판매하는 특성만 있는 것이 아니라 고령층을 대상으로 양질의 상품과 서비스를 제공하여 고령 소비층의 복지증진에 기여하는 공익성과 수익성을 함께 가지고 있다.

둘째, 고령친화산업은 대기업보다는 중소기업에 적합한 산업적 특성을 지니고 있다. 왜냐하면 고령자들의 다양한 욕구와 서로 다른 개인별 특성을 지니고 있기에 표준화 및 규격화된 상품이나 서비스 생산으로는 경제적인 수익 창출에 어려움이 있다. 따라서 고령층의 다양한 욕구와 특성을 고려하여 세심하고 적절하게 대응해야 하기 때문에 대량생산과 대량소비가 이루어지는 대기업보다는 중소기업에 더 적합한 산업구조를 가지고 있다.

셋째, 고령층은 건강한 노인에서부터 요양과 치료를 필요로 하는 노인에 이르기까지 소비대상층이 다양하다. 고령친화산업 가운데 특히 보건의료분야는 다양한 질병과 요양, 간병, 치료, 보호 등의 의료서비스를 요구하기 때문에 의료서비스의 자격을 갖춘 전문인력과 돌봄 노동력이 많이 필요하다. 그렇기 때문에 고령친화산업은 일률적이고 획일적인 산업이라기보다는 노인의 욕구와 특성을 고려한 사람의 손길이 많이 필요로 하는 노동집약적인 특성을 가지고 있다.

넷째, 고령층은 특정국가나 사회문화적 특성을 반영하고 있다. 예컨대, 우리나라 노인들은 선진국의 노인들과는 달리 가족들과 함께 생활하기를 원하는 욕구가 매우 높다. 그래서 노인 개인보다는 가족 구성원들의 의견을 잘 수렴하여야 하고, 지역사회에 따라 노인에 대한 관습과 문화에 차이가 있기 때문에 이러한 특성들을 고려하여 상품이나 서비스를 개발하여야 한다. 그러므로 고령친화산업의 안정적인 발전을 위해서는 노인들이 생활하는 지역사회의 문화, 관습, 특성 그리고 가족들의 특성 또한 고려하여야 할 것이다.

다섯째, 고령친화산업의 주 대상자는 노인들이다. 이러한 노인들은 보수적인 성향과 근검절약의 정신이 강하기 때문에 새로운 서비스나 상품을 요구하기 보다는 기존에 사용하는 서비스나 상품을 그대로 유지하려는 특성을 지니고 있다. 즉, 자주 새로운 것으로 교체하려는 욕구가 적다는 것이다. 다시 말해서 노인들은 하나의 상품이나 서비스를 구매하여 사용하면 완전히 사용이 불가능하기 전에는 새로운 상품이나 서비스에 관심을 보이지 않는 경향이 있다. 그래서 고령친화산업이 발전하려면 농촌보다는 어느 정도 노인인구가 집중되어 있는 도시지역 혹은 도시

근교 지역이 적합하다.

여섯째, 노인들이 필요로 하는 제품은 신체적 기능을 보완하는 첨단제품보다는 기능적으로 고장이 적고 단순하여 쉽게 사용할 수 있는 제품을 선호한다. 고령화 과정에서 신체적·사회적·심리적 변화를 전반적으로 경험하며 실제 필요한 상품 및 서비스임에도 불구하고 정서적·심리적 저항으로 인해 제품을 소비하지 않는 경향이 있다.

일곱째, 고령친화산업은 노인을 대상으로 하기 때문에 노인의 특성상 한 지역에서 오랫동안 생활하기 때문에 이동이 거의 없고, 지역적인 특성과 문화에 적합한 서비스를 요구하며, 서비스에 대한 변화도 매우 적다. 이러한 특성으로 인하여 고령친화산업은 지역의 특성을 고려한 지역과 밀접한 특성을 가지고 있다(황진수 외, 2011).

〈표 9-2〉 고령친화산업의 특성

구 분	내 용
공익성과 수익성의 결부	자유로운 경쟁원리에 입각한 수익성을 기본으로 하고 있으나 고령자에게 친밀감, 편안함, 안정성도 함께 제공
중소형 기업에 적합	수요의 다양화·세분화·다변화 등으로 중소형 기업에 적합
강한 연계성	복지·보건·의료서비스 연계, 기관·시설·상품·서비스와 연계
강한 지역성	이동성이 적은 고령자 대상, 지역의 문화적 특성 고려
노동집약적	특정 전문자격을 갖춘 사람의 노동력이 많이 필요
도시형 산업	노인인구가 일정 규모이상 되는 도시 및 근교도시에 적합

자료: 원융희·윤기열. 실버서비스산업의 이해. 2001.

5. 고령친화산업의 유형

우리나라의 고령친화산업 유형은 아직까지 통일된 분류체계를 확실히 갖추고 있지 않지만 참여정부의 고령화 및 미래사회위원회가 1차(2005), 2차(2006)에 걸쳐 분류한 유형은 모두 14개 부문에 34개 품목으로 구분되고 있다〈표 9-3 참고〉.

〈표 9-3〉 고령친화산업 전략품목

구 분		34가 전략 품목
1차: 8대산업 (19개 품목)	요양산업	재가요양서비스
	기기산업	재택/원격진단/진료 및 휴대형다기능 건강정보시스템,한방의료기기, 간호지원 및 실내외이동지원시스템
	정보산업	홈케어, 정보통신 보조기기, 노인용 컨텐트개발
	여가산업	고령친화휴양단지
	금융산업	역모기지연금
	주택산업	고령자용 주택개조, 실비고령자용 임대주택
	한방산업	한방보건관광, 항노화 한방기능성식품, 노인용 한방화장품, 노인성질환 한약제 개발
	농업	고령친화 귀농교육, 전원형 고령친화 농업테마타운, 은퇴농장
2차: 6대산업 (15개 품목)	교통산업	저상버스, 고령자 감응 첨단신호기, 형광표지판
	식품산업	특수의료용도식품, 건강기능식품
	의약품산업	신경계용약, 순환계용약, 대사성 의약품
	장묘산업	화장 및 납골용품, 웰다잉 준비 및 체험교실, 개장 및 이장서비스
	의류산업	건강보조 스마트 웨어, 건강개선용 레저스포츠웨어, 체형보정용 이너웨어
	교육산업	일자리 교육 및 훈련

자료: 저출산·고령사회위원회. 고령화산업 활성화 전략. 2006.

우리나라의 고령친화산업은 가까운 일본처럼 활성화되어 있지 않고 초보적인 수준에 있다. 그 이유로 고령친화제품에 대한 인식 부족, 관계법령 및 제도 미비 등으로 내수기반과 공급기반이 모두 취약하며, 소득이 낮은 고령자가 보험의 지원 없이 고가의 고령친화제품을 구입하기는 어려움이 있다. 또한 고령친화산업이 중소 기업적 특징을 갖고 있으나 아직은 관련 중소기업의 참여가 부진하며 이에 따라 R&D투자 및 전문인력이 부족한 실정이며, 고령친화제품 시장이 협소한 데다 대부분의 업체들이 영세하여 기술투자가 어렵고 국외시장의 정보도 부족하여 국제경쟁력 확보 및 수출산업화가 어려우며, 국산화율이 낮아 주로 일본산 제품을 중심으로 시장이 형성되어 있고, 최근에는 저가의 중국산 제품이 국내시장을 주도하고 있는 실정이다(이병희 외, 2007).

그러나 노인인구 증가와 요양서비스의 필요성이 높아짐에 따라 의료기기 분야와 복지용구 분야, 금융, 주거, 여가 분야가 성장할 것으로 예상하고 있다. 정부는 고령친화산업의 시장규모가 2002년 12.8조원(명목 GDP대비 1.9% 수준)에 이른 것으로 추정되고 있으며, 2010년에 43.9조원, 2020년에는 148.6조원에 달할 것으로 예상되어 성장 가능성이 매우 크다고 할 수 있다.

위의 고령친화산업의 유형이 다양하지만 그중 많은 비중을 차지하는 주거, 의료·요양서비스, 금융보험, 여가정보, 생활, 복지용품 분야를 중심으로 살펴보고자 한다.

1) 주거관련 분야

고령자가 노후에도 신체적·정신적인 안정감을 위해서는 주택 및 주거환경에 영향을 받는다고 할 수 있다. 현재 우리나라는 핵가족화와 함께 노인부부와 독거노인이 증가하고 있어 이러한 노인들이 안전하고 편안하게 살 수 있는 주거공간에 많은 관심을 갖고 있다. 고령자의 주거사정은 소득, 건강, 지역, 교육수준에 따라 주거환경에 대한 선호도도 다양하게 나타나고 있다. 따라서 고령자가 안심하게 거주할 수 있는 노인주택이 미래 각광을 받을 것으로 예상된다.

우리나라의 고령친화산업은 실버타운 또는 유료 노인복지시설로 불리는 주거관련 분야를 중심으로 발전해왔는데 우리나라 최초의 유로시설인 유당마을을 필두로 하여 삼성, 현대 등 대기업과 콘도, 레저업계와 금융기관, 사회복지법인, 종교단체 그리고 개인과 민간기업도 활발하게 주거관련 고령친화산업분야에 참여하고 있다.

최근 들어 노인주거복지시설의 설치경향을 보면, 설치지역이 서울 등 수도권 지역에 밀집되어 있으며, 대형화·고급화 되는 반면, 개인이 설치·운영하는 시설은 소형화되는 양극화 현상을 보이고 있으며 이용비용도 천차만별이다.

이와 같은 주거 관련 고령친화산업의 발전은 노인장기요양보험 제도 실시 이후에도 계층 간 위화감을 조성하고 소득수준에 따른 복지 불평등이라는 문제를 일으킬 소지를 가지고 있다(황진수 외, 2011). 그러나 노인주거시설의 민간부문 활성화를 저해하는 요소로 각종 규제에 의한 노인주거시설이 턱없이 부족한 실정이어서 규제완화 및 다양한 혜택을 통한 활성화가 필요하다.

2) 의료 · 요양서비스 분야

고령이 될수록 만성질환이 더 심해지고 노쇠현상으로 인해 일상생활수행능력이 약화되지만, 노인들이 가족으로부터 직접보호를 받기 어려운 사회경제적 여건으로 인하여 노인들의 보건의료서비스가 증가하고 있다. 이는 고령친화산업 분야에서 보건의료에 대한 서비스 수요가 증가할 것으로 보건의료부문에 성장이 예상되며, 또한 노인장기요양보험법 시행으로 인한 요양서비스 분야에 인력과 복지용구가 늘어날 것으로 예상되어 고령친화산업분야에서 의료 · 요양서비스 분야가 가장 주목받는 분야로 성장하였으며, 수요가 매년 증가할 것으로 예상된다.

노인복지법에 의한 의료복지시설은 노인요양시설, 노인요양공동생활가정, 노인전문병원으로 분류되어 향후 요양시설이 복지다원화로 인한 민간참여가 확대될 것으로 전망된다. 그러나 현재 의료 · 요양서비스 분야의 문제점은 복지서비스 등으로 장기적인 요양서비스를 받을 요양시설의 부족과 구제 등으로 인하여 인프라가 부족한 실정이며, 서울 · 경기 등 수도권 중심으로 개설되어 지역 불균형 현상 초래, 인력 측면에서의 전문성을 요구하는 인력양성 등에 문제점을 노출하고 있다.

3) 금융 · 보험 분야

금융 · 보험 분야는 인구고령화에 따른 사회경제적 변화에 따른 노후대책의 리스크 위험을 줄이기 위한 방안으로 건강리스크, 재무, 금융리스크에 많은 관심을 가지고 있다. 이제는 노후를 영위할 수 있는 방안으로 보험 · 금융은 필수적인 항목으로 자리매김을 하고 있다. 그러나 우리나라는 개인연금과 퇴직신탁 · 보험을 제외하고는 금융상품에 대한 이용도가 낮으며, 그 이유로 금융상품 리스크에 불안감과 경제적 손실을 우려하여 활성화되지 못하고 있는 실정이다. 따라서 고령친화 금융산업이 활성화되기 위해서는 민간 주도의 각종 보험제도에 대한 정부의 세제 지원과 안전장치를 마련하여 안심하고 금융·보험 분야를 활용할 수 있도록 해야 한다.

〈표 9-4〉 노후 관련 금융상품 내용

금융기관	상품 종류	내용
은행	노후생활연금신탁	노후생활비용 준비를 위한 목적
생명보험	보장성보험	사망, 상해, 입원 등 각종 위험보장에 중점을 둔 보험 최근에는 평생보험도 상품으로 시장에 나옴
	연금보험	노후생활자금 준비를 위한 보험 장수로 인해 생애보험도 포함됨
	저축성보험	주로 단기간에 목돈 마련을 위한 것으로 위험 보장도 겸함
손해·상해보험	특종보험	특정한 경우(여행 중의 사고)의 상해에 대비한 보험(해외여행보험, 가정생활보험 등), 운전자 보험 및 생활사고 대비 보험

자료: 현외성 외. 고령친화산업론. 2011.

4) 여가·정보 분야

노인여가시설로 노인복지관, 경로당, 노인교실 등이 있으며, 이들 시설은 민간이 운영하는 경우도 있지만 대부분 공공에서 비용을 지원하고 있으며, 정부 비용을 지원하는 시설의 주된 이용대상은 일반노인이 아니라 저소득층 노인을 대상으로 한정되어 있고, 여가시설은 노인인구 증가에 비하여 이용할 수 있는 여가시설과 프로그램이 부족한 형편이다.

또한 노인여가에 대한 관광 상품, 취미 및 교육프로그램들이 한정되어 있어 노후에 여가를 즐길 수 있는 폭이 좁아 주로 노인들이 집에서 TV시청이나 라디오 청취 등으로 시간을 보내는 것으로 나타났다. 그러나 고령자들이 경제적인 이유로 여가활동에 개성이 뚜렷한 소비특성을 가지고 있어, 여가 분야를 활성화시키는 것이 중요하며, 수요도 증가할 것으로 예상되어 여가 프로그램의 기획, 프로그램 개발 운영 등 여가관련 전문가를 양성하는 것이 시급하다.

정보사회의 발달로 현대사회에서는 정보화교육이 중요하며 생활의 필수적인 한 부문으로 자리 잡고 있는 오늘날 정보화교육은 앞으로 살아가는 데 매우 중요한 요소 중에 하나이다. 그러나 고령층의 정보화는 젊은 세대와의 격차가 심하여 노인들의 일자리 창출, 커뮤니케이션, 정보 지식 습득을 위해서는 정보화교육이 필수적이다.

노인의 정보화 사업에 대한 인식이 낮고, 관련 콘텐츠 부족, 콘텐츠 개발에 대한 전문인력 부족, 노인성 질환을 가지고 있는 노인들에 대한 정보통신 보조기기 개발 부족 등으로 정보화가 떨어지고 있는 것이 문제이다. 이를 해소하기 위하여 중앙정부 및 지방자치단체, 노인복지기관, 비영리단체기관을 통하여 정보화교육을 실시하고 있다. 정보 분야의 활성화를 위하여 컴퓨터 등 정보기기의 보급과 교육이 확대되어야 하며, 노인관련 콘텐츠를 개발하여 보급하고 인터넷을 통한 e-health 정보 제공을 확대하여야 한다(이원웅 · 고자욱, 2010).

5) 생활 관련 분야(재가복지서비스사업)

우리나라는 노인들을 위한 재가복지서비스가 중산층 이상의 일반 노인들을 위해서 활발하게 개발되지 못하고, 대부분 국민기초생활보장 대상 노인이나 저소득층 노인을 대상으로 하여 돌봄 사업, 주야간보호사업, 단기보호사업 그리고 가정방문 간호사업이 실천되고 있다. 선진 복지국가의 경우 재가노인을 위한 각종 유료 복지서비스가 많이 개발 실천 중에 있다. 방문의료, 전화방문, 목욕, 식사배달, 건강 · 보건서비스 등 다양한 서비스가 개발되어 있다. 가까운 일본의 예를 들면, 미타카시(三鷹市)의 재택복지공사는 1986년 12월, 고령화 사회에 대비한 복지정책의 기획과 실천으로서 유무상의 재가복지서비스를 시행하고 있다.

6) 복지용품분야

복지용품분야는 의존적인 노인들의 정신적·육체적 기능을 유지 또는 향상시킴으로써 그들의 일상생활을 지원해 주는 제품 및 서비스를 제공하는 분야로 점점 수요가 증가하고 있는 분야이다.

재활보조기구로 보조기, 자세변환기, 점자혈압계, 목발, 전자안내장치 등과 의료기기로 휠체어, 스쿠터, 보청기, 침대, 협압계, 체온계, 혈당계, 온열기, 리프트 등이 있으며, 그 외에 고령자들을 위한 문화콘텐츠 및 고령친화제품 등 매우 다양한 복지용품이 필요하다.

우리나라의 복지용품사업은 아직은 초기상태이기 때문에 일반적인 용품에 비해 가격이 비싸고 인식이 부족한 상태이다. 그러나 이러한 복지용품사업은 노인장기요양보험 제도가 점점 확대 시행됨에 따라 복지용품에 대한 수요가 급증함에 따라 앞으로 크게 발전할 수 있는 고령친화산업 분야라고 판단된다.

6. 고령친화산업의 활성화 필요성 및 과제

1) 고령친화산업의 활성화 필요성

고령친화산업의 활성화는 국가의 경제성장에 기여한다는 측면과 노인들의 삶의 질을 향상시킨다는 측면으로 볼 수 있다. 먼저, 경제적 관점에서 본다면 신산업 분야인 고령친화산업은 여러 분야의 모태산업과 연결되므로 고령친화산업 뿐만 아니라 기존 모태산업의 발전에도 기여하게 된다. 예컨대 노인층 소비자들에게 가장 많이 팔리는 품목 중 하나인 기능성 의류의 경우 고령친화산업이 발전하게 되면 모태산업인 의류산업이 함께 성장하게 된다. 결과적으로 고령친화산업의 활성화를 통해 모태산업이 더 확대 되면 새로운 고용창출로 일자리가 늘어나고 국가경제에도 긍정적인 영향을 미치게 된다.

다음은 노인들의 삶의 질 향상 측면에서 보면, 고령친화산업은 노년들의 라이프스타일을 유지하며 자존감을 높을 수 있게 된다. 노인들은 노화가 진행되면 신체적, 심리적으로 위축될 뿐 아니라 사회적 노화로까지 이어지면서 사회활동이 급격히 줄어들게 된다. 하지만 고령친화산업이 발전하면서 노인들의 일상생활상의 제약과 불편을 줄여줄 수 있는 생활용품이나 도구가 발달되어 생활하기 편안한 환경이 조성되면 노인들의 삶의 질도 향상된다는 것이다.

또한 생활주기에 필요한 구매 욕구를 충족시킬 수 있다. 노화가 진행되면서 그 시점의 생활주기에 맞는 보조기기나 제품이 필요해지고, 이에 따른 소비욕구가 발생하게 된다. 이러한 욕구는 보조기기를 사용함으로써 일상적인 생활을 스스로 수행할 수 있게 되어 노인들의 욕구를 충족시킬 수 있다(김수영 외, 2011).

이는 노년층의 자기결정의 기회가 확대됨으로써 자아존중감과 판단력이 좋아진다. 노화가 진행되면 노인들의 의사결정 기회는 감소되거나 줄어들게 되어 수동적인 경향을 보일 수밖에 없다. 하지만 고령친화산업이 발달하게 되면 노인들에게 적합한 용품이 다양해지고 노인들도 선택의 폭이 넓어져 기호에 맞는 제품을 직접 구매하기 위한 본인의 의사결정 및 자기결정력이 높아지므로 본인의 삶의 질이 향상될 수 있다.

우리나라의 고령친화산업은 근래에 들어와 빠르게 성장하고 있다. 현재 노인들의 경제력이나 전통적인 생활양식을 고려하여 고령친화시장의 급성장을 기대하기는 어렵지만 2010년 이후부터는 많은 발전이 진행되고 있다. 즉 노인층의 소득수준향상과 중산층의 급증으로 노인복지에 대한 수요가 증대 하게 될 것이고, 민간기업에서는 노인들의 수요에 맞는 다양한 고령친화상품을 개발하게 되어 수요와 공급이 활성화되어 고령친화산업이 본격적으로 대두 될 것이라고 예상된다.

이처럼 고령친화산업의 발전은 우리나라의 노인복지증진과 노인복지정책 개발에도 많은 영향력을 미치게 될 것이다. 따라서 노인복지정책도 노인들의 욕구에 부응하는 다양한 고령친화산업 정책을 서둘러 개발하고 도입해야 한다. 고령친화산업에 의해 노인들이 노후생활을 보다 편안하게 보내기 위해서 국가나 민간 기업은 고령친화산업의 여러 분야 중 어느 한 분야에만 관심을 가지기 보다는 다양한 분야가 균형 있게 발달되도록 정책적인 배려와 지원을 하여야 할 것이다.

고령친화산업의 민간 기업으로 건전하게 발전하기 위해서는 정부의 개입을 최소화하고, 필요시에는 고령친화산업에 대한 재정적 지원과 세제상의 혜택도 부여하여 고령친화산업을 활성화시켜 노인복지 증진에 기여하도록 유도함이 바람직하다고 본다. 업체에서도 고령친화산업에서 이윤만 추구하기보다는 공익차원에서 노인들에게 필요한 제반시설, 장비, 상품 등을 제공한다는 서비스 정신이 필요하다고 생각한다(김혜정 외. 2010).

2) 고령친화산업의 과제

첫째, 고령친화산업 연관 산업체 및 육성품목에 대한 기초연구 및 조사가 필요하다. 현재 고령친화산업의 산업분류나 연관된 세부 산업군이 명확하지 않은 상태이므로 연관 산업분야와 육성품목에 대한 기초연구가 필요하다. 이러한 기초연구 결과는 국내외 사례조사와 전시회 등의 참관을 통해 현실적인 범위에서 연관 산업군과 육성 대상 품목을 도출하는 것이어야 한다. 기초연구를 기반으로 연관 산업체 조사를 통한 우리나라 고령친화산업 세부산업별 기업체 DB를 구축하여야 할 것이다.

둘째, 고령친화산업 기반 확충을 위한 산학·연·관 네트워크가 필요하다. 고령친화산업을 확충하기 위해서는 관련 산업들과의 네트워크를 확산하는 선제적 노력이 필요하다. 고령친화산업은 중소기업에 적합하다는 특성을 가지고 있는 점을 고려하여 산업체 간의 연계체계 구축과 합리적인 네트워크를 형성하는 것은 고령친화산업체 간의 시너지 효과 및 발전에 많은 도움이 될 것이다.

셋째, 고령친화산업의 발전을 위한 정책적·제도적 인프라가 형성되어야 한다. 이를 위해 먼저 고령친화산업 분야의 현황과 문제를 파악하고 이러한 문제를 해결하기 위한 대안마련과 활성화를 위한 정책 및 제도가 필요하다. 이처럼 고령친화산업의 활성화를 위해서는 정부의 정책과 제도가 뒷받침 되어야 하며, 고령친화산업을 전담하는 부서설립, 인력지원 등 행정적인 지원이 이루어져야 하며, 고령친화산업과 연관된 융합기술 R&D 및 인식개선을 위한 활발한 홍보사업이 함께 이루어져야 할 것이다.

넷째, 고령친화산업 육성을 주도할 지원센터 지정 및 설치가 필요하다. 고령친화산업 기반 확충과 사업화를 지원할 전문 고령친화산업지원센터를 지역별로 설치하여야 할 것이다. 고령친화산업지원센터에서는 연관 산업체 발굴, 정책개발, 고령친화산업 상담 및 안내, 산업기관 확산과 기술 및 정보교류, 고령친화산업 창업 및 인큐베이팅 지원, 고령친화산업 R&D 및 사업화 지원 등 다양한 역할을 수행하도록 지원해야 할 것이다.

다섯째, 고령친화산업 지역 및 권역별 클러스터 조성 및 특성화 추진이 필요하다. 지역 및 권역별 산업기반과 특화자원 등의 특성을 고려하여 권역별 특화된 산업클러스터 조성을 통해 고령친화산업 특성화를 추진하여야 할 것이다.

여섯째, 고령친화산업 활성화를 위한 전문인력 양성이 필요하다. 이를 위하여 대학, 관련 연구소 · 기관 또는 단체 등을 고령친화산업 전문인력 양성기관으로 지정하여 필요한 교육 및 훈련을 실시하고, 고령친화산업의 기술개발 및 서비스 개선을 위한 연구개발 장려, 고령친화산업의 국제경쟁력 강화 등을 위한 지원시책, 학계 · 연구기관 및 산업체 간의 협동연구 등을 활성화 하여야 한다.

일곱째, 고령친화산업 수출 및 내수 확산을 통한 판로개척과 고용창출 극대화가 필요하다. 고령친화산업의 내수 확산을 위해 고령자에 특화된 고령친화도시 시범사업을 지정하여 관련 산업의 활성화를 도모하고, 고령친화산업 전시회 유치 등을 통한 고령친화산업 제품(서비스) 홍보 및 판로개척 지원을 통해 국내외 고령친화산업 시장 점유율 확대, 지역 내 중소기업체의 고령친화산업 신규 진입 및 전환 지원 강화, 청년층 창업지원을 통한 일자리 확대, 고령친화산업 서비스 분야에의 사회적 경제 기업체 참여 촉진 등이 필요하다(함창모, 2012).

생각해 볼 문제

1. 고령친화산업이 발달하게 된 배경은 무엇인지 생각해 보자.

2. 고령친화산업이 저소득층 노인들에게도 잘 활용되어질 방안에 대해 생각해 보자.

3. 새롭게 추가되어야 할 고령친화산업분야에 대해 생각해 보자.

4. 향후 우리나라의 고령친화산업의 전망과 발전방안에 대해 생각해 보자.

참고문헌

고승한 외(2007). 고령사회를 대비한 제주지역의 연구 인프라 구축방안 연구. 제주발전연구원.

고승한 · 현인숙(2007). 제주지역의 백세인 생활실태조사. 제주특별자치도 · 제주발전연구원.

고승한(2012). 고령친화산업의 사회경제적 의미와 제주의 향후 과제. 제주발전연구원. 제주발전포럼. 제41호. p.58-68.

김수영 · 이의훈 · 정승진 · 장수지 · 신주영(2011). 실버산업의 이해. 서울: 학지사.

김욱 · 김정현 · 박현식 · 조성희(2013). 노인복지론. 경기: 양서원.

김혜정 · 박용억 외(2010). 고령친화산업론. 서울: 계축문화사.

박차상 · 정상양 · 김옥희 · 엄기욱 · 이경남(2012). 한국노인복지론. 서울: 학지사

원석조(2010). 노인복지론. 경기: 공동체.

원융희 · 윤기열(2001). 실버서비스산업의 이해. 서울: 백산출판사

이병희 외(2007). 고령친화산업의 현황과 과제. 한국보건산업진흥원.

이원웅 · 고재욱(2010). 고령친화산업복지론. 서울: 한진.

이원형(2002). 노인정책의 새로운 방향: 시혜성 복지정책에서 실버산업 촉진 정책으로. 이원형의원실 정책보고서.

저출산 · 고령사회위원회(2006). 고령화산업 활성화 전략.

정윤모(2007). 고령친화산업의 활성화를 위한 사호복지체계의 역할에 관한 연구. 사회복지정책. 29.

최동선 외(2007). 고령친화산업의 연구–요양, 용품, 여가, 장묘분야를 중심으로. 한국직업능력개발원.

함창모(2012). 충북 포커스: 미래성장산업으로서의 고령친화산업 선점에 적극 대응하자. 충북발전연구원.

황진수 · 정길홍 · 김귀자 · 김종식 · 김창진 · 김태식 외(2011). 노인복지론. 경기: 공동체.

현외성 · 김상희 · 윤은경 · 장유미 · 강환세 · 마은경 김용환 · 조윤득(2011). 고령친화산업론. 경기: 정민사.

제10장 고령친화사회와 건강

1. 건강

건강은 사람이 즐겁게 생활하기 위한 기본조건이다. 단순히 장수하는 것뿐만 아니라, 행복한 인생을 즐기기 위해서는 건강하지 않으면 안 되는 것이다. 사람은 건강하게 생활하고 있을 때에는 대체로 건강의 고마움을 자각하지 못하지만, 병에 걸리거나 몸이 약해지면 비로소 그 중요성을 인식하게 된다. 몸의 구조나 기능에 장애가 생기면 병이라는 변화가 발생한다. 그 결과 여러 가지 나쁜 증상이 나타남으로써 사회적으로 큰 손실이 발생한다. 병은 여러 가지 원인에 의해 발생하는데, 건강하지 못한 생활은 병의 발생을 촉진하는 중요한 조건이다. 특히 한참 일할 나이에 있는 사람들을 위협하는 '생활습관병'은 불규칙하고 스트레스가 많은 나쁜 생활습관의 누적에 의해 발생한다. 복잡한 사회생활을 보내지 않으면 안 되는 현대인은 건강의 의의를 이해하고, 건강에 관한 바른 지식을 갖추고, 그것을 실천하는 것이 무엇보다 중요하다. 건강을 다르게 설명하면, '질병이 없는 현재의 모습'이라고 표현 할 수 있을 것이다. 그러나 이상적인 건강한 상태의 모습은 단순히 '질병이 없는 상태'라고 하는 약한 표현이 아니라 더욱 적극적인 방법으로 정의되어야 한다.

1) 건강의 정의

우리가 일반적으로 건강한 상태를 표현할 때에는 세계보건기구(World Health Organization : WHO)의 정의를 자주 사용한다. 즉 1946년에 WHO의 세계보건회의에서 채택한 보건대헌장 1장에는 건강에 대해서 '건강이란 단순히 신체의 병이 없다든지, 육체가 허약하지 않다는 내용을 포함할 뿐만 아니라, 육체적으로나 심리적 또는 인간사회학적으로 좋은 관계를 형성하고 있는 양호한 모습을 말한다'고 정의하였다. 이 보건대헌장에 따르면 건강이란 '모든 사람이 사람으로서의 일상생활 활동 즉 생활 전반적인 내용에서 삶의 만족을 가져오기 위한 기본 전제조건임을 밝히고 있다. 따라서 건강한 생활이라는 표현은 신체적으로 약한 생활의 방법이 아니라 계획적이고 강한 건강의 모습을 증진해 스스로 건강을 이루어나가는 적극적이고 능동적인 형태임을 알 수 있다.

한편, 건강은 개인의 연령에 따라 혹은 활동의 장과 상황에 따라 다양하며, 유동적으로 변화해가고 있다. 이와 같이 다양한 상황 속에서 만족할 만한 생활을 영위할 수 있는 상태를 건강이라고 본 다면, 인간의 발육, 발달과정과 지리적 · 문화적 환경의 관계를 살펴보고 표준적인 건강 모델을 상정하는 것이 현실적이며 구체적인 목표가 될 수 있다.

건강이란 신체의 질병이 없고, 바른 생활방식과 생각을 가지고 타인과 조화를 이루며, 주어진 여건에서 자신의 역할을 불편 없이 수행할 수 있는 상태라고 할 수 있으며, 더 나아가 이상적인 건강한 모습을 유지 · 증진시키기 위해서는 환경에 적응하면서 적극적인 건강행위에 기여할 수 있는 생활양식이 중요하다.

(1) 신체적 건강

어느 지역에서 특정 연령집단이 신체적 · 형태적 및 기능적으로 충분히 생활을 수행할 수 있는 상태인가를 판단한다. 이러한 판단에 기초하여 충분히 수행할 수 있는 상태에 있는지의 여부에 따라 신체적 건강을 확인할 수 있다.

이 때 생활이나 활동내용은 발육 · 발달과정에 따라 다르다. 한 예로 나이가 어린 아이들에게는 아이들의 생활모습이 있고, 이러한 생활은 나이가 많은 노인들과 다른 것이다. 따라서 같은 기준으로 판단하는 것은 의미가 없다.

한편 형태적 측면에서는 성장과 노화과정(연령)을 기본으로, 기능적 측면에서는 적응 · 제어계기능을 기본으로 신체상태를 판단할 수 있다. 이러한 설명은 자신의 건강 상태를 진단하는 것이 다양한 신체 검사 또는 진단이라고 하는데, 이는 체력검사도 포함하여 생각할 수 있다.

(2) 정신적 건강

인간이 사회적으로 존재하는 이상, 사회에서의 가치가 정신적 건강의 기준이 된다. 이 가치는 본래 거기에서 생활하는 사람들에 의해 만들어지지만, 현실은 탄생한 시점에서 가치의 범주에 넣어 그것을 기준으로 판단하게 된다.

따라서 인간은 자기가 선택한 가치를 가지며, 동시에 이성적인 판단 아래에서 자기 행동을 절제하고 다양한 감성 및 감정에서 자신을 판단할 수 있는 내용을 포함시키고 있다면 이것은 개인적인 차원에서 건강한 것이라 할 수 있다. 이와 같이 사회에서 얻은 가치규범을 기준으로 정신적인 건강을 판단할 수 있다.

(3) 사회적 건강

인간은 일상생활에서 사람과 사람의 관계(사회관계)를 무시할 수 없다. 이 때문에 사회관계에 의하여 인간의 생활이 성립된다고 볼 수 있다. 따라서 거기로부터 생활하는 것은 사회생활에서 갖추어야 할 필요적 기능을 다하는 것이며, 이로써 하나의 역할이 완수된 것이다.

따라서 어떤 개인이 속하여 생활하고 있는 그 사회의 한 사람으로서의 역할을 충분히 하면서 생활을 영위하고 있는가가 사회적 건강의 판단기준이 된다. 현대사회는 복잡한 사회관계를 개인의 건강과 동시에 갖지 않으면 안되는 구조인데 여기에 맞추어가면서 생활하는 모습을 사회적 건강이라 할 수 있다.

2. 현대생활의 특성

현대문명의 발달은 생활을 가능한 한 편하게 하는 방향으로 발달되어 왔다. 모든 생활과 노동이 기계화, 자동화되어 신체활동의 기회를 박탈하고 있다.이와 같은 요즘 우리가 겪고 있는 현대 사회의 특징은 생활패턴에 의한 운동부족을 초래하고, 그에 따른 건강이 약화되고, 생리학적 예비력이 떨어지게 되어 병에 대한 면역 및 저항력을 약화시켰다. 더우기 지금의 생활양식은 많은 현대인들에게 스트레스에 의한 정서를 불안정하게 하고 다양한 정신질환을 생산하고 있다. 특히 인간의 비만화는 그나마 부족한 신체활동을 더욱 방해하고 비만에 의한 각종 합병증을 발병시키고 있다.

1) 운동부족

인체의 기능은 적당히 사용하여야 하며 그 기능수준을 유지하고 향상시킬 수 있다. 사용하지 않으면 퇴화하고 취약화되며, 지나치게 사용하면 피폐하고 파탄이 일어난다. 즉 과보호와 과로의 중간에서 적당하게 사용하여야 한다.

사람은 수 백만년의 긴 역사를 살아오면서 친숙해진 환경과 생활양식에 합리적으로 적응하는 능력을 획득해 왔다. 그 결과, 그러한 환경과 생활양식에 부딪치는 여러 가지 스트레스와 건강저해인자에 대해서는 매우 뛰어난 방위반응을 발동할 수 있다. 예를 들어 인체는 자연계의 유독물질, 세균, 추위, 더위 등을 잘 방어하고 적응할 수 있다. 하지만 현대인들의 운동부족과 생활양식은 자연스럽게 건강에 영향을 끼치게 되었다.

2) 체력저하

체력저하는 운동부족의 폐해로서 널리 알려져 있다. 운동부족의 결과는 성인에서 뿐만 아니라 청소년의 체력에도 반영되고 있다. 예를 들어 체력과 연령은 직접적 관계가 있는 데, 청소년 시기인 17세에 달하면 체력은 절정에 달하지만, 관리하지 않은 체력은 18세부터 저하경향이 있다.

현대 사회의 노동생활은 점차 기계화, 자동화되기 때문에 일반인들은 강한 체력이 필요하지 않게 되었고 따라서 체력이 다소 약해진다고 하더라도 생활하는데에는 아무런 지장이 없게 되었다. 체력의 저하는 단순히 노동력과 행동력의 저하로만 생각해서는 안 되고, 그 외에 중요한 의미를 숨겨져 있다는 것을 알아야 한다. 그 하나는 근육, 심장, 폐를 비롯한 각 기관의 예비력 저하이다. 운동부족에 의한 체력저하는 자각하기 어렵고, 발견하기 어려운데, 그 원인이 예비력에 있다. 사람의 기능에는 자신이 갖고 있는 힘을 100% 발휘하기 않고 그 일부를 사용하는 것만으로 일상생활을 불편 없이 영위할 수 있을 만큼의 여유가 있는데, 그 여유가 예비력이다. 심박출량을 예로 들면 일상생활에서는 최대능력의 약 40%의 기능발휘로 충분히 생활할 수 있고, 폐의 환기능력은 더 작은 비율로도 가능하다.

하지만 운동을 하지 않으면 이 예비력부터 감소하기 시작한다. 그러나 예비력의 일부를 잃어 버려도 일상생활에서는 지장을 초래하지 않기 때문에, 그 저하를 자각하는 것은 쉽지 않다. 다시 말하면 체력저하의 자각시점은 이미 예비력이 상당히 손실된 단계이다. 본인은 그러한 시점에서야 비로소 체력이 저하하기 시작했다고 느끼며, 그렇게 느꼈을 때 증상은 이미 많이 진행되어 버린 것이다. 자신의 체력저하를 자각하는 시기는 대부분 30대 후반 또는 그 이후이다.

3) 운동부족병

운동부족병(hypokinetic disease)이란 그 발생에 운동부족이 원인적 요인(위험인자)이 되어 나타나는 질환이다. 엄밀한 규정은 없지만 비만, 심근경색, 협심증, 고혈압증, 동맥경화증, 노이로제, 자율신경 불안정증후군, 요통 등이 포함된다.

비만과 운동부족의 인과관계에 관해서는 새삼스레 설명할 필요도 없다. 고혈압의 원인으로서 염분의 과다섭취, 정신적 스트레스등이 관계있다는 것은 잘 알려져 있다. 운동부족은 교감신경의 긴장을 높이고 말초혈관저항을 증가시키는데, 이것이 혈압항진에 박차를 가한다. 반대로 일상적 운동을 하면 교감신경을 이완시키고 혈관저항을 감소시키며, 혈압을 낮추는 작용을 한다.

3. 운동의 필요성

개념으로 운동을 표현 할 때, 몸의 기관과 기능을 안전하고 건강한 상태로 유지하고, 더 나아가 발전시키기 위한 활동이라고 말할 수 있다. 현대사회에서 도심화, 기계화된 생활환경은 활동공간을 축소시키고, 인간의 활동량과 운동량은 급격히 줄어들게 하고 있다. 그로 인해 사람들은 각종 질병의 위험 속에 있으며, 체력저하의 원인이 되기도 한다. 사람들이 규칙적인 신체 활동 즉 운동을 하지 않으면 근육이 약해지고 근육량이 감소되어서 뼈가 허약해지는 골다공증 등이 생길 수 있다. 특히 운동부족으로 인한 비만은 요즘 유행하고 있는 다양한 성인병의 원인이 되며, 이러한 성인병 및 심혈관계 질환등은 건강과 생명을 위협하는 무서운 존재이다. 더욱이 신체와 정신은 하나이기 때문에, 육체가 허약해지면 정신도 허약해지며, 신체가 건강하면 정신도 건강해 지는 것이다. 규칙적인 신체활동, 즉 운동을 일정하게 계속하게 되면 근육량이 증가하고 근력이 강화되며 골격도 튼튼하게 되고 체지방 비율도 정상으로 유지되어서 건강하고 강하고 또한 장수하게 되는 삶의 기본 여건을 제공하며 정신적으로도 풍요로운 삶을 영위하도록 도와준다. 운동의 효과 및 이점은 아래와 같다.

1) 체지방 제거와 근육량 증대

유산소 운동은 공기 중 산소를 몸 속으로 넣어줌으로서 지방을 연소시키는 운동으로, 지방을 없애 몸의 체중을 줄이는 데는 적격이다. 그리고 이 운동은 심폐능력도 증가 시켜주며, 지구력도 향상시켜 주어 체력 증진에도 도움이 된다. 유산소 운동이 몸의 체중을 줄이고 체지방을 빼는 운동이라면, 또 다른 내용의 운동인 무산소운동(근력운동)은 특정한 신체 부위의 살을 빼거나 근육량을 증가시키는 운동이다. 20대 이후로부터 노화현상은 시작 또는 진행되며, 30대가 되면 본격적으로 뼈와 근육이 점차적으로 노화되어 40대부터는 약해지기 시작한다. 무산소운동인 근력운동으로 근육량이 증대되는 것은 무게가 많이 나가는 질량만큼 신체가 그 무게에 적응하기 위해서 힘을 기르려는 준비태세를 갖추게 되는데, 이는 신체의 근육량이 증대되게 몸이 반응하는 것이다. 근육량이 증대되고 두꺼워지면 그에 따라 힘을 쓸 수 있는 것이며, 더 무겁게 훈련하면 근육도 그 힘에 저항하기 위해서 그 만큼 힘도 세지게 되는 것이다. 무산소운동인 근력 운동은 이러한 신체 내의 뼈와 근육 노화를 방지하고 새로운 근육을 재생, 생성하고 뼈의 골밀도를 높여주기 때문에 20대의 몸매를 유지시켜 주거나 기초 체력을 유지할 수 있도록 해 준다. 또한 기초대사량의 상승으로 지방분해의 효과가 증대된다. 근육이 강화되고 양이 증대되면 건강미 넘치는 체격을 만들어 주며, 칼로리 소비를 높여서 체지방을 효율적으로 감소시킨다.

2) 행복한 생활의 기초인 스트레스 해소

체중의 감소로 인한 체중조절은 물론 규칙적인 신체활동인 운동 중 생성되는 엔돌핀의 증대로 인한 스트레스 해소, 긴장 완화에도 효과가 좋으며, 그것들로 인해 생기는 무기력증 또는 우울증을 없애는데 도움을 준다. 운동 할 때 생기는 베타 엔돌핀은 마약과 같은 기분을 느끼게 하는데, '베타 엔돌핀'은 운동 할 때에는 하지 않을 때 보다 5배 이상 높아지는 것으로 조사되었다. '베타 엘돌핀'은 머리 속 뇌에서 생기는 물질로서 마약과 화학구조가 매우 유사한데, 베타엔돌핀의 진통효과는 진통제보다 50~200배 정도로 강하다고 한다. 이처럼 규칙적인 운동은 행복감이 주게 되어 스트레스를 해소하는데 도움이 된다.

3) 심박출량 증가로 인한 심혈관계 질환 예방

규칙적인 운동을 하면, 심장박출량(혈액이 1분 동안에 나가는 양)이 높아지는데, 근육이 몸 속에서 활동하면서 작은 신경섬유를 자극하고, 교감 신경계가 그에 따라 움직이게 되는데 이 때에는 혈압 상승도 되고, 심장박동수도 높아지게 된다. 이러한 심박동수의 증가는 혈액을 활발하게 순환시켜 심박출량을 증가시키는 요인이 된다. 즉, 몸 속의 근육이 활동하면서 근수축의 수가 증가되고, 심박동수가 높아지게 되면서 활동근육 내에 혈류량이 증가되는 것이다. 이러한 현상을 펌핑작용이라고도 한다. 웨이트 운동등을 할 때 일시적으로 근육이 부풀어지는 현상이다. 이러한 혈액의 순환작용으로 동맥경화와 같은 심혈관계 질환을 예방하거나 치료하는 효과를 얻을 수 있으며, 높아진 혈압도 안정적으로 낮출 수 있어서 고혈압 예방 치료에 효과적이다.

4) 뇌 건강

운동은 뇌세포의 활동을 활성시키는데, 이는 기억력 증대와 치매예방에 도움을 준다. 평상시에 규칙적인 활동 즉 운동이 없는 사람은 뇌의 영양소라고 할 수 있는 혈당이 충분히 섭취되지 않아서 기억을 관장하는 뇌의 해마분이 점차적으로 없어 지게 된다. 또한 유산소운동은 정신적 기능에서 20~30%의 향상을 가져온다.

이와 같은 유산소운동으로 인해 뇌에 있는 산소와 영양공급을 증가시켜서 뇌세포를 보호하며, 엔돌핀 증대로 인한 스트레스를 줄여주는 일석이조의 효과로 뇌 발달에 도움을 준다.

5) 올바른 자세

신체내에 근육이 많아지게 되면 근육이 필요한 부분에 자리를 잡게 되기 때문에 균형미 넘치는 신체와 함께 올바른 자세를 계속 유지할 수 있는 체형으로 만들어 준다. 또한 근력운동을 할 때 자세를 바르게 하다보면 일상생활에서도 바른 자세가 되는 습관이 길들어져 좋은 자세를 유지하려는 습성이 몸에 배이게 된다.

무산소 운동인 근력운동을 할 때에는 운동 자세를 올바르게 해야 근육의 모양도 바르게 나오고, 운동 중 상해도 막을 수 있기 때문에, 정확하고 바른 자세로 운동하는 노력은 생활습관으로 이어진다. 근력운동의 기본은 운동자세에 있다. 정확한 자세는 운동으로 인한 부상방지에도 영향을 주며 체형교정 효과에도 좋다.

6) 소화활동을 도와 줌

현대 병의 근원인 스트레스는 소화불량의 가장 큰 원인으로 작용하며, 속쓰림이나 위장장애의 주요원인이 되기도 한다. 운동을 하게 되면 '베타엔돌핀'의 증대로 스트레스가 해소되어 이러한 소화장애증상에도 극복하는 좋은 효과를 갖게 된다. 그리고 운동할 때는 음식으로 섭취하였던 음식을 에너지로 사용하게 되는데, 그만큼 에너지를 빠르게 사용하기 위해서 소화흡수를 높여 소화능력을 높여준다.

7) 성장호르몬 촉진

규칙적인 신체활동인 운동을 하면 성장호르몬을 촉진시켜서 몸을 더욱 건강한 상태로 만들어 준다. 그래서 중·장년층에는 노화현상을 늦출 수 있으며, 더우기 성장기 연령의 어린이들에게 규칙적이고 적당한 운동은 성장호르몬을 촉진시켜주는 효과가 있어서 키 성장에 많은 도움이 된다. 규칙적이고 적당한 운동을 하게 되면 성장호르몬이 약 2배 정도 높아지는데, 특히 이른 저녁 시간대의 운동은 숙면을 취하도록 도와준다. 바른 수면이 중요한 이유는 보통 밤 10시~새벽 1시에 성장호르몬이 평소보다 약 35~40배 이상 나오는데, 성장 아동들이 이 시간대에 편안하고 바른 잠자리를 하는 것이 키 성장에 도움을 받기 때문이다.

또한 성장아이들이 자라는 뼈의 관절근처의 성장판을 움직여 줌으로서 세포분열이 일어나는데 특히, 위 아래로 움직이는 점프동작이 아이들의 성장판에 자극을 줌으로서 성장에 도움을 주는 것이다.

적절한 근력운동은 근섬유를 늘리고, 근세포를 자극시켜서 키 성장을 돕게 된다. 단 지나치게 질량이 무거운 무게를 들거나 관절이 무리할 정도의 압력과 충격을 주면 오히려 성장판에 손상을 주어서 막힐 수도 있으니 운동강도가 너무 높거나 무리한 근력운동은 피하는 것이 좋다.

4. 운동의 종류

운동의 형태는 보통 에너지 동원 체계에 의해 분류된다. 운동은 크게 유산소 운동과 무산소 운동으로 분류하지만, 실제 운동 중에는 이 양자가 불규칙하게 혼용된 경우가 많다. 예를 들어 축구는 전반적으로는 유산소운동이지만 빠른 동작을 하거나 신속히 이동할 때는 무산소운동이 된다. 이와 같이 에너지 동원체계가 혼용되어 있는 운동을 혼합운동이라 한다.

한편, 동일 종목이라고 할지라도 운동강도와 체력수준에 따라 유산소운동이 되기도 하고 무산소운동이 될 수도 있다. 따라서 운동종목을 선정할 때는 유·무산소 운동인가의 판단에 따라 운동방법도 다르게 해야 한다.

1) 유산소 운동

산소를 섭취하며 활동하는 유산소 운동은 운동에 필요한 에너지를 산소를 이용하여 생성하는 지구력 운동이다. 이 운동은 주로 지방을 연료로 쓰고 무한대의 에너지를 만들 수 있으며, 피로물질이 축적되지 않는 장점이 있다.

유산소 운동은 원활한 산소공급이 요구되기 때문에 5분 이상 지속할 수 있는 운동강도를 가진 전신운동이어야 한다. 특히 유산소 운동은 건강관련 체력요소인 심폐지구력, 근지구력, 유연성 등과 관계가 깊기 때문에 건강증진 운동의 형태로 장려되고 있다. 유산소 운동은 다음의 특성을 따른다.

(1) 일상생활에 기본이 되는 운동이다

유산소 운동 중 호흡순환기능이 일정 수준을 유지하며, 산소의 들이마시고 나가는 동작이 균형을 이루고, 신체내부의 여러 조건이 안정된 상태에 있기 때문에 운동 중 사고의 위험과 피로의 누적이 적다.

(2) 산소 공급, 수요 능력을 향상시킨다

운동 중 산소섭취능력과 산소이용효율이 높아지고, 특히 건강관련 체력요소인 호흡순환기능을 향상시킨다.

(3) 심장질환 예방에 효과적이다

심장근육이 발달하고 모세혈관이 증식되어 심장근육에 대한 산소공급이 높아져 심근 허혈을 방지한다.

(4) 심혈관계에 무리가 없다

심장박동수가 증가하는 비율에 비하여 수축기혈압의 상승이 작아지고, 기능을 향상시킨다.

(5) 몸의 체중관리에 좋다

지방에 의한 에너지의존도가 높으므로 체중조절에 효과적이다.

(6) 운동 중 신체기관 안전성이 높다

심장에 부담이 적고 혈중젖산 및 카테콜아민의 증가가 적으며 운동 중 상해위험이 비교적 적다.

2) 무산소 운동

무산소 운동은 운동에 필요한 에너지를 산소의 도움 없이 생성하는 빠른 운동으로, 피로물질인 젖산이 축적된다는 단점이 있다. 유산소 운동에 비하여 건강 관련 체력요인과의 관계는 낮지만 나름대로의 장점이 있으므로 건강을 유지하기 위한 보강운동으로 실시하여 그 장점을 취하는 것이 좋다. 무산소 운동의 특성은 다음과 같다.

(1) 무산소 능력을 향상시킨다. 무산소성 에너지를 발생시키는 능력이 향상되어 단시간에 폭발적인 다량의 에너지를 이용할 수 있다.
(2) 젖산내성이 높아진다. 높은 젖산농도에 대해 견딜 수 있는 능력이 향상된다.
(3) 방어능력이 향상된다. 신체적 긴급사태를 타개해 나가는 능력이 향상된다.
(4) 안전성이 낮다. 운동강도가 높은 비정상운동으로 젖산증가에 따라 pH가 저하되고 산성혈증(acidosis)을 일으키며 심장에 부담을 준다.

5. 고령친화 건강관리

1) 고령친화사회와 노화

21세기 인류는 지금껏 경험하지 못했던 고령화사회를 맞이할 것으로 예상된다. 이러한 고령화사회를 맞이하여 '건강한 노화'에 대한 관심이 깊어지고 있다. 장수란 단순히 오래 사는 것만을 의미하지는 않는다. 나이는 먹었지만 신체적 · 정신적으로 늙지 않고 건강한 상태로 사는 것이 진정한 의미에서 장수라고 할 수 있다. 늙는다 또는 노화라는 것에는 나이 이외에 그 밖의 요소에도 영향을 받는다는 것이다. 우선 나이가 들면 장기가 경직이 된다. 예를 들어 대동맥이나 심장조직 속의 콜라겐이 많아지면 탄성도가 감소되어 경직이 늘어난다. 그 결과 혈압은 수축기 혈압이 상승하고 반대로 확장기혈압이 저하된다. 또한 고령자의 대동맥은 탄력이 없어져서 이러한 혈압의 완충효과가 소실되므르 수축기혈압이 상승하여 심장비대등이 생기는 것이다. 또한 노화가 진행되면 반응이 둔해진다. 신체의 기능은 여러 가지 신경과 호르몬의 기능으로 조절된다. 외부의 자극이나 체내의 변화를 살피고 그에 대해 각 장기가 적절하게 반응해야 하지만 노화된 신체는 이러한 자극에 대한 반응성이 저하된다. 인슐린에 대한 감수성의 저하와 교감신경의 흥분에 대한 반응성의 저하가 그 이유이다. 70~80세의 고령자는 신체의 각 장기에 노화가 진행될 뿐만 아니라 이미 여러 가지 질환이 잠재되어 있는 경우가 많다. 이미 노화된 신체에 고혈압 치료를 하여도 젊은 사람과 같은 심혈관지환의 예방효과를 얻을 수는 없다. 게다가 노화의 진행이 빠른 사람이나 질병이 있는 사람은 자기 스스로 생활할 수 없고 타인의 도움을 받아야 생활이 가능할 수도 있다. 따라서 고령자에게는 병의 예방 · 치료도 중요하지만, 고령자의 기능 그 자체를 평가하고 그것을 양호하게 유지하는 것이 더 중요한 문제로 부각되고 있다.

2) 노인 운동프로그램

노인 운동프로그램은 노인의 신체적 건강에 긍정적인 영향을 미친다. 이는 운동이 젊은이에서부터 노인에게까지 중요한 부분을 차지하고 있다는 것이다.

(1) 프로그램 시작 전

무엇보다도 운동에 참여하려는 노인과의 신뢰 구축이 가장 중요하다. 먼저 사회심리적 요구사항을 정확히 파악하고, 신체활동준비 설문지와 사전 건강검진을 통해 대상자의 생리적 상태를 아래 〈표 10-1〉과 같은 지표들을 중심으로 정확히 분석해야 한다.

그 다음으로 운동화와 운동복을 준비하고, 운동 기구를 점검하여 운동 프로그램을 준비한다. 노인을 위한 운동화는 다양한 크기토 준비하여 누구나 맞는 크기의 운동화를 착용할 수 있도록 배려하고, 특히 신발 바닥은 미끄러지지 않는 재질로 준비해야 한다. 운동복은 약간 헐렁한 느낌이 들 정도의 크기로 준비하고, 동일한 질환을 앓고 있는 노인끼리는 같은 색깔의 운동복을 지급하여 응급 상황에 효율적으로 대비하도록 한다.

〈표 10-1〉 건강검진 내용

항목		
항목	• 과거 병력 • 낙상 후 보행 장애 • 심박수(불규칙 또는 빠름) • 호흡 • 안구(상처, 망막출혈, 안과 수술 여부) • 치료되지 않은 상처(상지, 하지)	• 복용 약물 • 발열 • 흉통 • 혈전 • 체중 감소(원인)

(2) 노인 운동프로그램의 원칙

노인 운동프로그램을 시행할 때 가장 중요한 것은 안전이다. 이는 일반 운동프로그램의 목적과 조금 다를 수 있다. 또한 노인에게는 개별화 원칙이 매우 중요하다. 따라서 운동 경험, 병력, 가정의 운동 참여 지원, 지역사회의 운동 참여 지원, 개인적 선호도, 음악 선곡을 필요한 운동 환경, 운동 프로그램 이후에 이루어지는 사후 모임 등에 대한 사전 조사를 바탕으로 운동프로그램을 제공하여야 한다. 많은 노인 운동프로그램이 그룹 단위로 이루어지지만 개인마다 서로 조금씩 다른 프로그램을 제공 받는다는 느낌이 들 수 있도록 배려해야 한다.

(3) 노인 운동프로그램의 구성

유산소 운동

유산소 운동이란 지구력 운동으로 운동하고 있는 동안 숨이 가빠지면서 활동하고 있는 큰 근육들에게 규칙적이면서 지속적으로 움직여 주는 것으로, 대개 숨이 가빠지는 운동을 말한다.

예를 들어, 걷기, 조깅, 자전거 타기, 댄스 등이 있다.

① 운동빈도

주 4~5일 정도로 권장한다. 운동은 매일 적절하게 하는 것이 가장 이상적이지만 부상의 위험이나 무리한 신체 사용 등을 생각하면 1주일에 1~2일은 편안한 휴식을 취하는 것을 권장한다. 또한 매일 연속으로 하기 보다는 격일로 실시하도록 한다.

② 총 운동량

주당 150분 이상의 중강도 혹은 주당 75분 이상의 고강도 운동을 권장한다. 노인들도 젊은이들과 같이 운동량이 증가할수록 건강의 이익도 점점 증가할 것이다.

③ 강도

중강도, 고강도를 정하거나 적절하게 두 가지를 섞어 운동을 하면 좋다. '중강도'란 중간 정도의 힘으로 하는 운동을 말한다. 예를 들어, 힘을 빼고 가만히 앉아 있는 상태를 '0'이라고 하고 최대한의 힘을 다한 것을 '10'이라고 한다면, 중강도 운동은 5 또는 6 정도의 상태를 말하고, 고강도 운동은 7 또는 8 정도의 상태를 말한다. 중강도일 때 호흡수와 심장박동수가 증가하게 되고, 고강도일 때 급격하게 올라가게 된다. 운동강도를 정할 때에는 상대적이여야 하며 개별적이여야 한다. 하지만 노인들 중에는 예전에 운동 능력이 우수하였던 생각에 앞서 매우 높은 강도로 운동을 시작하는 경우도 더러 있는데, 처음부터 스스로 강하다고 느낄 정도가 되면 피로와 부상의 위험이 수반되므로 주의해야 한다.

④ 1회 운동시간

시간이 부족하거나 성급한 타입일수록 호흡이 가쁠 정도의 높은 강도를 선호하는데 이 경우에는 1회 운동시간을 15~20분 정도로 하고, 반면 시간이 충분하고 인내심이 강한 노력가들은 장시간의 저강도의 운동을 선호하드로 1회 운동시간을 1시간 이상 배정하여도 무방할 것이다. 그러나 1회 운동시간이 1시간을 초과하게 되면 그룹 안에서 운동을 할 때 오히려 프로그랃 참여율이 떨어진다는 보고도 있으니 개인에 맞는 시간을 정해야 한다.

근력 운동

노인들은 근력이 감소되는 특징이 있기 때문에 유산소 운동만으로는 노인 운동으로 부족하다. 주당 2일 이상은 일상생활에서 사용되는 주요 근육 즉 다리, 엉덩이 관절, 가슴, 허리, 배, 어깨, 팔 근육을 강화시키는 운동을 하는 것이 좋다. 노화에 따른 근력의 감소는 기능적 능력 감소에 영향을 미친다. 근력 운동은 근력과 근 지구력을 증가시키고 궁극적으로는 골절 등과 같은 사고 예방에도 중요할 뿐 아니라 일상생활 향상에도 효과를 가지게 된다.

예를 들어, 탄력밴드 운동, 팔굽혀펴기, 턱걸이, 윗몸일으키기, 계단 오르기 등이 있다.

① 강도와 반복횟수

최대 근력이란 온 힘을 다해 자신이 들 수 있는 최대의 역기의 무게가 40kg이라면 이것이 최대 근력이 된다. 초보자의 경우 최대 근력의 60~70% 강도가 권장되고, 숙련자의 경우 최대 근력의 80% 이상의 강도가 권장된다.

이를 지구력을 키우는 것이 목표라면 최대 근력의 50% 미만의 강도로 15~25회 반복하는 것을 1~2단위로 운동하도록 한다.

② 빈도

각 주요 근육마다 일 주일에 2~3일의 운동을 권장한다.

유연성 운동

유연성 운동이란 근육이나 그 외의 일련의 관절이 완전 가동범위에서 부드럽고 유연하게 움직이는 능력을 높여주는 운동이다. 이는 불균형을 고정해주고 관절 운동범위를 증가시켜 줄 수 있으며 일상 생활 또는 운동 중 발생할 수 있는 근육의 긴장과 과도한 관절의 스트레스를 줄여 준다.

① 운동시간

긴장과 약간이 불편함이 느껴지는 지점에서 30~60초간 스트레칭 동작을 지속하는 것이 효과가 크며, 근육 신경감각을 예민하게 만들기 위해서는 10~30초간 수동적 스트레칭 후 근육에 3~6초간 힘을 주는 것이 좋다.

※ 동적 스트레칭 : 한 자세에서 다른 자세로 서서히 이동하는 것이고, 여러 번 반복할수록 운동 범위가 점점 증가하는 동작

※ 정적 스트레칭 : 요가처럼 근육의 힘을 이용하여 자세를 유지하는 자세이던지, 사람의 도움을 받거나 탄성밴드, 막대의 도움으로 자세를 유지하는 동작

② 반복 횟수

각 유연성 운동마다 2~4회 반복하면, 관절 운동 범위가 향상되고, 그 효과는 3~12주간 지속된다. 노인의 개별화와 능력의 차이에 따라 지속시간과 반복횟수를 조절하도록 한다.

③ 운동 부위

목, 어깨, 가슴, 허리, 고관절, 다리, 발목을 대상으로 유연성 운동을 한다.

균형 운동

균형이란 최소한의 흔들림이나 지지기저면에서 신체의 중력중심을 유지하는 능력을 말한다(Nichols et al., 1995)

① 운동 종류

균형 운동에는 뒤로 걷기, 옆으로 걷기, 발뒤꿈치로 걷기, 발끝으로 걷기, 앉았다 일어서기 등이 있다. 초보자는 의자나 보조기그를 이용하여 지지하고 수행하는 것에서 시작하여 물체나 기구 도움 없이 수행하도록 증가시킨다.

② 빈도와 지속시간

하루에 20~30분 이상, 주당 2~3일 이상, 총 운동량은 주당 60이상을 권장한다.

참고문헌

인간과 건강(2007). 인간과 건강. 서울:대경북스.

노재성 외(2009). 건강과 스포츠-건강관리법과 실전 필리테스. 서울:대경북스.

박종훈 외(2010). 스포츠와 건강관리. 서울:대경북스.

http://health.mw.go.kr/mobile/content/group_view.jsp?CID=YFBJYZ0RW8.

Nichols D. S., Glenn T. M., & Hutdhinson K. J.(1995). Changes in the mean center of balance during balance testing in young adults. PhyTher, 75(8); 699-706.

Power, S. K., and Keteyian, S. J.(2005). Exercise Physiology, Theory and Fitness and Performance(6th ed). Boston:McGraw-Hill.

제11장 고령친화사회와 노인상담

1. 노인상담 개관

1) 노인상담의 정의

상담은 상담자가 내담자의 문제 해결을 도와주거나 인격적 성숙을 도와주는 과정을 뜻한다. 상담은 대부분 상담자와 내담자의 대화를 통해 이루어지므로 상담자와 내담자의 관계가 가장 중요하며 특히 상담을 이끌어가는 상담자의 역할이 매우 중요하다. 상담자는 내담자를 원조하려는 목적을 지니고 내담자와 전문적인 관계를 형성한다.

상담자는 인간의 발달과정과 발달과업에 대한 지식과 개인의 내면적인 측면과 사람들 사이의 관계적인 측면에 대한 지식을 습득해야 한다. 이를 통해 내담자의 상황이나 문제의 원인과 그 해결책 등을 이해할 수 있다. 다른 한편으로 상담자는 상담 모델과 상담 기법에 대한 지식을 습득해야 한다. 이를 통해 실제적으로 내담자와 상담을 진행할 수 있다. 또한 실제 상담과정에 대한 실습과 지도를 받는 훈련의 과정을 거쳐야 한다. 이러한 측면보다 더 중요한 것은 상담자의 자세라고 할 수 있는데, 상담자는 개방적이고 지지적인 자세로 내담자를 원조하여 내담자와 신뢰관계를 구축하여야 한다. 내담자는 상담자와 신뢰관계가 구축되었을 때 진정한 상담에 임하게 되고 결과적으로 상담의 효과를 달성할 수 있다.

상담의 여러 영역 중 노인상담은 상담 대상에 따른 분류로서 내담자가 노인인 경우에 해당하는 것으로, 노인의 문제 해결을 도와주거나 성숙을 도와주는 과정을 노인상담이라고 말할 수 있다. 노인상담에 대한 다양한 학자들의 정의가 있다. 노인상담은 노인문제에 관한 전문적인 지식과 훈련을 받은 상담자가 노인들이 당면한 제반문제를 의논하고 그 해결점을 찾을 수 있도록 도와주는 과정(서혜경, 정순돌, 최광현, 2006, p75)이라고 정의되거나. 사회적 약자인 노인들이 겪고 있는 심리적, 육체적, 정신적, 경제적, 사회적 어려움에 관하여, 다양한 상담적 통로를 통해 훈련된 상담자와 감정적, 내용적, 이해적 상호작용을 거쳐 기대했던 관심사에 대한 바람직한 결과를 얻는 모든 과정이라고 정의된다(이호선, 2012, p.54).

2) 노인상담의 특성

노인이 되면서 사회적인 역할이 사라져가는 것과 더불어 가족 내에서도 노인의 지위와 역할이 점점 축소되는 경향이 있다. 이로 인해 노인들은 변화된 역할이나 상황에 적응할 때 어려움을 경험하기도 한다. 또한 평균수명의 연장으로 인해 노령기는 길어졌는데 비해 신체적 질병이나 경제적 어려움에 노출될 위험은 그만큼 높아졌다고 할 수 있다. 다른 한편으론 배우자와 친구들과의 사별로 인한 상실감은 노인의 정신 건강에 어려움을 초래하기도 한다. 역할 상실과 배우자나 친구의 사별로 인한 상실감 등은 노인들의 정신건강을 위협하고 있으며, 이는 노인 우울증의 증가와 자살의 증가 등으로 이어지기도 한다. 더구나 노인에 대한 공경심이 줄어드는데 비해 평균수명은 길어지면서 가족의 노인학대 사례도 증가하여 피해노인들의 어려움이 커지고 있다. 이로 인해 노인들에 대한 상담의 필요성은 더더욱 증대되고 있다.

그럼에도 불구하고 노인상담 분야는 활성화되지 못하고 있는 실정이다. 이는 한편으로는 아직 우리 사회에서 상담에 대한 인식이 보편화되지 않아서 그 필요성이나 효과를 알지 못하기 때문이다. 또한 노인들이 편리하게 이용할 수 있고 접근성이 뛰어난 상담소가 많지 않기 때문이다. 다른 한편 노인의 경우 어려움을 느끼고 있음에도 불구하고 그동안 익숙해진 삶의 방식을 변화시킬 의지가 크지 않은 경우가 많기 때문에 상담 서비스를 이용하지 않는 비율이 높다.

노인상담이 크게 활성화되지 않았음에도 불구하고 노인보호전문기관이나 노인복지관, 건강가정지원센터 등을 통해 진행되는 상담이 점차적으로 증가하고 있다, 상담에 임하는 노인들은 다음과 같은 필요성을 지니고 있다. 우울과 같은 정서적인 문제나 가족관계나 다른 관계에서의 어려움을 해결하기 위한 도움, 법률적인 자문, 중요한 결정을 위한 정보제공과 가이드, 외로움과 공허함을 덜어주기 위한 공감적인 대화 등이다. 또한 학대나 유기에서 벗어나기 위한 도움, 경제적인 원조 등도 노인들이 상담에 임하는 동기이다

노인상담의 경우 다른 대상 상담과는 다른 특징이 있다. 우선, 내담자의 연령이 상담자의 연령보다 높은 경우가 많다. 이는 노인을 대상으로 하는 상담의 경우 상담자가 노인인 경우를 제외하고는 대부분의 경우에 해당한다. 사실 상담자의 연령 자체가 상담에서 크게 문제가 되지는 않지만, 내담자인 노인의 경우 자신과 같은 인생경험을 하지 않은 상담자를 신뢰하는 정도가 낮을 수 있다. 이러한 경우에 상담자는 내담자의 주저함이나 불안을 인정해주면서 상담자가 같은 경험을 하지 않았음에도 불구하고 비슷한 문제들을 경험한 내담자들을 상담한 경험을 통해 도움을 줄 수 있다는 것을 알려준다. 그럼에도 불구하고 내담자가 상담자를 신뢰하지 않는 경우에는 효과적인 상담이 진행될 수 없으므로 보다 신뢰관계를 구축할 수 있는 다른 상담자에게 의뢰한다.

노인상담의 다른 특징은 아동과 청소년 상담에 비해 가족들의 지지가 약한 경우가 많다. 특히 아동과 청소년의 경우 부모들이 상담에 적극적이며 지속적인 상담을 받고 변화할 수 있도록 지지하는데 비해 노인의 경우는 그렇지 않은 경우가 많다. 동시에 노인 내담자 본인 역시 상담에 대한 동기가 약하거나 변화에 대한 의지가 약한 경우가 많다는 것도 노인상담의 특징이다. 이렇듯 노인들은 본인이나 가족들 모두가 상담에 소극적으로 임하게 되는 것은 노인의 연령과 잘 변하지 않는 경직성을 고려하여 변화의 가능성에 대해서 회의적이기 때문이다. 그리고 그 변화의 폭에 비해 들여야 하는 노력이 크다고 여기기 때문이다. 이러한 노인상담의 특성으로 인해 노인상담은 상담 동기를 부여하여 내담자 본인과 가족들의 참여를 이끌어내는 것도 큰 과제 중의 하나가 된다고 할 수 있다.

3) 노인상담 유형

(1) 대면상담

대면상담은 내담자가 직접 상담자의 얼굴을 보면서 상담을 하는 것으로 기본적

으로 일대일로 상담이 진행된다. 상담자가 내담자에게 보다 구체적인 정보에 대해 질문할 수 있고 언어적 표현뿐만 아니라 비언어적 표현까지 관찰할 수 있기 때문에 가장 효과적으로 상담이 이루어질 수 있다. 특히 노인 내담자가 언어적 표현능력이 제한적인 경우가 많기 때문에 대면상담을 통해 비언어적 표현을 관찰하는 것은 매우 중요하다. 그러나 대면상담은 내담자가 상담기관을 직접 방문해야 하는 번거로움과 자신의 문제를 직접 노출해야 하는 심리적 부담감이 단점이 될 수 있다.

대면상담은 개인상담과 가족상담으로 구분되는데, 개인상담은 상담자가 한 명의 노인 내담자와 일대일로 만나서 상담을 진행한다. 가족상담은 노인 내담자와 일대일 상담을 포함하여 내담자 가족들을 함께 상담하는 것으로 내담자의 문제는 가족관계나 환경 등의 상호작용에 의한 것으로 인식하고 있다. 개인상담을 통해 노인 내담자 가족과 함께 상담하는 것이 필요하다고 인식하는 경우라도 가족들이 참여할 의지가 없으면 가족상담은 진행되지 못한다.

(2) 집단상담

집단상담은 대면 상담에 속하기는 하지만 유사한 문제나 상황을 해결하고자 하는 다수의 내담자들과 한 상담자와 상담을 진행하는 것이다. 집단 상담을 진행하기 위해서는 어떤 문제를 주제로 하여 어떤 대상을 모집할 지에 대한 사전 기획이 있어야 한다. 주로 집단상담은 교육목적이나 치료목적의 상담을 위해 진행된다. 집단상담은 내담자들이 자신과 비슷한 상황에 처한 다른 내담자들의 경험을 통해 자신의 문제를 일반화시키게 되면서 정서적 안정을 얻기도 하고 자신의 대처방법에 대한 성찰을 하게 된다. 또한 다른 내담자들로부터 조언이나 평가를 받음으로써 개인상담보다 더 효과적인 상담이 되기도 한다. 그러나 상담자는 다양한 내담자들의 상황을 모두 이해해야 하고 집단의 참여 정도나 역동에 대해서도 역할을 잘 감당할 수 있어야 한다. 또한 집단 역동의 비중이 집단상담의 성패에 매우 큰 영향을 끼쳐서 집단 역동이 긍정적이지 않거나 한 두 사람만 상담에 적극적으로 참여하거나 소외되는 내담자가 있거나 할 경우에 상담의 효과가 을 수도 있다. 그럼에도 불구하고 비슷한 문제를 지닌 다양한 노인들이 집단상담을 통해 자신의 문제를 바라보는 관점이나 대처방식이 변화할 수 있다.

(3) 전화상담

전화상담은 내담자가 자신의 신분을 밝히지 않아도 되는 익경성과 편리성이 있어 자신을 밝히고 싶지 않은 노인 내담자들이 이용하기에 편리하다. 또한 거동이 자유롭지 못한 노인들도 쉽게 상담을 받을 수 있다. 또한 대면상담을 진행하고 있는 노인 내담자들에게 회기 중간 중간 근황을 점검하기 위해 전화상담을 진행할 수도 있다. 전화상담은 거리 이동을 할 필요도 없고 상담수속절차를 기다리지 않고 즉시 상담을 받을 수 있고 쉽게 이용할 수 있어 편리한 측면이 많다. 물론 언어적 정보 외에 비언어적 정보를 알 수 없어 상담이 피상적으로 이루어질 가능성이 단점이다. 우리나라에서도 노인들을 위한 전화상담이 매우 활발하게 이루어져 '한국노인의 전화'가 대표적인 전화상담기관이다. 또한 지역사회 복지 기관들에서 정기적으로 독거노인이나 요보호노인들에게 전화방문을 통한 전화상담이 이루어지기도 한다. 특히 노인학대와 관련하여 전화상담이 매우 활발히 이루어지고 있다.

(4) 사이버상담

사이버상담이란 인터넷을 통하여 상담을 진행하는 것이다. 그동안 우리 사회에서는 노인들에 대한 인터넷 교육 프로그램이 증가하고 다른 한편으로는 인터넷 사용자 중 노년기에 진입하는 비중도 커지면서 인터넷 사용 노인들의 수가 증가했다. 따라서 사이버상담 또한 증가하고 있다. 인터넷 활용 상담은 내담자의 익명성이 보장되는 장점이 있어서 솔직하게 자신의 얘기를 할 수 있고 내담자와 상담자 모두 이용 시간이 자유롭다는 장점이 있다. 그러나 내담자 글만을 토대로 상담이 이루어져 상담자가 그 맥락을 잘못 이해하고 상담 방향이 잘못 진행될 여지가 있으며 구체적인 상황을 확인하기 어려울 때도 많다.

2. 노인상담 과정

1) 노인상담의 접수

상담의 첫 단계는 상담신청 및 접수 단계이다. 접수 단계에서는 내담자의 인적 사항과 해결하고자 하는 문제 등 기본적인 정보에 대한 기록이 이루어진다. 상담 기관은 접수기록양식을 비치해 두고 전화로 상담을 접수하는 내담자에게 질문을 통해 획득한 정보를 기록하고 직접 방문하는 경우에는 내담자에도 마찬가지로 하거나 직접 기록하게 한다. 노인의 경우는 자발적으로 상담 기관을 찾는 비율보다 노인보호센터와 노인복지기관 등 타 기관 전문가의 의뢰나 배우자나 자녀, 이웃 등 타인의 권유로 상담에 임하는 비율이 더 높다. 이 경우에도 의뢰하는 사람이 인식하고 있는 내담자의 문제, 인적사항 등에 대한 정보를 기록한다.

2) 정보수집 및 사정

실제 면담이 시작되는 1회기 상담부터 초기 상담은 내담자에 대한 정보수집 및 사정(assessment)하는 과정이라고 할 수 있다. 사정은 내담자의 문제와 그 문제의 원인 및 특성, 그리고 내담자가 그동안 문제해결을 위해 노력한 것들과 내담자의 강점과 단점, 활용 가능한 자원까지 파악하는 과정이다. 사정 결과에 따라 상담의 목표를 정하게 되므로 포괄적이고 객관적이며 정확한 사정 과정이 필요하다. 그런데 이 사정의 과정은 상담의 첫 회기부터 종결에 이르기까지 지속적으로 이루어진다. 즉, 상담 초기 사정 결과에 따라 상담 목표를 설정하고 그 목표를 달성하기 위한 개입 상담을 진행하는 중에도 내담자가 지닌 문제의 다른 측면이나 정보가 부각될 경우 상담을 통해 재사정이 이루어지고 상담 목표와 개입 계획이 수정될 수 있다.

문제에 대한 사정을 위해 상담자가 내담자에게 하는 질문에는 다음과 같은 것들이 포함될 수 있다.

* 내담자가 해결하고자 하는 문제는 무엇인가?
* 문제는 언제부터 시작되었는가?

* 문제에 대해 내담자는 얼마나 심각하게 생각하고 있는가?
* 어떤 상황에서 문제가 더 심해지거나 혹은 나아지는가?
* 가족들은 문제와 어떻게 연관되어 있는가?
* 문제에 대한 가족들의 반응은 무엇인가?
* 문제를 해결하기 위해 내담자는 어떤 노력을 해왔는가?
* 내담자가 활용할 수 있는 자원은 무엇인가?

정확한 사정을 위해 상담자는 내담자와 이러한 질문들을 포함하여 많은 대화를 이끌어내야 하는데, 이를 위해서 상담자는 내담자와 친근한 인간관계를 형성, 즉 라포(rapport)를 형성할 수 있어야 한다. 처음 상담에 올 때 내담자는 문제로 인해 마음이 힘들고 지친 상태이며 동시에 상담을 통해 문제가 해결될 수 있을까하는 염려와 함께 해결에 대한 기대가 함께 있는 복잡한 상황에 처해 있다. 그러므로 첫 회기에서 상담자는 판단을 중지하고 내담자의 상황을 공감하고 지지하는 자세로 임해 내담자가 자신의 이야기를 할 수 있는 환경을 조성하는 것이 가장 중요하다. 이러한 환경이 조성될 때 상담자는 내담자와 라포를 잘 형성하게 되며, 라포 형성이 잘 되어야 내담자가 상담자를 믿고 자신의 이야기를 할 수 있고 궁극적으로 신뢰관계를 형성할 수 있다.

3) 상담 목표 정하기

상담 목표는 내담자가 상담을 통해 달성하고자 하는 결과로서, 문제가 해결된 구체적인 변화 목표를 설정하는 것이다.

첫째, 상담 목표는 상담자와 내담자가 상담 가운데 함께 결정하지만 내담자의 욕구를 반영하는 것이어야 한다. 상담은 상담자가 내담자의 문제를 해결해주는 것이 아니라 내담자가 문제를 스스로 해결해 나가도록 원조하는 과정이다. 그러므로 상담 목표도 내담자가 스스로 결정할 수 있도록 원조해야 하며, 그렇게 할 때 변화에 대한 의지도 커진다고 볼 수 있다.

둘째, 상담 목표는 한 번에 한 목표로 설정하는 것이 효과적이다. 삶의 문제들은 대부분 서로 연관되어 있는 경우가 많고 특히 오랜 세월의 경험을 지니고 있는 노인의 경우는 더욱 그러하다. 그러나 상담을 통해 여러 문제들을 한꺼번에 해결하려고 할 경우에는 오히려 문제해결의 가능성이 낮아지므로 한 가지 목표에 집중해서 문제를 해결하는 것이 효과적이다. 그런데 문제의 성격상 여러 가지 문제들이 얽혀있는 경우에는 상담 목표를 단계적으로 설정하여 한 목표씩 단계적으로 달성하도록 상담을 진행해야 한다.

셋째, 상담 목표는 구체적이고 측정이 가능한 것으로 설정해야 한다. 막연하고 추상적인 목표는 달성 여부를 확인할 수 없을 뿐만 아니라 목표에 이르는 방법을 이끌어내는 데에도 어려움이 있다. 특히 노인 내담자의 경우에는 상담 목표가 구체적으로 묘사되고 달성 정도를 확인할 수 있어야 상담의 효과가 크다.

넷째, 상담 목표는 현실적이어서 내담자가 실행할 수 있는 것으로 설정해야 한다. 실행 가능한 목표는 내담자에게 변화하고자 하는 의지를 갖게 하지만 실행 불가능한 목표는 오히려 변화의 의지를 꺾고 상담조차 지속하지 않게 할 수 있다. 그러므로 내담자에게 삶의 전반을 변화시키는 궁극적인 목표를 설정하기보다는 단기적으로 도달할 수 있는 현실적인 목표를 설정해야 한다.

4) 변화 단계

변화 단계는 설정한 상담 목표를 달성하기 위한 대안들을 모색하고 그 대안들 중 하나를 선택하고 실행하는 단계이다. 상담가는 우선 상담 목표에 이르기 위한 행동 변화의 대안들을 생각하도록 내담자를 원조하는데, 이 때 내담자가 생각해낼 수 있는 모든 가능성을 다 탐색하도록 상담을 이끌어간다. 그 후 그 대안들의 장단점과 실현가능성을 탐색하면서 내담자 스스로 가장 적절한 대안을 선택하도록 원조한다. 이렇듯 내담자 본인이 스스로 생각하고 결정하는 과정을 통해 내담자는 상담에 이르게 된 문제와 해결책에 대해 성찰하는 시간을 갖게 되는데, 이러한 과정 자체가 내담자에게는 치유와 해결의 과정이 될 수 있다.

상담을 통한 변화는 상담을 진행하면서 자녀와의 분가를 결정하거나 새로운 모임이나 직장을 갖게 되는 등 문제와 관련된 상황을 변화시키는 것을 통해 이루어지기도 한다. 그러나 내담자의 의지만으로는 이러한 상황의 변화가 불가능한 경우가 많다. 오히려 대부분의 경우는 상담을 통해 내담자가 문제를 바라보는 관점이 변화되거나 그 문제 상황에서 대처 방식이 변화되는 것을 통해 내담자가 문제가 해결된다. 그래서 상담은 내담자 본인의 관점과 대처 방식이 변화되는 과정이라고 말할 수도 있다. 이러한 측면에서 볼 때 내담자가 상담목표에 이르기 위한 변화의 대안들을 탐색하고 그 대안들의 장단점과 실현 가능성 등을 생각해보는 과정이야말로 변화단계의 핵심이다. 즉, 대안들을 탐색하는 과정을 통해 내담자의 문제를 바라보는 관점과 대처방식이 변화할 수 있는 계기가 마련될 수 있다.

내담자가 상담 목표에 따른 대안을 결정한 경우 상담자는 그 결정을 지지하고 대안을 실행할 수 있도록 원조한다. 이 때 상담가는 변화는 매우 어려운 일이며, 특히 오랜 인생의 경험과 습관을 지니고 있는 노인 내담자에게 변화는 무척이나 어려운 일이라는 점을 명심해야 한다. 그리고 내담자에게도 변화가 어려운 일이라는 점을 설명하고 시간이 지나도 변화하지 못하는 것에 대해 자책하거나 실망하지 않도록 원조해야 한다. 동시에 조그만 변화에도 내담자를 칭찬하여 계속하여 변화를 진행시킬 수 있도록 지지해야 한다. 변화단계에서 상담자의 역할은 내담자의 변화 동기를 진작시키고 변화를 지속할 수 있도록 하여 상담 목표를 달성하도록 원조하는 것이다.

5) 종결 및 평가

상담 목표가 달성되었다고 판단 될 때 상담은 종결된다. 상담가와 내담자가 상담 목표가 달성되어 종결이 필요하다는 데에 함께 동의한 후 종결 상담이 진행된다. 종결 상담에서는 그동안 상담 과정을 통해 이룬 성취를 돌아보는 시간을 갖는다. 이 과정을 통해 우선 상담 목표가 달성되었다는 사실과 문제가 해결되도록 노력한 내담자의 변화 노력을 다시 한 번 상기함으로써 내담자가 변화를 지속할 수 있도록 원조한다. 다른 한편으로는 내담자가 그동안 노력한 것에 대해 칭찬을 함으로써 내담자의 자존감을 높이고 변화를 유지하고자 하는 동기를 다시 한 번 진작시킨다.

종결 상담에서 가장 중요한 것은 내담자의 종결에 대한 불안감을 다루는 것이다. 내담자는 상담가와의 정기적인 만남이나 상담가로부터 받았던 지지에 익숙해져서 상담이 종결되는 것에 대한 불안을 가질 수 있다. 이러한 불안에 대해 말하는 기회를 제공하고 많은 사람들이 그러한 불안을 경험한다는 일반화의 원리로 내담자를 진정시켜야 한다. 또한 상담가에게서 독립하는 과정이 필요하다는 것과 어려움이 있는 경우 추후 상담이 가능하다는 점을 동시에 말함으로써 내담자를 진정시켜야 할 필요가 있다.

물론 상담 목표가 달성되지 않은 경우에도 상담이 중단됨으로써 조기 종결될 수 있다. 내담자의 변화에 대한 저항으로 인한 상담 중단이나 긴급한 상황 변화로 인한 상담 중단 등 상담이 조기 종결되는 경우도 있다. 노인 내담자의 경우 변화를 위한 대안을 모색하는 단계를 거치고도 새로운 변화에 대한 두려움이 크거나 변화를 원하지 않는 경향이 커서 상담이 중단되면서 조기 종결되는 경우가 많다. 이때 상담가는 내담자의 자기결정을 존중하는 태도로 갑작스러운 상담 종결에 대한 감정이나 향후 계획 등에 대해 상담하는 과정이 필요하다. 그리고 상담 약속을 한 후 오지 않고 연락이 되지 않은 상태에서 상담이 중단되는 경우 상담가에게 상실감과 자책감이 생길 수 있으므로 동료나 슈퍼바이저와의 자문을 받는 것이 도움이 된다.

3. 노인상담 모델

1) 개인상담 모델

기존의 상담이론에서 개인을 대상으로 하는 모델은 크게 정신분석, 인지행동주의, 인본주의, 세 가지 이론에 따른 상담 모델로 대별된다. 노인을 위한 개인 상담 모델 역시 이러한 세 가지 방향에 따라 이루어지거나 이 세 가지 모델을 통합적으로 활용하는 통합적 모델이 활용된다.

(1) 정신분석적 상담 모델

프로이드의 정신분석학에 기초를 둔 상담이론으로 인간의 내면의 갈등, 즉 원초아와 초자아의 마찰을 자아의 조절하지 못할 때 심리적 증상이 나타난다고 설명한다. 내면의 갈등은 누구나 경험하는 것이지만 자아가 조절 역할을 잘하는 경우에는 심리적 건강을 유지하는데 반해 조절에 실패할 때 불안이 유발된다. 불안 역시 누구나 경험할 수 있고 그것 자체로는 문제가 안 될 수 있다. 불안이 생겼을 때 사람들이 자아의 방어기제를 작동하고, 불안을 다스리는 데 성공하면 심리적 건강을 유지한다. 그러나 실패할 경우 심리적 증상이 발현된다.

정신분석적 상담의 목표는 자아의 기능을 강화하여 심리적 증상과 관련된 정신적 갈등을 해결하는 것이다. 상담자는 노인 내담자가 의식하지 못하고 있는 내용을 의식화하는 과정을 통해 무의식적인 갈등 해소하게 원조하고, 내담자가 자신의 행동에 대한 적절성을 탐색하고 문제행동의 원인을 통찰하도록 원조한다. 이러한 상담 과정을 통해 내담자가 의식 수준에서 새로운 행동을 하는 변화를 이끌어내고자 한다.

(2) 인지행동주의 상담 모델

행동주의 이론과 인지이론에 근거를 두는 인지행동주의 상담 모델에서는 인간은 합리적이고 올바른 사고를 할 수도 있고, 비합리적이고 왜곡된 사고를 할 수도 있는, 어떤 방향으로든 사고할 수 있는 존재라는 전제를 하고 있다. 그리고 이러한 사고 체계와 사고방식은 학습된 것이며, 자신의 감정이나 행동에 중요한 영향을 미친다고 전제한다. 그러므로 내담자의 상황이나 조건보다는 학습된 내담자의 인지 구조나 사고방식이 정서적인 문제나 행동적인 문제를 일으킨다고 사정한다. 그래서 이 모델에서의 상담은 내담자의 인지적 외곡을 수정하여 정서적 문제와 행동상의 문제를 해결하고자 하는 과정이 된다.

엘리스(Ellis)의 합리적 정서 행동 치료 이론에서는 행동을 합리적이고 효과적으로 통제하는 신념인 합리적인 신념과 정서적 · 사회적 문제를 일으키는 비합리적인 신념이 있다고 구분한다. 그리고 내담자에게 본인의 행동이 비합리적인 신념에서 나온 것임을 깨닫게 하는 논박을 하고 합리적인 신념에 따라 행동할 수 있도록 상담한다. 엘리스는 비합리적인 신념은 부모나 문화로부터 영향을 받아 형성되며 대표적인 비합리적 신념 몇 가지를 아래에서와 같이 제시하고 있다.

모든 사람으로부터 항상 사랑과 인정을 받아야만 한다.

가치 있는 사람이 되려면 완벽하고, 유능하고 성취적이어야 한다.

세상은 반드시 공평해야 하고, 정의는 반드시 승리해야 한다.
일이 바라는 대로 되지 않은 것은 곧 무시무시한 파멸이다.
사람의 불행은 외부환경 때문이고, 사람으로서는 그것을 어쩔 수 없다.
어려움이나 자기책임은 직면하기보다는 피하는 게 더 쉬운 일이다.
과거의 경험은 현재의 행동을 결정하며, 과거의 영향에서 벗어날 수 없다.
의존할 만한 더 강한 누군가가 있어야만 한다.
항상 고통 없이 편안해야 한다.

벡(Beck)은 사람들의 인지 구조의 오류를 밝히고 잘못된 사고 체계를 수정하는 것을 상담 목표로 제시했다. 대표적인 인지 정보처리 과정의 오류는 다음과 같다.

① 임의적 추론 : 결론을 지지할 만한 증거도 없는데도 특정 결론을 내리는 것
② 선택적 추상화 : 사소한 한두 가지 특성만으로 전체를 일반화하는 것
③ 과일반화 : 사소한 사건을 광범위하게 확대 해석
④ 과장과 축소 : 어떤 사건의 중요성이나 정도를 심하게 왜곡하여 평가
⑤ 개인화 : 전혀 상관없는 사건을 근거 없이 자신과 관련짓는 것
⑥ 흑백논리/이분적 사고 : 모든 경험을 양극단 중 하나로 생각하고 평가하는 것

벡은 상담자가 상담과정을 통해 내담자의 행동이 이러한 왜곡된 인지구조에 기인한 것임을 깨닫도록 하고 새로운 인지구조를 습득하게 하는 것이 목표가 되어야 한다고 주장했다.

(3) 인본주의 상담 모델

칼 로저스(Rogers)의 인본주의 상담 모델에서는 인간을 합목적적, 현실적이며 아주 신뢰할만한 선한 존재로 전재한다. 그래서 인간은 사회적이며 미래지향적이고 자아실현의 욕구를 가지고 있는 존재이다. 또한 신뢰의 분위기만 조성되면 긍정적으로 발전하고 자신의 가능성을 충분히 실현할 수 있는 존재로 전제한다. 인본주의 상담 모델에서 상담이란 내담자가 지닌 어떤 문제를 해결하거나 구체적인 행동의 변화를 목적으로 하는 것이 아니다. 오히려 내담자가 자신이 가진 가능성, 자원을 충분히 발휘할 수 있도록 원조하고, 그래서 내담자 각자가 충분히 기능하

는 사람이 되도록 원조하는 과정이 상담이다. 로저스가 말하는 충분히 기능하는 사람이란 방어적인 행동을 하게 하는 조건적 가치들을 중시하지 않고 경험에 대한 개방성을 지니고 본인의 자아개념과 경험 간의 일치 정도가 높고 잠재된 능력을 개발하는 사람이다.

내담자가 충분히 기능하는 사람이 되도록 원조하는 상담과정에서 상담자가 배워야 할 상담 기법은 세 가지로 요약될 수 있다. 상담자는 진실성, 무조건적인 긍정적인 관심, 공감적 이해를 통해 내담자가 스스로 깨닫고 스스로 성장하도록 원조한다. 상담자가 내담자를 진실된 태도로 대하는 진실성과, 내담자에게 조건을 달지 않고 무조건적으로 긍정적인 관심을 기울이며, 내담자가 하는 말에 대해 공감적으로 이해하는 것은 상담기법이라기 보다는 상담자의 태도에 가깝다. 그래서 인본주의 상담 모델에서는 내담자의 어떤 구체적인 문제를 해결하는 것이 아니라 내담자가 본인의 자아를 충분히 개발하고 발전시켜 스스로 문제를 해결해 나갈 힘을 기르도록 원조한다.

2) 가족상담 모델

가족상담은 개인의 문제가 그 개인과 타인과의 관계, 특히 가족관계에서 발생되었다고 전제하거나 발생하지는 않았다고 하더라도 이미 개인에게 있던 문제가 더 증폭되거나 유지된다고 전제한다. 그래서 그 개인의 문제를 해결하기 위한 상담은 가족관계를 고려하고 가족이 함께 참여할 때 효과적이라고 가정한다. 가족상담 모델도 다양하게 발전되어 왔지만 노인상담에서 주로 사용되는 모델인 다세대가족치료 모델과 해결중심가족치료 모델을 소개하도록 하겠다.

(1) 다세대가족치료 모델

보웬(Bowen)의 다세대가족치료 모델은 내담자가 경험하고 있는 문제가 개인의 성향이나 성격에 기인한 것이 아니라 가족과의 관계, 특히 정서적 관계에서 기인한 것으로 전제한다. 가족 내 다른 구성원과 정서적으로 너무 밀착되거나 반대로 너무 거리가 있는 내담자가 자신의 자율성을 가지고 사고하고 행동하지 못하면서 갈등이 생긴다고 평가한다. 그러므로 보웬의 가족치료 모델에서는 내담자의 원가족(family of origin)과의 정서적 애착 문제를 해소하여 각 가족 구성원의 자아분화(self-differentiation) 수준 높이고 가족체계를 변화시키고자 한다.

상담과정에서 보웬의 다세대가족치료 모델은 내담자와 가족들의 정서적 관계를 탐색하면서 가계도(genogram)를 작성한다. 가계도란 가족들간의 정서적 밀착 정도, 갈등 정도, 세대를 거쳐 반복되는 사건들, 가령 알코올이나 약물 중독, 외도, 가정폭력, 자살 등을 확인해 그림으로 그리는 것이다. 이 가계도를 탐색해가면서 내담자와 가족들은 자신들의 만성불안 정도와 자아분화수준을 통찰하게 된다.

자아분화란 개인이 이성적인 사고와 감정 사이에서 균현을 이룰 수 있는 정도와 사람들 사이에서 연결되고 친밀한 관계를 유지하면서 동시에 자율적으로 행동할 수 있는 정도를 수치화 하는 것이다. 자기분화수준이 낮으면 감정에 치우치고 스트레스 상황에서 사고과정없이 반사적으로 행동하기 쉽다. 또한 다른 사람들과의 연결에 더 중점을 두게 되어 자신의 생각과 감정보다 타인의 생각과 감정을 더 고려하게 되면서 타인의 의사나 안색을 살피게 된다. 그래서 자아분화 수준이 낮으면 만성불안이 높아지게 된다. 반면 자아분화수준이 높으면 스트레스 상황에서도 이성적인 사고를 할 수 있어 감정적으로 반응하는 정도를 낮출 수 있다. 도한 대인관계에서도 타인과 친밀하게 지내고 타인의 입장을 고려하면서도 자신의 자율성을 지켜 행동할 수 있게 된다. 결과적으로 자아분화 수준이 높으면 만성불안 정도가 낮게 된다.

상담을 통해 상담자는 내담자들의 자아분화 수준을 통찰하게 하고 그 수준을 높일 수 있도록 원조한다. 상담자는 내담자에게 감정을 누그러뜨리고 정서적 반응에 따른 불안을 낮추고 생각을 촉진하는 질문기법인 과정질문을 한다. 과정질문을 연속적으로 하면서 자신과 가족들의 자아분화 정도와 정서적 관계를 통찰하게 된 내담자에게 상담자는 비난을 하지 않으면서도 자신의 감정에 초점 맞추어 자신의 입장을 표현하도록 하는 나입장(I-Position) 전달법을 사용하도록 원조한다. 이러한 일련의 과정을 통해 내담자는 자신과 가족이 정서적으로 얽혀있는 관계로 인한 갈등을 통찰하고 자신의 입장을 담담히 말할 수 있게 된다.

(2) 해결중심 가족치료 모델

해결중심 가족치료 모델은 모든 문제에 대해 가장 잘 알고 있는 사람이 상담자가 아니라 내담자이며 그래서 해결책도 내담자가 가장 잘 알고 있다고 전제한다. 상담자는 내담자의 가치관과 사고방식을 존중하여 내담자가 문제로 규정하는 것은 문제로 인식하고 내담자가 문제시하지 않는 것에 대해서는 상담자도 그대로 인정한다. 그리고 상담자는 내담자를 상담과 문제 해결과정의 파트너로 존중한다.

해결중심 가족치료 모델은 내담자의 갈등이나 문제의 원인을 탐색하는 데에 중점이 있지 않고 갈등이나 문제를 해결하는 데에 중점을 둔다는 측면에서 원인을 사정한 후 그 원인에서 해결책을 찾아가는 다른 가족치료 모델과 다르다고 할 수 있다. 이는 해결중심 모델이 내담자 문제의 해결책은 문제의 원인과 상관없다고 믿는 전제와 관련이 있다. 내담자의 문제는 원인을 탐색하는 데서 해결책이 나오는 것이 아니라 문제가 없었거나 적었던 예외상황의 특징을 탐색하는 데서 나온다. 문제가 없었거나 적었던 예외적인 상황 때는 무엇이 다르고 어떤 특징이 있었던가를 탐색하고, 그러한 다른 점을 더 많이 하도록 해 문제를 해결하고자 한다.

상담과정을 통해 예외상황을 탐색하고 그 예외상황을 더욱 확장시켜나가기 위해 상담자는 내담자에게 문제나 갈등 상황을 해결하는 데에 도움이 되었던 것을 계속 더 하도록 하고, 도움이 되지 않는 것은 그만 하도록 한다. 이런 과정을 통해 문제가 없는 예외상황이 많이 생겨나게 되고 이렇듯 예외상황이 많아지게 되면 내담자가 문제로 인식하던 상황이 해결되는 것이다.

참고문헌

서혜경 · 정순돌 · 최광현(2006) 노인상담입문: 이론과 실제. 집문당
이호선(2012) 노인상담. 학지사
박석동 · 이혹희 · 명선영 · 박순미(2004) 노인복지론. 삼우사

제12장 노인사례관리

개요

이 장에서는 효과적이고 효율적인 사회복지 서비스전달방법으로 주목받고 있는 사례관리의 개념과 과정, 구성요소들을 학습하고, 고령친화사회에서 필수적으로 대두하고 있는 노인을 대상으로 하는 사례관리의 특성과 이에 따른 윤리적 이슈, 노인 인권 등에 대해서 학습한다.

학습목표

사례관리의 개념과 과정에 대해서 학습한다.
노인을 대상으로 하는 사례관리의 특성을 학습한다.
노인사례관리의 실제를 학습한다.
노인사례관리의 윤리적 실천을 이해한다.

1. 노인 사례관리의 등장배경과 필요성

우리나라는 전 세계에서 가장 빠른 속도의 고령화를 경험하고 있다. 노년기는 누구나 겪게 되는 노화가 진행되는 시기로 노화는 신체적, 인지적 측면의 기능 저하를 유발하게 된다. 그러나 의학 보건기술의 발달로 인해 평균수명은 연장되다보니 노인 후기에 치매나 뇌졸중 등의 만성질환을 가지고 의존적인 생활을 해야 하는 상태의 기간이 더 장기화될 가능성이 높아졌다.

고령화로 인해 발생하는 노인들의 욕구는 더욱 복잡하고 다양해지고 부양해야 할 노인의 수는 양적으로 급증하고 있는 반면에 노인을 부양하는 가족의 부양능력은 저출산, 핵가족화 등으로 한계를 맞이하게 되면서, 국가와 기업, 지역사회가 노인들의 부양과 돌봄부담을 나누어 가져야만 하는 상황이 되었다. 이는 노인의 기본적인 삶의 질을 보장하고, 노인의 부양가족의 부양부담을 줄이기 위한 대안으로써 장기요양보험의 필요성과 함께 재가복지 안에서의 사례관리에 대한 관심을 증대시키는 요인이 되고 있다. 특히 노인대상자의 경우 보건과 복지과 통합되는 맥락에서 사례관리가 중요시된다(정순둘 · 이선희, 2010).

사례관리는 최근 미국의 대인서비스 기관에서 가장 널리 보편적으로 보급되어 있는 서비스 전달방식이며, 가장 급속히 성장하고 있는 사회복지실천분야이다(Rothman, 1992). 1960년대 초 미국에서 시작된 탈시설화 운동은 시설에서 장기 간 보호관리를 받던 정신장애인 및 지적장애인들을 대거 지역사회로 돌아오게 하였다. 이러한 탈시설화를 위한 지역사회인프라가 갖추어지지 않은 상태에서의 탈시설화는 결국 가족들의 부담감을 가중시키게 되고, 시설에서 나온 클라이언트를 위한 지역사회보호 및 관리의 필요성이 대두되었다.

이러한 탈시설화 이후에 발생한 후속 문제들을 해결하기 위한 대안으로 사례관리가 제시되기 시작했으며 특히 클라이언트들의 욕구가 점차 복합화 · 다양화되고 이를 반영한 다양한 서비스 기관들이 우후죽순 나타나기 시작하면서, 서비스 중복, 서비스 분절과 같은 문제들이 발생하면서 효과적인 서비스 연계의 필요성도 강조되기 시작했다. 사례관리는 이러한 서비스간의 중복을 방지하고, 사회서비스의 비용은 절감하면서 서비스 효과는 증대시키는 방안으로서 더욱 주목받게 되었다.

사례관리는 복합적이고 만성적이며 지속적인 욕구를 지닌 클라이언트의 욕구충족과 문제해결, 생활안정을 위해 필요한 서비스를 연계하고 조정하는 일련의 통합적인 보호모델이다. 따라서 신체적, 정신적, 사회적 노화에 따라 신체적 질병 및 장애와 사회적 지지의 취약 등으로 중복적이고 다중적인 취약성에 노출되기 쉬운 노인은 자신의 욕구를 스스로 충족하고 해결하기 어려울 뿐 아니라 자신이 활용할 수 있는 자원들에 대한 정보가 부족하고 접근성이 부족해서 필요한 자원을 활용하거나 기회를 놓치거나 혹은 간과할 수 있다(NCSS, 2004).

급격한 인구고령화 및 노인부양의식의 약화 등의 이유로 가족으로부터 소외된 빈곤노인, 중증질환, 장애노인 등의 의존성 노인이 증가하고 있다. 그러나 대부분의 노인들은 사회복지시설에 수용되지 않고 지역사회 내에서 공공부조, 사회복지서비스 및 재가복지서비스를 제공받으면서 살아가고 있다(김미순, 2010). 이들 재가노인들은 경제적 어려움뿐만 아니라 보건·의료, 주거, 교육, 여가, 사회적 관계, 신체적 수발, 이동(교통편의), 법률, 시설 보호 등과 같은 다양한 욕구를 가지고 있으며, 이러한 욕구들이 단편적이기보다는 복합적으로 발생하고 있다(류명원, 2006). 실제로 재가노인들은 신체적·경제적·사회적인 기능이 취약하며, 다양하고 복합적이며 지속적인 욕구를 가지고 있어 장기간의 보호가 필요하다. 이러한 다양하고 복잡한 욕구를 지닌 노인들을 대상으로 관련된 서비스나 기관들간의 조정과 균형이 필요하고 지속적인 서비스가 유지되기 위해서는 사례관리가 현재로서는 가장 효과적인 대안으로 제시되고 있다. 이러한 맥락에서 브건복지부는 2012년부터 노인보건복지안내 및 노인복지관 평가지지표를 통해 사각지대 예방은 물론 재가노인복지서비스 제공을 통해 재가노인의 삶의 질 향상을 도모할 수 있도록 재가 노인지원서비스의 핵심서비스로 '사례관리'를 반드시 수행하도록 명시하는 등(보건복지부, 2012년 노인복지사업안내) 노인복지실천현장에서 사례관리가 필수적으로 수행되어야 하는 방법으로 자리잡아가고 있다.

2. 사례관리의 개념

1) 사례관리란?

사례관리란 장기적이고 복합적인 문제와 욕구를 가진 대상을 사례관리자가 지속적인 책임을 지고, 다양한 서비스를 제공, 연결 및 모니터링 하는 활동이다. 따라서 사례관리는 클라이언트 중심 철학이며, 적극적인 지역사회보호를 강조한다. 한편 사례관리는 대상자의 삶의 질 향상과 증가하는 보호비용이 억제라는 두 가지 목적으로 가지고 있으며, 직접서비스 및 간접서비스를 조정과 연계하는 것이 핵심 작업이다.

사례관리에 대해서는 다양한 개념정의와 설명들이 존재하고 이에 대한 논의도 분분한 것이 사실이지나 공통적인 내용들을 정리해 보면 다음과 같다.

첫째, 사례관리는 서비스 제공자, 공급자 중심으로 개발된 서비스제공에 초점을 두는 것이 아니라 사례관리대상자의 욕구에 기반한 서비스 전달체계를 수립하는 것 이다. 둘째, 사례관리대상자는 사례관리계획에 참여하며 서비스에 대한 선택권을 부여해야 한다. 셋째, 서비스 혹은 보호계획은 객관적 관점과 책임성에 기반하여 서비스 제공자와 이용자간의 합의된 계약을 수립해야 한다. 넷째, 사례관리대상자의 욕구에 반응할 수 있는 서비스의 경계의 확장을 추구해야 한다. 즉 이미 지니고 있는 서비스 한계내에서 진행하는 것이 아니라는 점이다. 다섯째, 서비스의 범주에 공식적 자원뿐만 아니라 사례관리대상자의 비공식적 자원이나 지지체계의 적극적 활용을 강조하며 그래서 사례관리의 목표 중의 하나는 일차집단의 보호능력강화에 두고 있다. 여섯째, 서비스의 결과는 변화목표를 지향하며, 변화목표달성여부를 평가하는데 모니터링의 적극적 활용을 강조. 즉, 단기 서비스제공이나 일회성 지원만으로는 사례관리라고 할 수 없다. 일곱째, 사례관리자는 변화목표달성을 위한 시간 계획에 기반하여 효율성과 효과성을 지향해야 한다. 여덟째, 클라이언트 옹호의 관점에서 사례관리대상자나 서비스시스템에 변화를 가져오기 위한 변화활동도 사례관리작업의 하나로 포함되어야 한다(Gursansky et al, 2003)

2) 사례관리의 목적과 원칙

사례관리의 목적은 신체적, 정신적, 심리사회적으로 취약하여 독립적인 생활에 어려움이 있고 보호가 필요한 클라이언트의 삶의 질을 향상시키는데 궁극적인 목적이 있다. Woodside 와 McClam(2006)은 클라이언트의 다양한 욕구에 적합한 서비스를 통합하고, 보호의 질과 서비스의 지속성 확보하며, 동원되는 서비스들간의 조정기능을 향상시키며, 클라이언트 개개인에 개별화된 맞춤형 서비스를 제공하여 클라이언트의 역량을 강화하고, 효과적인 자원개발 및 분배하는데 목적이 있다.

사례관리는 서비스의 지속성(continuity), 포괄성(comprehensiveness), 연계성(integration), 개별성(individualization), 책임성(responsibility)을 원칙으로 한다.

3. 사례관리의 과정[9)]

사례관리의 과정은 사례발굴과 이를 통한 초기면담, 욕구사정, 서비스 계획, 서비스제공, 점검, 평가 및 종결 및 사후관리의 과정을 거치게 된다(그림 13-1).

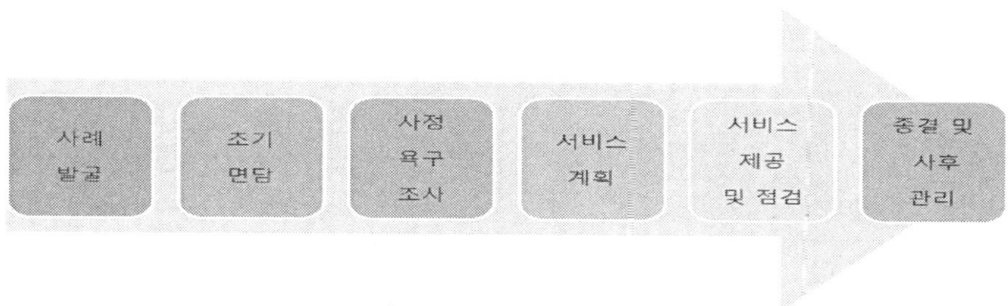

〈그림 12-1〉 사례관리의 과정

1) 발굴 및 초기면담

사례관리대상자를 발굴하는 과정이다. 사례관리의 개념에 따라 지속적이고 만성적인 복합적 욕구를 지닌 노인들로 예를 들면 독거노인, 빈곤이나 만성질환의 문제, 치매나 알코올 중독을 지닌 노인, 학대의 위험이 있거나 의심되는 경우, 손자녀를 돌보아야 하는 노인 등으로 부양자가 없거나 부양자가 있다하더라도 적절한 보호나 돌봄이 제공되기 어려운 상태일 경우 사례관리 대상자 선정을 검토해보아야 한다. 사례관리대상자 발견을 위해서는 다양한 민·관기관들의 의뢰, 이웃의 제보, 가정방문 등을 통해 발굴되며 초기면담을 통해 사례관리대상으로서의 적합성 여부를 판정하게 된다.

2) 사정 : 욕구조사

노인클라이언트의 복합적 욕구와 문제, 현재의 기능상태와 강점, 자원 등에 대한 전반적인 자료를 수집하여 종합적이고 전문적인 분석을 하는 과정이다. 이를

9) 4. 사례관리의 과정의 내용은 본 집필자가 공동연구진으로 참여하여 집필한 "위기가구사례관리매뉴얼, 2011" 의 내용을 발췌하여 요약정리했음을 밝힌다.

통해 이후 서비스제공계획을 정확하게 수립할 수 있게 된다.

클라이언트 뿐 아니라 가족, 이웃, 친구, 친척, 의료진 등 다양한 관련자들의 의견 및 관점을 통해 현 상황이 객관적으로 정확하게 파악되도록 한다.

클라이언트의 자발성 및 주관적 욕구에 기반하되 사례관리자의 전문적 판단을 추가한 종합적 욕구조사가 되도록 한다. 따라서 한 번의 상담으로는 파악하기 어렵고 여러 차례 방문 및 전화면접을 통해 정보를 보완해야 한다.

조사된 내용이 어떤 영역의 욕구인지 명확하게 판단해야 한다. 물론 조사된 욕구가 한 가지 영역의 욕구로 명확히 구분되기보다는 다양한 욕구영역에 중복되는 경우가 대부분이다. 따라서 우선순위를 어디에 둘 것인지 파악하는 것이 중요하다.

우선순위를 결정하는데 고려할 상항들은 다음과 같다.

- 클라이언트 삶의 다양한 측면에 광범위한 영향을 미치는 문제
- 현재 문제 상황의 원인이 되는 경우
- 가족구성원이나 대상자의 생명에 위해가 되는 문제
- 법적으로 위법이 되는 문제들(예, 노인학대, 가정폭력 등)

욕구사정시 욕구(need)와 요구(demand)를 구분하는 것도 중요하다.

〈표 13-1 노인욕구의 특성〉

욕구영역	욕구내용	관련 문제
신체적 욕구	• 질병 혹은 기능장애 최소화 • 적절한 신체적 건강관리 및 질병의 치료	• 신체적 질병 및 장애 초래 • 사회적 기능장애 • 부양 및 돌봄 부담의 증가
심리/정서적 욕구	• 심리적 안녕감 • 가족 및 의미있는 대인관계 유지	• 불안, 우울 등의 정신건강문제 • 고립감과 소외감 • 중독이나 자살
사회적 욕구	• 경제 및 사회적 활동 참여 • 범죄나 학대로부터의 안전	• 빈곤 • 학대 및 범죄 피해
영적 요구	• 자신의 생애 및 자아에 대한 긍정적인 통합 • 죽음의 수용	• 삶의 의욕상실 • 자살 등의 극단적 대처

(한국사례관리학회, 사례관리론, p366, 2012)

욕구(need)는 개인이 사회적 독립 또는 삶의 질을 달성하고, 유지하고, 비축할 수 있도록 하는데 필요한 것 (Social Service inspectorate, 1991), 특정 프로그램이나 서비스를 제공해야 할 즉, 개입의 필요성이다. 따라서 욕구는 변화목표, 성과와 직접적인 관련을 가지며, 서비스 자체에 대한 요구(demand, want)와는 구분되어야 한다.

욕구조사시 발생하기 쉬운 실수들로는 클라이언트의 욕구가 아닌 사례관리자 파악한 문제상황 및 문제리스트로 기술하거나, 문제와 관련된 전문가의 평가를 통한 정확한 평가가 누락되는 경우(예, 진단, 평가 등). 드러나는 문제상황은 유사해도 어떤 욕구로 사정하느냐에 따라 계획되는 서비스 내용이 달라지게 되므로 클라이언트가 처한 맥락에 대한 충분한 이해나 고려를 가지고 사정해야 한다.

3) 서비스제공계획 수립

계획수립은 욕구조사 및 사정을 통해 밝혀진 내용에 기반을 두고 달성하고자하는 변화 목표를 분명히 하며, 이러한 변화목표를 달성하는데 필요한 전략, 방법으로서의 서비스의 패키지를 구성해 가는 논리적인 과정이라 할 수 있다. 즉, 사례관리에서의 계획수립이란 대상자의 삶의 문제해결을 위해 어떠한 방법으로 서비스를 제공한다면 문제가 해결될 수 있을 것인지에 대한 논리적인, 실천적인 근거가 확보된, 개별화된 서비스 제공계획이다.

선정된 대상자에 대한 욕구조사 결과를 기초로 사례관리회의를 통하여 보호목표 및 서비스 제공 계획을 수립하는 것이 효과적이다.

욕구조사 단계에서 파악된 보호대상자가 처한 상황과 그에 따른 서비스욕구, 강점을 종합적으로 고려하여 대상자의 변화목표와 이에 따른 사회복지, 보건의료서비스 제공 및 연계의 구체적인 계획을 수립한다.

서비스 제공계획에는 서비스 내용, 서비스 제공자, 서비스 제공방법, 서비스 제공이 회수 및 시간 등이 구체적으로 제시되어야 한다.

목표는 단기목표와 장기목표로 구분하여 수립하는 것이 효과적이며 단기목표는 사례관리시작 이후 적어도 3개월 이내에 달성 가능하며 장기목표를 달성하기 위한 과정적 목표 설정을 위해서도 활용 가능하다. 따라서 단기목표는 행동이나 인식의 변화보다는 새로운 지식이나 정보의 습득, 이를 통해 새로운 자원의 활용 등 궁극적인 행동변화에 영향을 미치는 생활조건의 변화 등이 적합하며 장기목표는 단기목표 달성을 통해 6개월 이상의 개입노력을 통해 달성할 수 있는 변화로 행동이나 태도의 변화가 적합하다.

목표는 SMART하게 수립한다. 즉, S:Specific, 구체적이며, M:Measurable, 측정가능하며, A:Attainable, 성취할 수 있으며, R:Realistic, 현실적이며, T: Time-focused, 시간에 초점을 두어 수립되어야 한다.

4) 점검

점검은 수립된 사례관리 계획에 따라 서비스가 잘 전달되고 있는지, 클라이언트는 사례관리자와 약속한 대로 변화를 위한 노력을 진행하고 있는지 점검하는 과정이다.

점검은 무엇보다 정기적으로 이루어져야 하며 서비스의 유지, 중단 뿐 아니라 서비스의 보완, 변화, 클라이언트와 주변 환경의 변화 등도 민감하게 파악되어야 한다.

5) 종결 및 사후관리

종결은 사례관리서비스를 종결하는 것을 의미한다. 사례관리 종결 기준 및 사유는 다양한데 클라이언트가 사망하거나 또는 이사 등의 이유로 타 지역으로 사례관리를 이관해야할 경우, 클라이언트의 외적 상황의 변화나 문제해결 등의 사유로 더 이상 사례관리 서비스가 필요 없는 경우, 클라이언트가 서비스를 거절하거나 포기하는 경우도 종결사유에 해당한다.

일반적 사회복지실천과 마찬가지로 사례관리에서도 서비스에 대한 책무성(accountability)과 이를 확인하기 위한 평가활동이 강조된다. 사례관리의 평가활동은 종결단계에 이르러 행해지는 한시적인 과업이 아니라 사례접수 초기부터 종결시까지 지속적으로 이루어지는 하나의 과정(process)으로 이해되어야 하며, 평가활동의 궁극적인 목적은 클라이언트에게 더 나은 서비스를 제공하기 위한 방향으로 그 결과들이 환류되어야 한다.

사례관리 종결에서 다루어야 할 주요내용은 평가내용이다. 첫째, 서비스 과정평가 둘째, 클라이언트 측면의 변화 평가 셋째, 목표달성평가로 구성되며, 서비스과정과 제공된 서비스에 대한 클라이언트의 만족도와 목표 달성 정도 및 클라이언트의 변화를 평가하여 평가를 통하여 보호대상자에 대한 사례관리를 종결, 또는 유지할 것인지를 판단한다.

종결 후 모든 사례관리과정이 끝나는 것이 아니라 이후 사례관리를 통해 달성된 목표가 유지되고 있는지, 클라이언트 생활에서 새로운 어려움이 발생하고 있지는 않는지에 대한 사후관리서비스 계획이 클라이언트와 논의되고 고지되어야 한다.

4. 노인사례관리의 특성

노인복지 사례관리의 주요 유형별 기능(NCCC, 2000)과 특성은 다음과 같다.

1) 일차보호

노인복지사례관리에서 일차보호는 지역사회에서 노인의 기초생활을 보장하는 것이다. 기본적인 의식주의 제공과 사회적 지지제공을 위한 사회관계망의 형성, 질병이나 장애와 관련된 치료, 간병 등의 돌봄지원이 적절하게 제공되어야 한다.

2) 긴급보호

노인클라이언트는 급성질병이나 낙상 등의 사고, 배우자나 주변 지인들의 사망, 학대 등 위기상황에 노출될 수 있다. 따라서 노인클라이언트에게 발생하는 긴급한 위기상황에서의 불균형을 조정하고 노인의 신체적, 정신적 건강상태를 유지하기 위한 긴급보호와 이를 위한 집중서비스가 마련되어야 한다.

3) 재가보호

지역사회 내에 거주하는 재가노인클라이언트는 자신의 생활공간에서 독립적인 생활을 유지할 수 있도록 지원되어야 한다. 점차 노인복지서비스 형태가 시설보호보다는 노인에게 친숙하고 익숙한 환경에서 가능한 일상생활과 일상기능을 유지할 수 있도록 필요한 서비스가 지원되어야 한다.

4) 장기보호

노화의 정도와 일상생활기능의 장애나 만성질환으로 인해 장기보호나 요양이 필요한 경우가 있다. 자신의 집에서 거주하는 경우도 있고 필요한 경우 요양병원이나 노인시설 등에서 보호를 받는다. 이 경우는 대부분은 의료적 욕구가 우선되기 때문에 치료, 요양, 간병 등의 서비스가 제공되어야 한다.

5. 사례관리에서의 윤리적 실천[10)]

1) 윤리는 사례관리와 무슨 관련이 있는 것일까?

사회복지실천은 대개의 경우 삶의 다양한 어려움에 처한 사람들과 진행된다. 따라서 사회복지실천은 서비스 대상자들의 삶에 중대한 영향을 미치기 때문에 사회복지사들의 실천의 방법, 내용, 그 과정들은 서비스 대상자들이 처한 상황과 맥락에서 가장 바람직하고 최선의 방법이 선택되어야 한다.

특히 노인은 신체적, 정신적, 경제적 여러가지 측면에서 취약하고 자신의 권리를 주장하거나 옹호하는데 어려움이 있고, 사례관리자가 노년기를 경험해보지 않았던 터라 윤리적 실천을 더욱 민감하게 반영해야 한다.

사례관리에 들어오는 클라이언트들은 장기간 지속된 복잡하고 다양한 삶의 어려운 문제들로 곤란에 처한 경우로 외부로부터 도움과 전문가의 개입이 시작된다.

10) 본 내용은 본 저자가 2012 경기도무한돌봄센터 사례관리이야기 1에 집필했던 내용을 수정 · 요약함.

따라서 사례관리자는 대상자들의 삶에 관여하게 되고, 그 과정에서 윤리적 민감성을 지니지 않고 관여하게 된다면 바라는 목표나 기대를 달성하기 어려울 뿐 아니라 오히려 클라이언트에게 해가 되는 결정을 하게 되거나, 사례관리자와 클라이언트와의 신뢰관계가 깨지거나, 사례관리자가 소진 되는 등의 후유증이 발생할 수 있다.

따라서 사례관리자들이 사례관리를 진행하면서 해당 사례에 담긴 다양한 윤리적 측면들을 인식하여 윤리적 민감성을 가지고 사례를 접근하며 이를 적극적으로 실천에 반영하는 것을 '사례관리의 윤리적 실천'이라고 할 수 있다.

2) 사회복지윤리의 역할

첫째, 사례관리자로 하여금 클라이언트의 문제를 해결하기 위한 다양한 실천대안들 가운데 가장 바람직한 것을 선택하는 판단기준이 된다.

둘째, 실천과정에서 발생하는 다양한 윤리적 딜레마를 해결해나가는 지침이 될 수 있다.

즉, 어떤 사회복지실천방법이 '옳다' 혹은 '그르다'의 이분법적인 관점이 아니라 '얼마나 더 옳으냐 혹은 최선이냐'를 클라이언트의 현재-지금의 상황과 맥락에서 포괄적으로 문제로 바라보고 결정하는 것 그것이 윤리적 실천에 가까이 다가가는 방법이다.

3) 윤리적 실천구성요소

사회복지의 윤리적 실천의 구성요소로는 크지 세가지를 들 수 있다. 첫째, '개인에 대한 존중과 개인적 서비스윤리' (Individualism and the ethic of personal service), 둘째, 전문가의 온정적 개입주의' (paternalistic intervention), 세째, '공적 책임성의 원리' (the ethic of public responsibility)이다.

개인에 대한 존중과 개인적 서비스윤리에서 파생되는 윤리원칙은 개별화, 자기결정권, 비밀보장, 클라이언트의 알권리와 고지된 동의 등이 해당된다. 개인에 대한 존중(individualism)으로 표현되어 있지만 그 대상은 그 초점에 따라 개인, 가족,

소집단, 지역사회도 될 수 있다. 개인적 서비스에서 개인이 담고 있는 의미는 평균적인 뜻으로 전체 중의 개인이 아니라 한 사람 한 사람이 가지고 있는 독특하고 개인적인 욕구와 특성을 구별하여 존중한다는 것을 의미한다. 또한 클라이언트의 자기결정이란 외부의 압력을 받지 않고 자신과 관련된 문제에서 주어지는 다양한 선택 가운데 스스로 결정하는 것을 의미한다. 이를 위해서는 클라이언트의 합리적 판단능력이 전제되어야 하며 노인의 경우 정보에 대한 접근성 등이 떨어질 가능성이 높다는 점을 고려해야 할 것이다. 또한 고지된 동의(Informed consent)는 충분한 설명에 근거한 동의라는 의미로 사회복지사가 개입을 시작하기 이전에 혹은 서비스를 진행하기 전에 이에 대해서 충분히 설명하고 클라이언트의 동의를 구해야 하는 것을 의미하는데 노인이 설명에 대해서 충분히 인지하고 이해하고 있는지 항상 파악해야 함을 의미한다. 두 번째 전문가의 온정적 개입주의는 자유로운 개인의 삶에 대해 외부에서 간섭한다는 의미와 타인의 삶에 대한 이타주의적 온정을 표현한다는 두 가지 측면의 개념을 포함하고 있음(김기덕, 2002). 온정주의는 선행의 원칙과 이타주의의 입장에서 정당화되기도 하지만 클라이언트의 자기결정에 반하는 온정주의적 개입은 클라이언트의 존엄성을 위협(Childress, 1981)하는 것으로 온정주의는 그 정당성이 충분하다고 여겨질 때에만 제한적으로 사용되어야 한다. 온정적 개입이 정당화 되는 경우는 클라이언트의 능력불충분하거나, 자신이나 제3자에 대한 위해여부, 클라이언트 대안의 부재, 사회적 규범이나 법률적 근거 등에 의해 결정해야 한다. 셋째 공적 책임성의 원칙은 사회복지전문직은 실천대상인 클라이언트의 행복을 추구하는 동시에 클라이언트와 연관된 제 3자라든지 가족, 지역사회 혹은 전체사회의 행복을 동시에 고려해야 한다는 의미이다. 즉 사회복지사가 자신의 클라이언트만을 위해 배타적으로 활동하는 것은 정의롭지 못하며 평등의 가치에도 위배된다는 것이다. 이들 각 요소들은 윤리적 실천의 분석틀로서도 활용 및 적용될 수 있다. 즉, 사례관리자들이 사례에 담긴 윤리적 측면을 파악하기 위해서 사례의 내용을 면밀히 살펴보면서 어떤 요소들이 서로 상충하거나 겹쳐서 갈등의 소지가 되고 있는지 파악해야 한다.

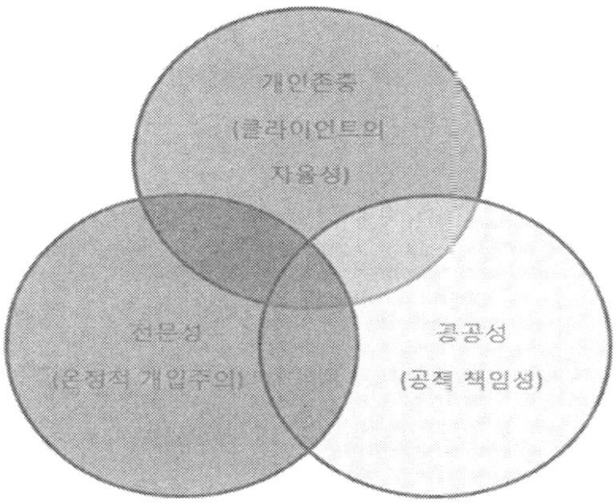

〈그림 13-2〉 사회복지실천윤리의 구성요소(김기덕 외, 2012, p105)

4) 윤리적 갈등

Loewenberg 외(1998)에 의하면 윤리적 갈등은 다음과 같은 상황에서 발생한다고 설명하고 있다.

첫째, '가치의 상충'으로 발생하는 경우이다. 즉, 사회복지실천에 있어서 중요한 가치들이 상충하게 될 때이다. 예를 들면 클라이언트의 비밀보장과 클라이언트의 알권리가 서로 상충하는 경우를 들 수 있다. 상층하는 가치는 모두 중요한 가치이기 때문에 가치 자체로 판단할 수는 다만, 그 가치가 현재 사례가 놓여진 맥락적 상황에서 더 중대하거나, 상황의 원인이 되거나 사례의 많은 영역에 더 많은 영향을 미칠 수 있는 가치를 우선해서 결정해야 할 것이다.

둘째, 사례관리자가 '서로 다른 의무사이에서 갈등'하는 경우이다. 사례관리과정에서 알게 된 노인학대에 대한 고백을 비밀보장해야 하는지 노인의 보호를 간과할 수 없는 신고의무자로서의 의무사이에서 갈등하는 경우를 들 수 있다. 사례관리자가 신고의무나 법적 근거가 되는 규정을 어길 수는 없는 일이다. 셋째, '클라이언트 체계의 다면성'이다. 이는 실천과정에서 누가 최우선으로 고려되어야 하는가와 관련이 있다. 아동을 위한 개입이 조손부므의 욕구에 반하는 결정이 될 수도 있다. 아동은 정서적, 심리적 치료가 필요한 상태인데 아동을 돌보는 조부모의 신체적, 정신적 상태가 안정되지 못해서 오히려 손자녀에게 부적절한 보호와 가정환경을 야기시키고 있다면 어떻게 해야 하는 것인지? 이 역시 우선순위의 문제이다. 실천과정에서 가장 최우선으로 고려되어야 할 대상은 가장 약하고, 발생한 문제로 인해 가장 많은 피해를 받는 대상이라는 점을 염두에 두고 결정한다.

넷째, '결과의 모호성'이다. 사회복지실천의 결과는 대부분 장기적으로 성과를 보게 되는 경우로 결과가 불확실하므로 어떤 것을 선택해야할 지 갈등하게 된다. 근거기반(evidence-based)의 실천이 필요하다. 즉, 장기적인 결과를 예상할 때, 기존의 유사한 문제해결과 관련하여 가장 효과가 있었다고 검증된 개입방법을 선택해야 한다. 이를 위해서는 전문가의 조언과 슈퍼바이저의 지도 그리고 연구자들의 연구결과들을 충분히 검토하는 과정이 선행되어야 한다.

다섯째, '권력의 불균형'이다, 사례관리자와 클라이언트는 그 관계의 불균형으로 인해 전문가에게 의존하게 되거나 클라이언트의 자기결정에 영향을 주기도 한다. 권력의 불균형에 대한 사례관리자의 인식이 중요하다. 따라서 클라이언트가 결정하는데 혹시 사례관리자의 의견이나 영향에 좌우된 것은 아닌지 점검해야 한다. 또한 실천과정에서 권력의 불균형을 경험하지 않도록 클라이언트의 의사와 욕구가 가장 먼저 존중하는 분위기가 조성되어야 한다.

참고문헌

권중돈, 2012, 인권과 노인복지실천, 학지사

경기도, 2013, 무한돌봄사례관리이야기

김기덕, 2002, 사회복지윤리학, 나눔의 집

김기덕 · 최소연 · 권자영, 2012, 사회복지윤리와 철학, 양서원

류명원, 2006, 한국 재가노인복지의 사례관리 모형에 관한 연구 : 圓光大學校, 2006

보건복지부, 2011, 위기가구 사례관리매뉴얼, 한국보건복지인력개발원

복지부, 2013 노인학대현황보고서

정순둘 · 이선희, 2010

중앙노인보호전문기관, 2009, 노인학대예방교육 매뉴얼

한국사례관리학회, 사례관리론, 2012, 학지사

Childress, J. F, 1981, Priorities in Biomedical Eth cs Philadelpia: West-minster press

National Council of Social Service, 2004, Case Management Service -A guide for service providers.

Gursansky, D., Harvery J., and Kennnedy, R., 2003, Case management. NY: Colombia University Press

Rothman, J.C.,1991, A model of case managment : Toward empirically based practice, social work 36(6), 520-528

Woodside, M., McClam, T, 2006, Generalist case management.: A method of human service delivery(3rd ed). Thomson Brooks/Cole.